会计业务核算速查 （第二版）

主　编　王艳芝
副主编　王媛媛　李加强
　　　　郭志碧　孙艳芬

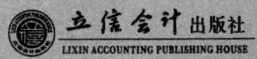

图书在版编目(CIP)数据

会计业务核算速查/王艳芝主编.—2版.—上海：立信会计出版社，2018.6
ISBN 978-7-5429-5773-3

Ⅰ.①会… Ⅱ.①王… Ⅲ.①会计学 Ⅳ.①F230

中国版本图书馆CIP数据核字(2018)第106109号

策划编辑　洪梅春
责任编辑　洪梅春
封面设计　南房间

会计业务核算速查(第二版)

出版发行	立信会计出版社
地　　址	上海市中山西路2230号　邮政编码　200235
电　　话	(021)64411389　传　真　(021)64411325
网　　址	www.lixinaph.com　电子邮箱　lxaph@sh163.net
网上书店	www.shlx.net　电　话　(021)64411071
经　　销	各地新华书店
印　　刷	常熟市梅李印刷有限公司
开　　本	710毫米×960毫米　1/16
印　　张	21.25
字　　数	376千字
版　　次	2018年6月第2版
印　　次	2018年6月第1次
印　　数	1—3 100
书　　号	ISBN 978-7-5429-5773-3/F
定　　价	43.00元

如有印订差错，请与本社联系调换

编写组成员

主　编　王艳芝
副主编　王媛媛　李加强　郭志碧
　　　　　孙艳芬
参编者　（以汉语拼音字母为序）
　　　　　陈俊英　代小石　贺　岚　侯　艳
　　　　　雷　琪　李凌焘　彭雪霏　王　萍
　　　　　王　染　王　颖　袁紫嫣　郑新华
　　　　　朱红波

编 写 说 明

本书根据最新会计准则和准则应用指南,以及相关法律法规编写而成。例如:删除了与营业税有关的核算内容;根据增值税最新法规修订了"应交税费"科目相关的二级科目核算内容,修改了相应案例中的增值税税率;增加了"其他综合收益"会计科目的核算内容;更新了"应付职工薪酬"二级科目核算内容;补加了"破产企业会计核算"的业务内容。

本书是供高等院校、中等院校会计类专业在校学生和其他初学会计者使用的会计类学习辅助用书,旨在为读者们学习和考证提供帮助。初学者可以采用会计科目编号顺序进行索引,熟练学习者可以直接查找会计业务关键词进行索引。

本书根据《企业会计准则——应用指南》中会计科目的排列顺序和主要账务处理规定编写,但在选取会计科目时,根据其适用性进行了适当的删减,从资产类、负债类、所有者权益类、成本类和损益类五大类会计科目中,共选取会计科目88个,列举经济业务1 000多项。每个会计科目内经济业务举例内容,按会计科目顺序或者准则应用指南解释中列举的经济业务顺序排列。资产类、成本类及损益类中成本费用和损失类科目按先借后贷顺序排列,负债、所有者权益及损益类中收入和利得类科目按照先贷后借顺序排列。

为方便查找,每一个会计科目的经济业务举例中所涉及的对应会计科目,也都有该经济业务的举例,并对某些经济业务进行了解释。例如,从银行提取现金业务,在"库存现金"科目和对应的"银行存款"科目中都有举例。举例尽量贴近企业实务,并给出了经济业务的具体金额,以方便学习者对经济业务有更加清晰的了解。

企业发生一项经济业务需要同时做两笔会计分录的时候,该分录用楷体字在其后标注,例如:

"银行存款"科目

【例7】 企业前期已确认转销某企业坏账损失后又收回30 000元。

借:银行存款　　　　　　　　　　　　　　　　　30 000
　　贷:应收账款——×××公司　　　　　　　　　　　　30 000

同时：借：应收账款——×××公司	30 000
贷：坏账准备	30 000

🔑 **关键词**　银行存款　应收账款　坏账准备　收回已冲销坏账

需要解释说明的情况，在书中用"＊"标注。例如：

＊一般来说，本科目贷方发生业务，除了偿还短期借款、长期借款和各种借款利息手续费以外，能够用银行存款支付的款项，都可以用其他货币资金来支付。其他货币资金各明细项目之间除存出投资款、信用证保证金外都可相互替代。因此本科目仅列举部分业务。

已有单独会计科目举例而不需要重复的会计分录，所涉及的会计科目在关键词列举，用"/"分隔。例如：

【例1】 实际成本法下，以银行存款/预付账款/应付票据/应付账款等方式购买原材料直接入库，买价300 000元，增值税专用发票注明进项税额48 000元。

借：原材料	300 000
应交税费——应交增值税（进项税额）	48 000
贷：银行存款	348 000

🔑 **关键词**　原材料　应交税费　银行存款/预付账款/应付票据/应付账款　购买原材料直接入库

损益类科目期末结转本年利润一般是复合分录，详见"本年利润"科目，例题为单式分录，旨在强调科目间的对应借贷关系。

本书会计业务核算举例各例题之间金额无对应关系，有金额对应关系的会计业务会单独标注。

本书虽经编者字斟句酌，但由于水平所限，难免有疏漏之处，恳请广大学习者和学者专家批评指正，我们将在再版时予以修正。

本书编写组

2018年4月

目　　录

资产类 ·· 001
 1001　库存现金 ·· 001
 1002　银行存款 ·· 003
 1015　其他货币资金 ·· 019
 1101　交易性金融资产 ·· 022
 1121　应收票据 ·· 026
 1122　应收账款 ·· 028
 1123　预付账款 ·· 032
 1131　应收股利 ·· 034
 1132　应收利息 ·· 035
 1231　其他应收款 ·· 036
 1241　坏账准备 ·· 038
 1401　材料采购 ·· 041
 1402　在途物资 ·· 044
 1403　原材料 ·· 047
 1404　材料成本差异 ·· 054
 1406　库存商品 ·· 058
 1407　发出商品 ·· 064
 1411　委托加工物资 ·· 065
 1412　包装物及低值易耗品 ··· 068
 1431　周转材料 ·· 072
 1461　存货跌价准备 ·· 076
 1501　待摊费用 ·· 078
 1521　持有至到期投资 ·· 079
 1522　持有至到期投资减值准备 ····································· 083
 1523　可供出售金融资产 ·· 084
 1524　长期股权投资 ·· 089

1525	长期股权投资减值准备	095
1526	投资性房地产	096
1531	长期应收款	101
1541	未实现融资收益	103
1601	固定资产	105
1602	累计折旧	109
1603	固定资产减值准备	111
1604	在建工程	112
1605	工程物资	117
1606	固定资产清理	120
1701	无形资产	123
1702	累计摊销	127
1703	无形资产减值准备	128
1711	商誉	129
1801	长期待摊费用	129
1811	递延所得税资产	131
1901	待处理财产损溢	132

负债类 …… 135

2001	短期借款	135
2201	应付票据	136
2202	应付账款	138
2205	预收账款	141
2211	应付职工薪酬	142
2221	应交税费	148
2231	应付利息	168
2232	应付股利	169
2241	其他应付款	170
2401	预提费用	171
2411	预计负债	172
2501	递延收益	174
2601	长期借款	175
2602	应付债券	177

2801	长期应付款	180
2802	未确认融资费用	182
2811	专项应付款	183
2901	递延所得税负债	184

所有者权益类 186
4001	实收资本（股本）	186
4201	库存股	190
4002	资本公积	192
4101	盈余公积	196
4103	本年利润	198
4104	利润分配	200
4301	其他综合收益	204

成本类 209
5001	生产成本	209
5101	制造费用	213
5201	劳务成本	215
5301	研发支出	216

损益类 219
6001	主营业务收入	219
6051	其他业务收入	221
6101	公允价值变动损益	223
6111	投资收益	227
6301	营业外收入	231
6401	主营业务成本	233
6402	其他业务成本	234
6403	税金及附加	235
6601	销售费用	237
6602	管理费用	239
6603	财务费用	242
6701	资产减值损失	244

    6711　营业外支出 …………………………………… 247
    6801　所得税费用 …………………………………… 248
    6901　以前年度损益调整 …………………………… 250

复杂会计业务核算 …………………………………… 252
    非货币性资产交换 ………………………………… 252
    债务重组 …………………………………………… 259
    会计政策变更 ……………………………………… 264
    会计差错更正 ……………………………………… 266
    资产负债表日后事项调整 ………………………… 269
    企业合并 …………………………………………… 272

破产企业业务核算 …………………………………… 277
    破产宣告日余额结转 ……………………………… 278
    破产宣告日余额调整 ……………………………… 279
    处置破产资产 ……………………………………… 280
    清偿债务 …………………………………………… 282
    其他账务处理 ……………………………………… 284

会计业务关键词索引 ………………………………… 288

会计科目汉语拼音顺序索引 ………………………… 326

资 产 类

1001 库存现金
cash holding, cash in treasury

一、本科目核算企业的库存现金。

企业内部周转使用的备用金,可以单独设置"备用金"科目核算。

二、企业应当设置"现金日记账",由出纳人员根据收付款凭证,按照业务发生顺序逐笔登记。每日终了,应当计算当日的现金收入合计额、现金支出合计额和结余额,并将结余额与实际库存额核对,做到账款相符。

有外币现金的企业,应当分别人民币和各种外币设置"现金日记账"进行明细核算。

三、企业收到现金,借记本科目,贷记相关科目;支出现金做相反的会计分录。

四、本科目期末借方余额,反映企业持有的库存现金。

【例1】 从银行提取现金5 000元。

借:库存现金　　　　　　　　　　　　　　　　　　5 000
　　贷:银行存款　　　　　　　　　　　　　　　　　　5 000

🔑 关键词　库存现金　银行存款　提取现金

【例2】 收回备用金5 000元。

借:库存现金　　　　　　　　　　　　　　　　　　5 000
　　贷:其他应收款——备用金　　　　　　　　　　　　5 000

🔑 关键词　库存现金　其他应收款　收回备用金

【例3】 员工出差预借差旅费3 000元,报销差旅费2 200元,返还现金800元。

借:库存现金　　　　　　　　　　　　　　　　　　800
　　管理费用　　　　　　　　　　　　　　　　　　2 200
　　贷:其他应收款　　　　　　　　　　　　　　　　3 000

🔑 关键词　库存现金　管理费用　其他应收款　报销费用返还现金

【例4】 现金清查盘盈200元。

借：库存现金　　　　　　　　　　　　　　　　　　　　200
　　　　贷：待处理财产损溢——待处理流动资产损溢　　　　200

🌀 **关键词**　库存现金　待处理财产损溢　现金盘盈

【例5】　企业收到零星销售收入2 600元,增值税专用发票注明增值税额416元。
　　借：库存现金　　　　　　　　　　　　　　　　　　　3 016
　　　　贷：主营业务收入　　　　　　　　　　　　　　　2 600
　　　　　　应交税费——应交增值税(销项税额)　　　　　416

🌀 **关键词**　库存现金　主营业务收入　应交税费　销售商品零星收入

【例6】　企业收到员工缴纳的违反厂规罚款500元。
　　借：库存现金　　　　　　　　　　　　　　　　　　　500
　　　　贷：营业外收入　　　　　　　　　　　　　　　　500

🌀 **关键词**　库存现金　营业外收入　员工罚没收入

【例7】　把库存现金4 000元存入银行。
　　借：银行存款　　　　　　　　　　　　　　　　　　　4 000
　　　　贷：库存现金　　　　　　　　　　　　　　　　　4 000

🌀 **关键词**　银行存款　库存现金　现金存入银行

【例8】　员工出差预借现金3 000元。
　　借：其他应收款　　　　　　　　　　　　　　　　　　3 000
　　　　贷：库存现金　　　　　　　　　　　　　　　　　3 000

🌀 **关键词**　其他应收款　库存现金　预借差旅费现金

【例9】　企业支付420 000元员工工资津贴。
　　借：应付职工薪酬——工资　　　　　　　　　　　　　420 000
　　　　贷：库存现金　　　　　　　　　　　　　　　　　420 000

🌀 **关键词**　应付职工薪酬　库存现金　支付员工工资津贴

【例10】　企业支付对外用工劳务费3 000元。
　　借：应付职工薪酬——劳务报酬　　　　　　　　　　　3 000
　　　　贷：库存现金　　　　　　　　　　　　　　　　　3 000

🌀 **关键词**　应付职工薪酬　库存现金　支付劳务报酬

【例11】　企业给员工转发省级科学技术进步奖奖金10 000元。
　　借：其他应付款　　　　　　　　　　　　　　　　　　10 000
　　　　贷：库存现金　　　　　　　　　　　　　　　　　10 000

🌀 **关键词** 其他应付款 库存现金 转发国家规定各种奖金

【例12】 现金支付职工困难补助800元。

借：应付职工薪酬——职工福利费　　　　　　　　　　800
　　贷：库存现金　　　　　　　　　　　　　　　　　800

🌀 **关键词** 应付职工薪酬 库存现金 支付对个人其他支出

【例13】 企业支付收购农副产品款50 000元，按照收购价12%扣除率计算进项税额。

借：原材料　　　　　　　　　　　　　　　　　　44 000
　　应交税费——应交增值税（进项税额）　　　　　6 000
　　贷：库存现金　　　　　　　　　　　　　　　50 000

🌀 **关键词** 原材料 应交税费 库存现金 现金收购农产品

【例14】 办公室报销零星办公用品费500元，增值税专用发票注明增值税额80元。

借：管理费用　　　　　　　　　　　　　　　　　　500
　　应交税费——应交增值税（进项税额）　　　　　　80
　　贷：库存现金　　　　　　　　　　　　　　　　580

🌀 **关键词** 管理费用 库存现金 报销结算起点以下零星支出

【例15】 现金支付对外捐赠款500元。

借：营业外支出　　　　　　　　　　　　　　　　　500
　　贷：库存现金　　　　　　　　　　　　　　　　500

🌀 **关键词** 营业外支出 库存现金 现金对外捐赠

【例16】 现金清查盘亏300元。

借：待处理财产损溢——待处理流动资产损溢　　　　300
　　贷：库存现金　　　　　　　　　　　　　　　　300

🌀 **关键词** 待处理财产损溢 库存现金 现金盘亏

1002 银行存款
bank deposit

一、本科目核算企业存入银行或其他金融机构的各种款项。

外埠存款、银行本票存款、银行汇票存款、信用卡存款、信用证保证金存款、存出投资款等，在"其他货币资金"科目核算。

二、企业应当按照开户银行和其他金融机构、存款种类等，分别设置"银行存款日记账",由出纳人员根据收付款凭证,按照业务的发生顺序逐笔登记。每日终了,应结出余额。"银行存款日记账"应定期与"银行对账单"核对,至少每月核对一次。月末,企业银行存款账面余额与银行对账单余额之间如有差额,应按月编制"银行存款余额调节表"调节相符。

有外币存款的企业,应当分别人民币和各种外币设置"银行存款日记账"进行明细核算。

三、企业将款项存入银行或其他金融机构,借记本科目,贷记"库存现金"等有关科目;提取和支出存款,借记"库存现金"等有关科目,贷记本科目。

四、企业应当加强对银行存款的管理,定期对银行存款进行检查,对于存在银行或其他金融机构的款项已经部分不能收回或者全部不能收回的,应当查明原因进行处理,有确凿证据表明无法收回的,应当根据企业管理权限报经批准后,借记"营业外支出"科目,贷记本科目。

五、本科目期末借方余额,反映企业存在银行或其他金融机构的各种款项。

【例1】 收到零星现金存入银行4 000元。

  借:银行存款   4 000
    贷:库存现金   4 000

关键词 银行存款 库存现金 现金存入银行

【例2】 外埠存款转回开户银行6 400元。

  借:银行存款   6 400
    贷:其他货币资金——外埠存款   6 400

关键词 银行存款 其他货币资金 转回外埠存款

【例3】 企业出售股票,款项存入银行25 650 000元,股票成本25 500 000元。

  借:银行存款   25 650 000
    贷:交易性金融资产——成本   25 500 000
      投资收益   150 000

关键词 银行存款 交易性金融资产 投资收益 出售交易性金融资产

＊在"应交税费"科目单独核算投资收益缴纳增值税会计业务,投资类科目下同。

【例4】 银行收到商业汇票兑付款1 755 000元。

  借:银行存款   1 755 000
    贷:应收票据   1 755 000

关键词 银行存款　应收票据　收到商业汇票款

【例5】 赊销商品,收到某公司前欠货款351 000元。

借：银行存款　　　　　　　　　　　　　　　　351 000
　　贷：应收账款——××公司　　　　　　　　　　　351 000

关键词 银行存款　应收账款　收回前欠货款

【例6】 赊销商品价税58 500元,收到货款时发生现金折扣1 000元。

借：银行存款　　　　　　　　　　　　　　　　 57 500
　　财务费用　　　　　　　　　　　　　　　　　 1 000
　　贷：应收账款——××公司　　　　　　　　　　　 58 500

关键词 银行存款　财务费用　应收账款　收回欠款发生现金折扣

【例7】 企业前期已确认转销某公司坏账损失后又收回30 000元。

借：银行存款　　　　　　　　　　　　　　　　 30 000
　　贷：应收账款——××公司　　　　　　　　　　　 30 000

同时：

借：应收账款——××公司　　　　　　　　　　　 30 000
　　贷：坏账准备　　　　　　　　　　　　　　　　 30 000

关键词 银行存款　应收账款　坏账准备　收回已冲销坏账

【例8】 收到某公司退回预付账款150 000元。

借：银行存款　　　　　　　　　　　　　　　　150 000
　　贷：预付账款——××公司　　　　　　　　　　　150 000

关键词 银行存款　预付账款　收回预付账款

【例9】 收到分派的现金股利200 000元。

借：银行存款　　　　　　　　　　　　　　　　200 000
　　贷：应收股利　　　　　　　　　　　　　　　　200 000

关键词 银行存款　应收股利　收到现金股利

【例10】 收到发放的债券利息50 000元。

借：银行存款　　　　　　　　　　　　　　　　 50 000
　　贷：应收利息　　　　　　　　　　　　　　　　 50 000

关键词 银行存款　应收利息　收到债券利息

【例11】 收回对外包装物押金10 000元。

借：银行存款　　　　　　　　　　　　　　　　 10 000
　　贷：其他应收款——押金　　　　　　　　　　　 10 000

🌀 **关键词** 银行存款　其他应收款　收回押金

【例12】 收回持有至到期投资,一次性还本付息债券投资,投资成本 3 000 000 元,应计利息 360 000 元。

　　借：银行存款　　　　　　　　　　　　　　　3 360 000
　　　贷：持有至到期投资——投资成本　　　　　　　3 000 000
　　　　　持有至到期投资——应计利息　　　　　　　　360 000

🌀 **关键词** 银行存款　持有至到期投资　收回到期投资

【例13】 出售可供出售金融资产,成本 2 000 000 元,收到银行存款 2 140 000 元。

　　借：银行存款　　　　　　　　　　　　　　　2 140 000
　　　贷：可供出售金融资产——债券　　　　　　　　2 000 000
　　　　　投资收益　　　　　　　　　　　　　　　　140 000

🌀 **关键词** 银行存款　可供出售金融资产　投资收益　出售可供出售金融资产

【例14】 成本法下,出售对外长期股权投资股份,投资成本 2 600 000 元,售价 3 000 000 元。

　　借：银行存款　　　　　　　　　　　　　　　3 000 000
　　　贷：长期股权投资——投资成本　　　　　　　　2 600 000
　　　　　投资收益　　　　　　　　　　　　　　　　400 000

🌀 **关键词** 银行存款　长期股权投资　投资收益　出售长期股权投资(成本法)

【例15】 权益法下,出售对外长期股权投资,投资成本 5 000 000 元,损益调整借方 600 000 元,售价 5 900 000 元。

　　借：银行存款　　　　　　　　　　　　　　　5 900 000
　　　贷：长期股权投资——投资成本　　　　　　　　5 000 000
　　　　　长期股权投资——损益调整　　　　　　　　　600 000
　　　　　投资收益　　　　　　　　　　　　　　　　300 000

🌀 **关键词** 银行存款　长期股权投资　投资收益　出售长期股权投资(权益法)

【例16】 出售投资性房地产,该房地产实际售价 10 000 000 元,增值税额 1 000 000 元。

　　借：银行存款　　　　　　　　　　　　　　　11 000 000
　　　贷：其他业务收入　　　　　　　　　　　　　10 000 000
　　　　　应交税费——应交增值税(销项税额)　　　　1 000 000

关键词 银行存款 其他业务收入 应交税费 处置投资性房地产

【例17】 收到某公司根据合同偿付的融资租赁固定资产租金560 000元。

借：银行存款　　　　　　　　　　　　　　　　560 000
　　贷：长期应收款——××公司　　　　　　　　　560 000

关键词 银行存款 长期应收款 收到融资租赁固定资产租金

【例18】 一般纳税人出售2008年12月以前购入清理固定资产变价收入20 000元，按4‰征收率减半征收增值税，应缴纳增值税384.62元(20 000÷1.04×0.04÷2)。

借：银行存款　　　　　　　　　　　　　　　　20 000.00
　　贷：固定资产清理　　　　　　　　　　　　　　19 615.38
　　　　应交税费——应交增值税（销项税额）　　　　384.62

关键词 银行存款 固定资产清理 应交税费 出售旧固定资产应交增值税

【例19】 出售专利技术（无形资产），成本600 000元，累计摊销220 000元，计提减值准备100 000元，售价260 000元，专利技术转让免征增值税。

借：银行存款　　　　　　　　　　　　　　　　260 000
　　累计摊销　　　　　　　　　　　　　　　　　220 000
　　无形资产减值准备　　　　　　　　　　　　　100 000
　　营业外支出——处置非流动资产损失　　　　　 20 000
　　贷：无形资产——专利技术　　　　　　　　　　600 000

关键词 银行存款 累计摊销 无形资产减值准备 营业外支出 无形资产 转让专利技术

【例20】 从银行借入短期借款200 000元。

借：银行存款　　　　　　　　　　　　　　　　200 000
　　贷：短期借款　　　　　　　　　　　　　　　　200 000

关键词 银行存款 短期借款 借入短期借款

【例21】 公司在证券市场上发行6个月短期公司债券，按面值发行20 000 000元，发行支付交易手续费200 000元，实际收到发行收入19 800 000元，将其确认为交易性金融负债。

借：银行存款　　　　　　　　　　　　　　　 19 800 000
　　投资收益　　　　　　　　　　　　　　　　　 200 000
　　贷：交易性金融负债　　　　　　　　　　　　20 000 000

🌀 **关键词** 银行存款 交易性金融负债 投资收益 发行短期公司债券

【例22】 收到某公司预付货款 60 000 元。

借：银行存款　　　　　　　　　　　　　　　　60 000
　　贷：预收账款——××公司　　　　　　　　　　60 000

🌀 **关键词** 银行存款 预收账款 收到客户预付货款

【例23】 收到某公司交来的包装物押金 10 000 元。

借：银行存款　　　　　　　　　　　　　　　　10 000
　　贷：其他应付款——押金　　　　　　　　　　10 000

🌀 **关键词** 银行存款 其他应付款 收到客户交来押金

【例24】 从银行借入 3 年期借款，本金 4 000 000 元。

借：银行存款　　　　　　　　　　　　　　　4 000 000
　　贷：长期借款——本金　　　　　　　　　　4 000 000

🌀 **关键词** 银行存款 长期借款 取得长期借款

【例25】 发行 3 年期，到期时一次还本付息债券 50 000 000 元，发行费用 1 000 000 元。

借：银行存款　　　　　　　　　　　　　　　49 000 000
　　应付债券——交易费用　　　　　　　　　　1 000 000
　　贷：应付债券——面值　　　　　　　　　　50 000 000

🌀 **关键词** 银行存款 应付债券 发行长期债券

【例26】 粮食企业收到政府部门拨付的国家粮食储备库建设资金 30 000 000 元。

借：银行存款　　　　　　　　　　　　　　　30 000 000
　　贷：专项应付款　　　　　　　　　　　　　30 000 000

🌀 **关键词** 银行存款 专项应付款 政府拨付专项建设资金

【例27】 甲、乙共同投资设立有限责任公司。甲投资 1 200 000 元，乙投资 800 000 元，投资款已到账。

借：银行存款　　　　　　　　　　　　　　　2 000 000
　　贷：实收资本——甲　　　　　　　　　　　1 200 000
　　　　实收资本——乙　　　　　　　　　　　　800 000

🌀 **关键词** 银行存款 实收资本 股东投入资本金

【例28】 企业发行普通股 100 000 000 股，每股面值 1 元，每股发行价 5 元，款项已收到，假定不考虑发行费用。

借：银行存款　　　　　　　　　　　　　　　　500 000 000
　　　贷：股本　　　　　　　　　　　　　　　　　100 000 000
　　　　　资本公积——股本溢价　　　　　　　　　400 000 000

🌀 **关键词**　银行存款　股本　资本公积　发行普通股　股本溢价

【例29】 企业转让库存股，账面价值35 000 000元。
　　借：银行存款　　　　　　　　　　　　　　　　 35 000 000
　　　贷：库存股　　　　　　　　　　　　　　　　 35 000 000

🌀 **关键词**　银行存款　库存股　转让库存股

【例30】 甲公司向乙公司销售一批商品，售价300 000元，增值税专用发票注明增值税额48 000元。
　　借：银行存款　　　　　　　　　　　　　　　　　　　348 000
　　　贷：主营业务收入　　　　　　　　　　　　　　　　300 000
　　　　　应交税费——应交增值税（销项税额）　　　　　 48 000

🌀 **关键词**　银行存款　主营业务收入　应交税费　销售商品收到货款

【例31】 企业销售原材料，售价100 000元，收到价税合计金额116 000元。
　　借：银行存款　　　　　　　　　　　　　　　　　　　116 000
　　　贷：其他业务收入　　　　　　　　　　　　　　　　100 000
　　　　　应交税费——应交增值税（销项税额）　　　　　 16 000

🌀 **关键词**　银行存款　其他业务收入　应交税费　出售原材料

【例32】 出售债券，款项存入银行25 650 000元，债券成本25 500 000元。
　　借：银行存款　　　　　　　　　　　　　　　　 25 650 000
　　　贷：交易性金融资产——成本　　　　　　　　　 25 500 000
　　　　　投资收益　　　　　　　　　　　　　　　　　　150 000

🌀 **关键词**　银行存款　投资收益　交易性金融资产　出售债券

【例33】 收到其他企业交来违约罚款80 000元。
　　借：银行存款　　　　　　　　　　　　　　　　　　　 80 000
　　　贷：营业外收入——罚没收入　　　　　　　　　　　 80 000

🌀 **关键词**　银行存款　营业外收入　收到罚款

【例34】 企业收到本期银行账户结存利息6 537元。
　　借：银行存款　　　　　　　　　　　　　　　　　　　　6 537
　　　贷：财务费用——利息收入　　　　　　　　　　　　　6 537

🌀 **关键词**　银行存款　财务费用　收到银行账户结存利息

【例35】 从银行提取现金5 000元。

借：库存现金　　　　　　　　　　　　　　　　　　　　　5 000
　　贷：银行存款　　　　　　　　　　　　　　　　　　　　5 000

关键词　库存现金　银行存款　提取现金

【例36】 委托开户银行汇款100 000元到外省临时开立的采购专户。

借：其他货币资金——外埠存款　　　　　　　　　　　　100 000
　　贷：银行存款　　　　　　　　　　　　　　　　　　　100 000

关键词　其他货币资金　银行存款　外埠开立临时户存款

【例37】 购入拟短期持有的债券，债券本金25 500 000元，包含已到期利息500 000元，交易费用300 000元，支付银行存款26 300 000元。

借：交易性金融资产——成本　　　　　　　　　　　　25 500 000
　　应收利息　　　　　　　　　　　　　　　　　　　　500 000
　　投资收益　　　　　　　　　　　　　　　　　　　　300 000
　　贷：银行存款　　　　　　　　　　　　　　　　　26 300 000

关键词　交易性金融资产　应收利息　投资收益　银行存款　购入短期持有债券

【例38】 企业对外赊销产品，售价300 000元，增值税额48 000元，以银行存款代垫运杂费6 000元。

借：应收账款　　　　　　　　　　　　　　　　　　　　354 000
　　贷：主营业务收入　　　　　　　　　　　　　　　　　300 000
　　　　应交税费——应交增值税（销项税额）　　　　　　48 000
　　　　银行存款　　　　　　　　　　　　　　　　　　　6 000

关键词　应收账款　主营业务收入　应交税费　银行存款　赊销产品代垫运杂费

【例39】 向某公司预付材料采购款210 000元。

借：预付账款——××公司　　　　　　　　　　　　　　210 000
　　贷：银行存款　　　　　　　　　　　　　　　　　　　210 000

关键词　预付账款　银行存款　预付材料采购款

【例40】 以银行存款代垫某职工医疗费10 000元。

借：其他应收款——×××　　　　　　　　　　　　　　10 000
　　贷：银行存款　　　　　　　　　　　　　　　　　　　10 000

关键词　其他应收款　银行存款　代垫员工款项

【例41】 计划成本法下,用银行存款购买原材料,买价500 000元,应交增值税额80 000元,材料尚未入库。

借:材料采购　　　　　　　　　　　　　　　　　　500 000
　　应交税费——应交增值税(进项税额)　　　　　　 80 000
　贷:银行存款　　　　　　　　　　　　　　　　　　580 000

关键词　材料采购　应交税费　银行存款　购买原材料尚未入库(计划成本法)

【例42】 实际成本法下,用银行存款购买原材料,买价100 000元,应交增值税额16 000元,原材料尚未入库。

借:在途物资　　　　　　　　　　　　　　　　　　100 000
　　应交税费——应交增值税(进项税额)　　　　　　 16 000
　贷:银行存款　　　　　　　　　　　　　　　　　　116 000

关键词　在途物资　应交税费　银行存款　购买原材料尚未入库(实际成本法)

【例43】 实际成本法下,银行存款购买原材料直接入库,买价300 000元,应交增值税额48 000元。

借:原材料　　　　　　　　　　　　　　　　　　　300 000
　　应交税费——应交增值税(进项税额)　　　　　　 48 000
　贷:银行存款　　　　　　　　　　　　　　　　　　348 000

关键词　原材料　应交税费　银行存款　购买原材料直接入库

【例44】 企业用银行存款购买库存商品直接入库,买价60 000元,应交增值税额9 600元。

借:库存商品　　　　　　　　　　　　　　　　　　 60 000
　　应交税费——应交增值税(进项税额)　　　　　　 9 600
　贷:银行存款　　　　　　　　　　　　　　　　　　 69 600

关键词　库存商品　应交税费　银行存款　购买库存商品

【例45】 支付委托加工物资加工费12 000元,应交增值税额1 920元。

借:委托加工物资　　　　　　　　　　　　　　　　 12 000
　　应交税费——应交增值税(进项税额)　　　　　　 1 920
　贷:银行存款　　　　　　　　　　　　　　　　　　 13 920

关键词　委托加工物资　应交税费　银行存款　支付委托加工费

【例46】 企业用银行存款购买包装物及低值易耗品,买价800 000元,应交增值税额 128 000 元。

　　借：包装物及低值易耗品　　　　　　　　　　　　　800 000
　　　　应交税费——应交增值税（进项税额）　　　　　128 000
　　　　贷：银行存款　　　　　　　　　　　　　　　　928 000

　　关键词　包装物及低值易耗品　应交税费　银行存款　购买包装物及低值易耗品

　　【例47】　企业用银行存款购买周转材料，买价 600 000 元，应交增值税进项税额 96 000 元。

　　借：周转材料　　　　　　　　　　　　　　　　　　600 000
　　　　应交税费——应交增值税（进项税额）　　　　　 96 000
　　　　贷：银行存款　　　　　　　　　　　　　　　　696 000

　　关键词　周转材料　应交税费　银行存款　购买周转材料

　　【例48】　企业购买财产保险 180 000 元，增值税专用发票上列示增值税额 10 800 元。

　　借：待摊费用——财产保险费　　　　　　　　　　　180 000
　　　　应交税费——应交增值税（进项税额）　　　　　 10 800
　　　　贷：银行存款　　　　　　　　　　　　　　　　190 800

　　关键词　待摊费用　"应交税费"　银行存款　企业购买财产保险

　　【例49】　企业取得持有至到期投资本金和费用之和 6 000 000 元。

　　借：持有至到期投资——投资成本　　　　　　　　6 000 000
　　　　贷：银行存款　　　　　　　　　　　　　　　6 000 000

　　关键词　持有至到期投资　银行存款　取得持有至到期投资

　　【例50】　企业取得股票成本 4 000 000 元，交易费用 12 000 元，作为可供出售金融资产。

　　借：可供出售金融资产——成本　　　　　　　　　4 012 000
　　　　贷：银行存款　　　　　　　　　　　　　　　4 012 000

　　关键词　可供出售金融资产　银行存款　取得可供出售金融资产

　　【例51】　成本法下，购入股份作为长期股权投资 1 000 000 元，买价中含已宣告现金股利 20 000 元，另支付相关税费 7 000 元。

　　借：长期股权投资　　　　　　　　　　　　　　　　987 000
　　　　应收股利　　　　　　　　　　　　　　　　　　 20 000
　　　　贷：银行存款　　　　　　　　　　　　　　　1 007 000

🌀 **关键词** 长期股权投资 银行存款 应收股利 取得长期股权投资

【例52】企业外购投资性房地产总计支付买价和契税等费用 78 000 000 元,不考虑其他相关税费。

  借：投资性房地产——成本   78 000 000
    贷：银行存款   78 000 000

🌀 **关键词** 投资性房地产 银行存款 外购投资性房地产

【例53】企业购入不需要安装的机器设备买价 30 000 元,应交增值税额 4 800 元,支付搬运费 700 元(假定不抵扣增值税)。

  借：固定资产   30 700
    应交税费——应交增值税(进项税额)   4 800
    贷：银行存款   35 500

🌀 **关键词** 固定资产 银行存款 应交税费 购入不需安装固定资产

【例54】企业发包建设一栋厂房,支付工程进度款 7 600 000 元。

  借：在建工程   7 600 000
    贷：银行存款   7 600 000

🌀 **关键词** 在建工程 银行存款 支付工程进度款

【例55】企业购进为生产工程准备的物资买价 800 000 元,增值税额 128 000 元,以银行存款支付。

  借：工程物资   800 000
    应交税费——应交增值税(进项税额)   128 000
    贷：银行存款   928 000

🌀 **关键词** 工程物资 应交税费 银行存款 购进工程物资

【例56】企业清理固定资产发生费用 68 000 元,以银行存款支付,不考虑相关税费。

  借：固定资产清理   68 000
    贷：银行存款   68 000

🌀 **关键词** 固定资产清理 银行存款 发生清理固定资产费用

【例57】企业外购专利权一项 350 000 元,以银行存款支付。

  借：无形资产——专利权   350 000
    贷：银行存款   350 000

🌀 **关键词** 无形资产 银行存款 外购无形资产

【例58】企业预付 3 年期经营性租入固定资产租金 270 000 元,以银行存款支付。

  借：长期待摊费用   270 000
    贷：银行存款   270 000

  关键词 长期待摊费用　银行存款　预付长期租用固定资产租赁费

【例59】 偿还银行短期借款本金 400 000 元。

  借：短期借款   400 000
    贷：银行存款   400 000

  关键词 短期借款　银行存款　偿还短期借款

【例60】 企业处置交易性金融负债，支付价款 21 000 000 元，交易性金融负债账面余额本金 20 000 000 元，公允价值变动贷方余额 800 000 元。

  借：交易性金融负债——本金   20 000 000
    交易性金融负债——公允价值变动   800 000
    投资收益   200 000
    贷：银行存款   21 000 000

  关键词 交易性金融负债　银行存款　投资收益　处置交易性金融负债

【例61】 支付到期商业汇票款 58 500 元。

  借：应付票据   58 500
    贷：银行存款   58 500

  关键词 应付票据　银行存款　支付到期商业汇票款

【例62】 企业支付某单位应付账款 118 000 元。

  借：应付账款——××单位   118 000
    贷：银行存款   118 000

  关键词 应付账款　银行存款　还欠款

【例63】 企业退回某单位多付预收账款 56 000 元。

  借：预收账款——××单位   56 000
    贷：银行存款   56 000

  关键词 预收账款　银行存款　退回预收账款余款

【例64】 企业发放员工工资 420 000 元，以银行存款支付。

  借：应付职工薪酬——工资薪金   420 000
    贷：银行存款   420 000

  关键词 应付职工薪酬　银行存款　发放员工工资

【例65】 企业缴纳增值税 600 000 元。

借：应交税费——应交增值税(已交税金) 600 000
　　贷：银行存款 600 000

🔑 **关键词** 应交税费　银行存款　缴纳增值税

【例66】 企业支付本期短期借款利息175 000元。
借：应付利息 175 000
　　贷：银行存款 175 000

🔑 **关键词** 应付利息　银行存款　支付利息费用

【例67】 企业发放现金股利5 000 000元。
借：应付股利——甲股东 3 000 000
　　应付股利——乙股东 2 000 000
　　贷：银行存款 5 000 000

🔑 **关键词** 应付股利　银行存款　发放现金股利

【例68】 企业归还某员工代垫款50 000元。
借：其他应付款——××× 50 000
　　贷：银行存款 50 000

🔑 **关键词** 其他应付款　银行存款　归还员工代垫款项

【例69】 企业支付已经预提的经营租入固定资产(有形动产)租金80 000元(不含税,动产租赁增值税税率一般纳税人为16%)。
借：预提费用——固定资产租赁费 80 000
　　应交税费——应交增值税(进项税额) 12 800
　　贷：银行存款 92 800

🔑 **关键词** 预提费用　应交税费　银行存款　支付预提固定资产租赁费

【例70】 企业支付已经预提的对外担保损失赔偿金2 000 000元。
借：预计负债——预计担保损失 2 000 000
　　贷：银行存款 2 000 000

🔑 **关键词** 预计负债　银行存款　发生对外担保损失

【例71】 企业返还尚未分配的政府补助150 000元。
借：递延收益——政府补助 150 000
　　贷：银行存款 150 000

🔑 **关键词** 递延收益　银行存款　返还未分配政府补助

【例72】 企业偿还长期借款本息,本金4 000 000元,应计利息980 000元,未预提利息费用28 000元。

借：长期借款——本金　　　　　　　　　　　　　4 000 000
　　　长期借款——应计利息　　　　　　　　　　　980 000
　　　财务费用　　　　　　　　　　　　　　　　　28 000
　　贷：银行存款　　　　　　　　　　　　　　　5 008 000

🔑 **关键词**　长期借款　银行存款　财务费用　偿还长期借款本息

【例73】　企业发行债券，发生交易费用 2 000 000 元。
借：应付债券——交易费用　　　　　　　　　　　2 000 000
　　贷：银行存款　　　　　　　　　　　　　　　2 000 000

🔑 **关键词**　应付债券　银行存款　发行债券　发生交易费用

【例74】　企业偿付债券面值 40 000 000 元，应计利息 9 600 000 元。
借：应付债券——面值　　　　　　　　　　　　40 000 000
　　应付债券——应计利息　　　　　　　　　　　9 600 000
　　贷：银行存款　　　　　　　　　　　　　　49 600 000

🔑 **关键词**　应付债券　银行存款　偿付债券本息

【例75】　企业返还政府专项建设结余资金 692 000 元。
借：专项应付款　　　　　　　　　　　　　　　　692 000
　　贷：银行存款　　　　　　　　　　　　　　　692 000

🔑 **关键词**　专项应付款　银行存款　专项资金结余返还

【例76】　企业按法定程序报经批准减少注册资本 6 000 000 元。
借：实收资本　　　　　　　　　　　　　　　　6 000 000
　　贷：银行存款　　　　　　　　　　　　　　6 000 000

🔑 **关键词**　实收资本　银行存款　有限责任公司法定减资

【例77】　股份有限公司采用收购本企业股票方式减资，注销股票的面值总额 5 000 000 元，购回股票支付价款 55 000 000 元。
借：股本　　　　　　　　　　　　　　　　　　5 000 000
　　资本公积　　　　　　　　　　　　　　　　50 000 000
　　贷：银行存款　　　　　　　　　　　　　　55 000 000

🔑 **关键词**　股本　银行存款　资本公积　股份公司回购股票减资

【例78】　中外合作经营企业根据合同规定清算，支付清算权益实收资本 7 800 000 元，资本公积 630 000 元，盈余公积 2 650 000 元，未分配利润 19 800 000 元。

借：实收资本 7 800 000
　　　资本公积 630 000
　　　盈余公积 2 650 000
　　　利润分配——未分配利润 19 800 000
　　贷：银行存款 30 880 000

🔑 **关键词** 实收资本　资本公积　盈余公积　利润分配　银行存款　中外合作经营企业清算归还享有的所有者权益

【例79】 生产车间发生直接生产费用2 300元，不考虑相关税费。

借：生产成本——基本生产成本 2 300
　　贷：银行存款 2 300

🔑 **关键词** 生产成本　银行存款　车间发生直接生产费用

【例80】 生产车间用银行存款支付办公费45 600元，非固定资产日常修理费1 300元，水电费4 200元，不考虑相关税费。

借：制造费用——办公费 45 600
　　　制造费用——修理费 1 300
　　　制造费用——水电费 4 200
　　贷：银行存款 51 100

🔑 **关键词** 制造费用　银行存款　生产车间支付办公费　非固定资产日常修理费、水电费等

【例81】 公司接受一项安装项目，以银行存款支付劳务成本30 000元。

借：劳务成本 30 000
　　贷：银行存款 30 000

🔑 **关键词** 劳务成本　银行存款　发生劳务支出

【例82】 企业自行开发无形资产发生研发支出，以银行存款支付410 000元，不满足资本化条件，不考虑相关税费。

借：研发支出——费用化支出 410 000
　　贷：银行存款 410 000

🔑 **关键词** 研发支出　银行存款　研发支出费用化支出

【例83】 企业本期发生的销售退回，冲减的销售商品收入350 000元，退还银行存款406 000元。

借：主营业务收入 350 000
　　　应交税费——应交增值税(销项税额) 56 000
　　贷：银行存款 406 000

🌀 **关键词** 主营业务收入　应交税费　银行存款　发生销售退回

【例84】 购入拟短期持有的债券,债券本金 25 500 000 元,包含已到期利息 500 000 元,交易费用 300 000 元。

　　借:交易性金融资产——成本　　　　　　　　25 500 000
　　　　应收利息　　　　　　　　　　　　　　　　500 000
　　　　投资收益　　　　　　　　　　　　　　　　300 000
　　　贷:银行存款　　　　　　　　　　　　　　26 300 000

🌀 **关键词** 交易性金融资产　应收利息　投资收益　银行存款　购入短期持有债券

【例85】 企业因出租固定资产发生零星费用 64 500 元,以银行存款支付,不考虑相关税费。

　　借:其他业务成本　　　　　　　　　　　　　　64 500
　　　贷:银行存款　　　　　　　　　　　　　　　64 500

🌀 **关键词** 其他业务成本　银行存款　发生其他业务支出

【例86】 企业发生的为销售本企业商品而专设的销售机构的业务费 165 000 元,以银行存款支付,不考虑相关税费。

　　借:销售费用　　　　　　　　　　　　　　　165 000
　　　贷:银行存款　　　　　　　　　　　　　　165 000

🌀 **关键词** 销售费用　银行存款　发生专属销售机构业务费

【例87】 企业经营期间管理部门发生的办公费 126 500 元,水电费 14 800 元,业务招待费 38 790 元,聘请中介机构费 467 000 元,咨询费 57 800 元,诉讼费 216 000 元,以银行存款支付,不考虑相关税费。

　　借:管理费用——办公费　　　　　　　　　　126 500
　　　　管理费用——水电费　　　　　　　　　　14 800
　　　　管理费用——业务招待费　　　　　　　　38 790
　　　　管理费用——聘请中介机构费　　　　　　467 000
　　　　管理费用——咨询费　　　　　　　　　　57 800
　　　　管理费用——诉讼费　　　　　　　　　　216 000
　　　贷:银行存款　　　　　　　　　　　　　　920 890

🌀 **关键词** 管理费用　银行存款　支付管理部门各项费用

【例88】 支付银行业务手续费 380 元,申请购汇发生汇兑损失 23 320 元,不考虑相关税费。

借：财务费用——手续费 380
　　财务费用——汇兑损益 23 320
　　贷：银行存款 23 700

🔑**关键词** 财务费用　银行存款　支付手续费及汇兑损失

【例89】 企业发生税收罚款和滞纳金支出74 600元，捐赠支出241 000元。
借：营业外支出——罚款支出 74 600
　　营业外支出——捐赠支出 241 000
　　贷：银行存款 315 600

🔑**关键词** 营业外支出　银行存款　发生罚款滞纳金支出和捐赠支出

【例90】 企业存在其他金融机构的银行存款200 000元确定无法收回，经管理部门批准核销。
借：营业外支出 200 000
　　贷：银行存款 200 000

🔑**关键词** 营业外支出　银行存款　核销无法收回银行存款坏账损失

1015　其他货币资金
other monetary funds

一、本科目核算企业的外埠存款、银行汇票存款、银行本票存款、信用卡存款、信用证保证金存款、存出投资款等各种其他货币资金。

二、本科目可按照外埠存款的开户银行，银行汇票或本票，信用证的收款单位，分别"外埠存款""银行汇票""银行本票""信用卡""信用证保证金""存出投资款"等进行明细核算。

三、企业增加其他货币资金，借记本科目，贷记"银行存款"科目；支用其他货币资金，借记有关科目，贷记本科目。

四、本科目期末借方余额，反映企业持有的其他货币资金。

【例1】 企业委托开户银行汇款100 000元到外省临时开立的采购专户。
借：其他货币资金——外埠存款 100 000
　　贷：银行存款 100 000

🔑**关键词** 其他货币资金　银行存款　外埠存款

【例2】 企业申请银行汇票250 000元，款项交存银行。
借：其他货币资金——银行汇票 250 000
　　贷：银行存款 250 000

🌀 **关键词** 其他货币资金　银行存款　申请银行汇票

【例3】 企业申请银行本票100 000元，款项交存银行。

借：其他货币资金——银行本票　　　　　　　　　100 000
　　贷：银行存款　　　　　　　　　　　　　　　　　100 000

🌀 **关键词** 其他货币资金　银行存款　申请银行本票

【例4】 企业向单位信用卡内存款50 000元。

借：其他货币资金——信用卡　　　　　　　　　　50 000
　　贷：银行存款　　　　　　　　　　　　　　　　　50 000

🌀 **关键词** 其他货币资金　银行存款　向单位信用卡存款

【例5】 企业向银行申请开立信用证，交存信用证保证金2 000 000元。

借：其他货币资金——信用证保证金　　　　　　　2 000 000
　　贷：银行存款　　　　　　　　　　　　　　　　　2 000 000

🌀 **关键词** 其他货币资金　银行存款　交存信用证保证金

【例6】 企业开立投资专户，存入投资款5 000 000元。

借：其他货币资金——存出投资款　　　　　　　　5 000 000
　　贷：银行存款　　　　　　　　　　　　　　　　　5 000 000

🌀 **关键词** 其他货币资金　银行存款　存出投资款

【例7】 企业出售交易性金融资产账面余额312 000元，收到价款320 000元。

借：其他货币资金——存出投资款　　　　　　　　320 000
　　贷：交易性金融资产——成本　　　　　　　　　312 000
　　　　投资收益　　　　　　　　　　　　　　　　　8 000

🌀 **关键词** 其他货币资金　交易性金融资产　投资收益　出售交易性金融资产

* 一般来说，该科目贷方发生业务除了偿还短期借款、长期借款和各种借款利息手续费以外，能够用银行存款支付的款项，都可以用其他货币资金来支付。其他货币资金各明细项目之间除存出投资款、信用证保证金外都可替代。因此本科目仅列举部分业务。

【例8】 外埠存款转回开户银行6 400元。

借：银行存款　　　　　　　　　　　　　　　　　　6 400
　　贷：其他货币资金——外埠存款　　　　　　　　6 400

🌀 **关键词** 银行存款　其他货币资金　转回外埠存款

【例9】 银行本票未用退回 250 000 元。

  借：银行存款   250 000
    贷：其他货币资金——银行本票   250 000

关键词 银行存款 其他货币资金 退回未用银行本票

【例10】 使用银行汇票购买原材料，结算余款退回银行 75 000 元。

  借：银行存款   75 000
    贷：其他货币资金——银行汇票   75 000

关键词 银行存款 其他货币资金 银行退回银行汇票结算余款

【例11】 信用卡内存款转回开户银行 80 000 元。

  借：银行存款   80 000
    贷：其他货币资金——信用卡存款   80 000

关键词 银行存款 其他货币资金 转回信用卡存款

【例12】 信用证保证金存款转回开户银行 120 000 元。

  借：银行存款   120 000
    贷：其他货币资金——信用证保证金   120 000

关键词 银行存款 其他货币资金 转回信用证保证金

【例13】 企业存出投资款转回开户银行 20 000 000 元。

  借：银行存款   20 000 000
    贷：其他货币资金——存出投资款   20 000 000

关键词 银行存款 其他货币资金 存出投资款转回

【例14】 企业委托证券公司购入股票 10 000 000 元，交易费用 30 000 元。

  借：交易性金融资产——成本   10 000 000
    投资收益   30 000
    贷：其他货币资金——存出投资款   10 030 000

关键词 交易性金融资产 投资收益 其他货币资金 购入股票

【例15】 使用外埠存款购买原材料 80 000 元，增值税额 12 800 元，实际成本法核算，材料尚未入库。

  借：在途物资   80 000
    应交税费——应交增值税（进项税额）   12 800
    贷：其他货币资金——外埠存款   92 800

关键词 在途物资 应交税费 其他货币资金 购买原材料

【例16】 使用银行汇票购买原材料买价 200 000 元,增值税额 32 000 元,计划成本法核算,材料尚未入库。

  借:材料采购   200 000
    应交税费——应交增值税(进项税额)   32 000
    贷:其他货币资金——银行汇票   232 000

🔑**关键词** 材料采购 应交税费 其他货币资金 银行汇票采购材料

【例17】 使用银行本票购买原材料,买价 1 500 000 元,增值税额 240 000 元,材料直接入库。

  借:原材料   1 500 000
    应交税费——应交增值税(进项税额)   240 000
    贷:其他货币资金——银行本票   1 740 000

🔑**关键词** 原材料 应交税费 其他货币资金 银行本票购买原材料

【例18】 使用信用证保证金进口库存商品 8 000 000 元,增值税额 1 280 000 元,商品已经入库。

  借:库存商品   8 000 000
    应交税费——应交增值税(进项税额) 1 280 000
    贷:其他货币资金——信用证保证金   9 280 000

🔑**关键词** 库存商品 应交税费 其他货币资金 开立信用证购买商品

【例19】 用信用卡支付业务招待费 3 000 元。

  借:管理费用——业务招待费   3 000
    贷:其他货币资金——信用卡存款   3 000

🔑**关键词** 管理费用 其他货币资金 信用卡支付招待费

1101 交易性金融资产
trading financial assets

  一、本科目核算企业持有的以公允价值计量且其变动计入当期损益的金融资产,包括为交易目的所持有的债券投资、股票投资、基金投资、权证投资等和直接指定为以公允价值计量且其变动计入当期损益的金融资产。

  衍生金融资产不在本科目核算。

  企业(证券)的代理承销证券,在本科目核算,也可以单独设置"1331 代理承销证券"科目核算。

  二、本科目应当按照交易性金融资产的类别和品种,分别"成本""公允价值变动"进行明细核算。

三、交易性金融资产的主要账务处理

（一）企业取得交易性金融资产时,按交易性金融资产的公允价值,借记本科目(成本);按发生的交易费用,借记"投资收益"科目;按实际支付的金额,贷记"银行存款""存放中央银行款项"等科目。

（二）在持有交易性金融资产期间收到被投资单位宣告发放的现金股利或债券利息,借记"银行存款"科目,贷记本科目(公允价值变动)。

对于收到的属于取得交易性金融资产支付价款中包含的已宣告发放的现金股利或债券利息,借记"银行存款"科目,贷记本科目(成本)。

（三）资产负债表日,交易性金融资产的公允价值高于其账面余额的差额,借记本科目(公允价值变动),贷记"公允价值变动损益"科目;公允价值低于其账面余额的差额,做相反的会计分录。

（四）出售交易性金融资产时,应按实际收到的金额,借记"银行存款""存放中央银行款项"等科目,按该项交易性金融资产的成本,贷记本科目(成本),按该项交易性金融资产的公允价值变动,贷记或借记本科目(公允价值变动),按其差额,贷记或借记"投资收益"科目。同时,按该项交易性金融资产的公允价值变动,借记或贷记"公允价值变动损益"科目,贷记或借记"投资收益"科目。

四、本科目期末借方余额,反映企业交易性金融资产的公允价值。

【例1】 企业购入股票 10 000 000 元作为交易性金融资产,交易费用 30 000元。

借：交易性金融资产——成本　　　　　　　　　　　10 000 000
　　投资收益　　　　　　　　　　　　　　　　　　　　30 000
　贷：银行存款　　　　　　　　　　　　　　　　　10 030 000

关键词 交易性金融资产　投资收益　银行存款　购买股票

【例2】 企业收到持股单位宣告发放的现金股利156 000元。

借：银行存款　　　　　　　　　　　　　　　　　　156 000
　贷：交易性金融资产——公允价值变动　　　　　　　156 000

关键词 银行存款　交易性金融资产　收到宣告的现金股利

【例3】 企业收到持股单位购买股票价款中已经包括的、已经宣告未发放的现金股利 312 000 元。

借：银行存款　　　　　　　　　　　　　　　　　　312 000
　贷：交易性金融资产——成本　　　　　　　　　　　312 000

🔑 **关键词** 银行存款　交易性金融资产　收到买价中包含的已宣告未发放现金股利

【例4】 资产负债表日,确认持有的交易性金融资产股票公允价值较股票账面余额变动增加 300 000 元。

　　借:交易性金融资产——公允价值变动　　　　　300 000
　　　贷:公允价值变动损益　　　　　　　　　　　　　　300 000

🔑 **关键词** 交易性金融资产　公允价值变动损益　确认股票公允价值增加

【例5】 资产负债表日,确认持有的交易性金融资产股票公允价值较股票账面余额变动减少 300 000 元。

　　借:公允价值变动损益　　　　　　　　　　　　　　300 000
　　　贷:交易性金融资产——公允价值变动　　　　　　300 000

🔑 **关键词** 公允价值变动损益　交易性金融资产　确认股票公允价值减少

【例6】 出售交易性金融资产,股票成本 25 500 000 元,明细科目公允价值变动借方余额 100 000 元,收到银行存款 25 650 000 元。

　　借:银行存款　　　　　　　　　　　　　　　　　25 650 000
　　　贷:交易性金融资产——成本　　　　　　　　　　25 500 000
　　　　　交易性金融资产——公允价值变动　　　　　　　100 000
　　　　　投资收益　　　　　　　　　　　　　　　　　　50 000

同时,结转公允价值变动损益。

　　借:公允价值变动损益　　　　　　　　　　　　　　100 000
　　　贷:投资收益　　　　　　　　　　　　　　　　　　100 000

同时,计算转让收益应缴纳增值税。

　　借:投资收益(150 000×0.06÷1.06)　　　　　　　8 490.57
　　　贷:应交税费——转让金融商品应交增值税　　　　8 490.57

* **转让金融资产需缴纳增值税一般另行计算,下同。**

🔑 **关键词** 银行存款　交易性金融资产　投资收益　出售股票盈利

【例7】 出售交易性金融资产,股票成本 2 000 000 元,明细科目公允价值变动贷方余额 100 000 元,收到银行存款 2 140 000 元。

　　借:银行存款　　　　　　　　　　　　　　　　　2 140 000
　　　交易性金融资产——公允价值变动　　　　　　　　100 000
　　　贷:交易性金融资产——成本　　　　　　　　　　2 000 000
　　　　　投资收益　　　　　　　　　　　　　　　　　240 000

同时，
　　借：投资收益　　　　　　　　　　　　　　　　　　100 000
　　　贷：公允价值变动损益　　　　　　　　　　　　　　　100 000

🔑**关键词**　银行存款　交易性金融资产　投资收益　出售股票盈利

【例8】　出售交易性金融资产，成本25 500 000元，明细科目公允价值变动借方余额200 000元，收到银行存款25 650 000元。
　　借：银行存款　　　　　　　　　　　　　　　　　25 650 000
　　　　投资收益　　　　　　　　　　　　　　　　　　　50 000
　　　贷：交易性金融资产——成本　　　　　　　　　　25 500 000
　　　　　交易性金融资产——公允价值变动　　　　　　　200 000
同时，
　　借：公允价值变动损益　　　　　　　　　　　　　　　200 000
　　　贷：投资收益　　　　　　　　　　　　　　　　　　200 000

🔑**关键词**　银行存款　投资收益　交易性金融资产　出售交易性金融资产亏损

【例9】　企业根据金融工具确认和计量准则将持有至到期投资重分类为交易性金融资产，在重分类日按该项持有至到期投资的公允价值935 0000元，未计提减值准备。投资成本873 0000元，应计利息530 000元，利息调整借方110 000元。
　　借：交易性金融资产　　　　　　　　　　　　　　　935 0000
　　　　投资收益　　　　　　　　　　　　　　　　　　　20 000
　　　贷：持有至到期投资——投资成本　　　　　　　　　873 0000
　　　　　持有至到期投资——应计利息　　　　　　　　　530 000
　　　　　持有至到期投资——利息调整　　　　　　　　　110 000

🔑**关键词**　交易性金融资产　投资收益　持有至到期投资　持有至到期投资重分类为交易性金融资产

【例10】　企业根据金融工具确认和计量准则将可供出售金融资产重分类为交易性金融资产，公允价值为923 0000元，可供出售金融资产明细科目成本873 0000元，公允价值变动500 000元。
　　借：交易性金融资产　　　　　　　　　　　　　　　923 0000
　　　贷：可供出售金融资产——成本　　　　　　　　　　873 0000
　　　　　可供出售金融资产——公允价值变动　　　　　　500 000

同时，按照记入"其他综合收益"科目的金额，做如下或者相反的分录，本题假定原记入"其他综合收益"科目贷方 500 000 元。

借：其他综合收益　　　　　　　　　　　　　　　　500 000
　贷：投资收益　　　　　　　　　　　　　　　　　　　500 000

🔹**关键词** 交易性金融资产　可供出售金融资产　可供出售金融资产重分类　结转其他综合收益

【例11】 企业根据金融工具确认和计量准则将交易性金融资产重分类为持有至到期投资，在重分类日交易性金融资产的公允价值 9 200 000 元，明细科目成本 9 000 000 元，公允价值变动借方 200 000 元。

借：持有至到期投资　　　　　　　　　　　　　　9 200 000
　贷：交易性金融资产——成本　　　　　　　　　　9 000 000
　　　交易性金融资产——公允价值变动　　　　　　　200 000

🔹**关键词** 持有至到期投资　交易性金融资产　交易性金融资产重分类为持有至到期投资

【例12】 企业根据金融工具确认和计量准则将可供出售金融资产重分类为可供出售金融资产，在重分类日交易性金融资产的公允价值 9 200 000 元，明细科目成本 9 000 000 元，公允价值变动借方 200 000 元。

借：可供出售金融资产　　　　　　　　　　　　　9 200 000
　贷：交易性金融资产——成本　　　　　　　　　　9 000 000
　　　交易性金融资产——公允价值变动　　　　　　　200 000

🔹**关键词** 可供出售金融资产　交易性金融资产　交易性金融资产重分类为可供出售金融资产

1121 应收票据
bill receivable; notes receivable

一、本科目核算企业因销售商品、产品、提供劳务等而收到的商业汇票，包括银行承兑汇票和商业承兑汇票。

二、企业应当按照开出、承兑商业汇票的单位进行明细核算。

三、应收票据的主要账务处理。

（一）企业因销售商品、产品、提供劳务等而收到开出、承兑的商业汇票，按商业汇票的票面金额，借记本科目，按实现的营业收入，贷记"主营业务收入"等科目，按增值税专用发票上注明的增值税额，贷记"应交税费——应交增值税（销项税额）"科目。

涉外业务取得的带息应收票据应确认的利息收入，应当比照"存放中央银行款项"科目的相关规定处理。

（二）企业持未到期的应收票据向银行贴现，应按实际收到的金额（即减去贴现息后的净额），借记"银行存款"科目，按贴现息部分，借记"财务费用"等科目，按商业汇票的票面金额，贷记本科目（符合《企业会计准则第23条——金融资产转移》规定的金融资产终止确认条件的）或"短期借款"科目（不符合《企业会计准则第23条——金融资产转移》规定的金融资产终止确认条件的）。

贴现的商业承兑汇票到期，因承兑人的银行存款账户不足支付，申请贴现的企业收到银行退回的商业承兑汇票时，按商业汇票的票面金额，借记"应收账款"科目，贷记"银行存款"科目。申请贴现企业的银行存款账户余额不足，银行作逾期贷款处理，借记"应收账款"科目，贷记本科目。

（三）企业将持有的商业汇票背书转让以取得所需物资时，按应计入取得物资成本的金额，借记"物资采购"或"原材料""库存商品"等科目，按可抵扣的增值税额，借记"应交税费——应交增值税（进项税额）"科目，按商业汇票的票面金额，贷记本科目，如有差额，借记或贷记"银行存款"等科目。

（四）商业汇票到期，应按实际收到的金额，借记"银行存款"科目，按商业汇票的票面金额，贷记本科目。

因付款人无力支付票款，收到银行退回的商业承兑汇票、委托收款凭证、未付票款通知书或拒绝付款证明等，按商业汇票的票面金额，借记"应收账款"科目，贷记本科目。

四、企业应当设置"应收票据备查簿"，逐笔登记每一商业汇票的种类、号数和出票日、票面金额、交易合同号和付款人、承兑人、背书人的姓名或单位名称、到期日、背书转让日、贴现日、贴现率和贴现净额，以及收款日和收回金额、退票情况等资料，商业汇票到期结清票款或退票后，应当在备查簿内逐笔注销。

五、本科目期末借方余额，反映企业持有的商业汇票的票面金额。

【例1】 企业收到银行承兑商业汇票抵付前欠产品货款1 755 000元。

借：应收票据　　　　　　　　　　　　　　　　1 755 000
　　贷：应收账款　　　　　　　　　　　　　　　　1 755 000

关键词　应收票据　应收账款　收到商业汇票抵付前欠货款

【例2】 向客户销售一批商品，收到商业承兑汇票，售价300 000元，增值税专用发票注明增值税额48 000元。

借：应收票据　　　　　　　　　　　　　　　　348 000
　　贷：主营业务收入　　　　　　　　　　　　　　300 000
　　　　应交税费——应交增值税（销项税额）　　　 48 000

◆ 关键词 应收票据 主营业务收入 应交税费 销售商品收到商业汇票

【例3】 企业对外提供技术服务（非主营业务）收到商业承兑汇票300 000元，不考虑相关税费。

  借：应收票据   300 000
   贷：其他业务收入   300 000

◆ 关键词 应收票据 其他业务收入 对外提供技术服务收到商业汇票

【例4】 企业将所持银行承兑汇票1 755 000元进行贴现，贴现息为5 000元。

  借：银行存款   1 750 000
    财务费用   5 000
   贷：应收票据   1 755 000

◆ 关键词 银行存款 财务费用 应收票据 商业汇票贴现

【例5】 企业应收商业汇票到期，收到汇票款1 755 000元。

  借：银行存款   1 755 000
   贷：应收票据   1 755 000

◆ 关键词 银行存款 应收票据 汇票到期收到款项

【例6】 商业汇票的付款人无力支付票款，企业收到银行退回的商业承兑汇票和未付票款通知书，商业汇票的票面金额1 755 000元。

  借：应收账款   1 755 000
   贷：应收票据   1 755 000

◆ 关键词 银行存款 应收票据 商业汇票到期付款人未付票款

【例7】 商业汇票背书转让，用于购买原材料，买价1 500 000元，增值税专用发票注明增值税额240 000元。

  借：原材料   1 500 000
    应交税费——应交增值税（进项税额）   240 000
   贷：应收票据   1 740 000

◆ 关键词 原材料 应交税费 应收票据 票据背书转让购买原材料

1122 应收账款

accounts receivable; open-book credit; debt receivable

一、本科目核算企业因销售商品、产品、提供劳务等经营活动应收取的款项。

企业（保险）按照原保险合同约定应向投保人收取的保费，可将本科目改为"1122应收保费"科目,并按照投保人进行明细核算。

企业(银行、证券)应收取的手续费和佣金,可将本科目改为"1201应收手续费"科目,并按照债务人进行明细核算。

因销售商品、产品、提供劳务等,合同或协议价款的收取采用递延方式、实质上具有融资性质的,在"长期应收款"科目核算,不在本科目核算。

二、本科目应当按照债务人进行明细核算。

三、企业发生应收账款时,按应收金额,借记本科目,按实现的营业收入,贷记"主营业务收入""手续费收入""保费收入""其他业务收入"等科目,按增值税专用发票上注明的增值税额,贷记"应交税费——应交增值税(销项税额)"科目。收回应收账款时,借记"银行存款"等科目,贷记本科目。

代购货单位垫付的包装费、运杂费,借记本科目,贷记"银行存款"等科目。收回代垫费用时,借记"银行存款"科目,贷记本科目。

四、企业与债务人进行债务重组,应当分别按债务重组的不同方式进行账务处理。

(一)企业收到债务人清偿债务的现金金额小于该项应收账款账面价值的,应按实际收到的现金金额,借记"银行存款"等科目,按重组债权已计提的坏账准备,借记"坏账准备"科目,按重组债权的账面余额,贷记本科目,按其差额,借记"营业外支出"科目。

收到债务人清偿债务的现金金额大于该项应收账款账面价值的,应按实际收到的现金金额,借记"银行存款"等科目,按重组债权已计提的坏账准备,借记"坏账准备"科目,按重组债权的账面余额,贷记本科目,按其差额,贷记"资产减值损失"科目。

以下债务重组涉及的坏账准备,应当比照此规定进行处理。

(二)企业接受的债务人用于清偿债务的非现金资产,应按该项非现金资产的公允价值,借记"原材料""库存商品""固定资产""无形资产"等科目,按可抵扣的增值税额,借记"应交税费——应交增值税(进项税额)"科目,按重组债权的账面余额,贷记本科目,按应支付的相关税费和其他费用,贷记"银行存款""应交税费"等科目,按其差额,借记"营业外支出"科目。

(三)将债权转为投资,企业应按应享有股份的公允价值,借记"长期股权投资"科目,按重组债权的账面余额,贷记本科目,按应支付的相关税费,贷记"银行存款""应交税费"等科目,按其差额,借记"营业外支出"科目。

(四)以修改其他债务条件进行清偿的,企业应按修改其他债务条件后的债权的公允价值,借记本科目,按重组债权的账面余额,贷记本科目,按其差额,借记"营业外支出"科目。

五、本科目期末借方余额,反映企业尚未收回的应收账款;期末如为贷方余额,反映企业预收的账款。

【例1】 企业销售商品,替购货方某公司代垫包装运杂费6 700元。

借:应收账款——××公司　　　　　　　　　　　　　　6 700
　　贷:银行存款　　　　　　　　　　　　　　　　　　6 700

关键词 应收账款　银行存款　代垫运杂费

【例2】 已确认并转销的应收款项以后又收回,实际收回金额20 000元。

借:应收账款——××公司　　　　　　　　　　　　　　20 000
　　贷:坏账准备　　　　　　　　　　　　　　　　　　20 000

同时,

借:银行存款　　　　　　　　　　　　　　　　　　　　20 000
　　贷:应收账款——××公司　　　　　　　　　　　　20 000

关键词 应收账款　坏账准备　确认坏账损失又收回

【例3】 企业向某公司销售一批商品,售价300 000元,增值税专用发票注明增值税额48 000元,款未收到。

借:应收账款——××公司　　　　　　　　　　　　　　348 000
　　贷:主营业务收入　　　　　　　　　　　　　　　　300 000
　　　　应交税费——应交增值税(销项税额)　　　　　　48 000

关键词 应收账款　主营业务收入　应交税费　销售商品　未收到货款

【例4】 企业对外提供劳务,假定不考虑相关税费,取得收入320 000元,款未收到。

借:应收账款——××公司　　　　　　　　　　　　　　320 000
　　贷:主营业务收入　　　　　　　　　　　　　　　　320 000

关键词 应收账款　主营业务收入　取得劳务收入　款未收到

【例5】 企业采用托收承付方式销售商品,售价60 000元,增值税专用发票注明增值税额9 600元,已发货并办妥托收手续,代垫运费800元。

借:应收账款——××公司　　　　　　　　　　　　　　70 400
　　贷:主营业务收入　　　　　　　　　　　　　　　　60 000
　　　　应交税费——应交增值税(销项税额)　　　　　　9 600
　　　　银行存款　　　　　　　　　　　　　　　　　　800

🔑 **关键词** 应收账款 主营业务收入 应交税费 银行存款 托收承付销售代垫运杂费

【例6】 收到委托代销商品的代销清单,代销货物售价10 000元,增值税专用发票注明增值税额1 600元。

借:应收账款——××公司　　　　　　　　　　　　　11 600
　　贷:主营业务收入　　　　　　　　　　　　　　　　10 000
　　　　应交税费——应交增值税(销项税额)　　　　　1 600

🔑 **关键词** 应收账款 主营业务收入 应交税费 收到委托代销商品代销清单

【例7】 企业销售原材料,售价100 000元,价税合计金额116 000元,款未收到。

借:应收账款——××公司　　　　　　　　　　　　　116 000
　　贷:其他业务收入　　　　　　　　　　　　　　　　100 000
　　　　应交税费——应交增值税(销项税额)　　　　　16 000

🔑 **关键词** 应收账款 其他业务收入 应交税费 销售原材料 款未收到

【例8】 赊销商品,收到某公司前欠货款351 000元。

借:银行存款　　　　　　　　　　　　　　　　　　　351 000
　　贷:应收账款——××公司　　　　　　　　　　　　351 000

🔑 **关键词** 银行存款 应收账款 收回前欠货款

【例9】 赊销商品价税58 500元,收到货款时发生现金折扣1 000元。

借:银行存款　　　　　　　　　　　　　　　　　　　57 500
　　财务费用　　　　　　　　　　　　　　　　　　　1 000
　　贷:应收账款——××公司　　　　　　　　　　　　58 500

🔑 **关键词** 银行存款 财务费用 应收账款 收回欠款发生现金折扣

【例10】 收到某企业预付货款50 000元,因业务较少,记入"应收账款"科目贷方。

借:银行存款　　　　　　　　　　　　　　　　　　　50 000
　　贷:应收账款——××公司　　　　　　　　　　　　50 000

🔑 **关键词** 银行存款 应收账款 收到预付货款记入"应收账款"科目贷方

【例11】 收到银行承兑汇票抵付前欠产品货款1 755 000元。

借:应收票据　　　　　　　　　　　　　　　　　　　1 755 000
　　贷:应收账款——××公司　　　　　　　　　　　　1 755 000

> **关键词** 应收票据　应收账款　收到商业汇票抵付前欠货款

【例12】 发生坏账损失 30 000 元。

　　借：坏账准备　　　　　　　　　　　　　　　　　30 000
　　　　贷：应收账款——××公司　　　　　　　　　　　　　30 000

> **关键词** 坏账准备　应收账款　发生坏账损失

【例13】 收到委托代销商品的代销清单，计算代销手续费 10 000 元。

　　借：销售费用　　　　　　　　　　　　　　　　　10 000
　　　　贷：应收账款——××公司　　　　　　　　　　　　　10 000

> **关键词** 销售费用　应收账款　支付代销商品手续费

1123 预付账款
prepayments

一、本科目核算企业按照购货合同规定预付给供应单位的款项。

预付款项情况不多的，也可以不设置本科目，将预付的款项直接记入"应付账款"科目的借方。

企业（保险）从事保险业务预先支付的赔付款，可将本科目改为"1123 预付赔付款"科目，并按照受益人进行明细核算。

二、本科目应当按照供应单位进行明细核算。

三、预付账款的主要账务处理。

（一）企业因购货而预付的款项，借记本科目，贷记"银行存款"科目。

（二）收到所购物资时，按应计入购入物资成本的金额，借记"物资采购"或"原材料""库存商品"等科目，按可抵扣的增值税额，借记"应交税费——应交增值税（进项税额）"科目，按应付金额，贷记本科目。补付的款项，借记本科目，贷记"银行存款"科目；退回多付的款项，借记"银行存款"科目，贷记本科目。

（三）转销预付的赔付款项时，借记"赔付支出"科目，贷记本科目。

四、本科目期末借方余额，反映企业预付的款项；期末如为贷方余额，反映企业尚未补付的款项。

【例1】 向某公司预付材料采购款 210 000 元。

　　借：预付账款——××公司　　　　　　　　　　　　210 000
　　　　贷：银行存款　　　　　　　　　　　　　　　　　　　210 000

> **关键词** 预付账款　银行存款　预付材料采购款

【例2】 以银行存款补付所欠货款 57 000 元。
　　借：预付账款——××公司　　　　　　　　　　　　57 000
　　　贷：银行存款　　　　　　　　　　　　　　　　　　57 000

🌀 关键词　预付账款　银行存款　补付预付款欠款

【例3】 收到某公司退回预付账款 150 000 元。
　　借：银行存款　　　　　　　　　　　　　　　　　　150 000
　　　贷：预付账款——××公司　　　　　　　　　　　150 000

🌀 关键词　银行存款　预付账款　收回预付账款

【例4】 收到预付账款购买的材料价款 100 000 元，增值税专用发票注明增值税额 16 000 元，材料尚未入库（计划成本法）。
　　借：材料采购　　　　　　　　　　　　　　　　　　100 000
　　　　应交税费——应交增值税（进项税额）　　　　　16 000
　　　贷：预付账款——××公司　　　　　　　　　　　116 000

🌀 关键词　材料采购　应交税费　预付账款　购买原材料入库

【例5】 收到预付账款购买的材料价款 100 000 元，增值税专用发票注明增值税额 16 000 元，材料尚未入库（实际成本法）。
　　借：在途物资　　　　　　　　　　　　　　　　　　100 000
　　　　应交税费——应交增值税（进项税额）　　　　　16 000
　　　贷：预付账款——××公司　　　　　　　　　　　116 000

🌀 关键词　在途物资　应交税费　预付账款　购买原材料入库

【例6】 收到预付账款购买的材料价款 100 000 元，增值税专用发票注明增值税额 16 000 元，材料已入库。
　　借：原材料　　　　　　　　　　　　　　　　　　　100 000
　　　　应交税费——应交增值税（进项税额）　　　　　16 000
　　　贷：预付账款——××公司　　　　　　　　　　　116 000

🌀 关键词　原材料　应交税费　预付账款　购买原材料入库

【例7】 收到预付账款购买的库存商品，价款 100 000 元，增值税专用发票注明增值税额 16 000 元，商品已入库。
　　借：库存商品　　　　　　　　　　　　　　　　　　100 000
　　　　应交税费——应交增值税（进项税额）　　　　　16 000
　　　贷：预付账款——××公司　　　　　　　　　　　116 000

🌀 关键词　库存商品　应交税费　预付账款　购买原材料入库

1131 应收股利
dividends receivable

一、本科目核算企业应收取的现金股利和应收取的其他单位分配的利润。

二、本科目应当按照被投资单位进行明细核算。

三、应收股利的主要账务处理。

(一)被投资单位宣告发放现金股利或利润,按应归本企业享有的金额,借记本科目,贷记"投资收益""长期股权投资——损益调整"科目。

对于交易性金融资产和可供出售金融资产收到的现金股利或利润,应借记"银行存款"科目,贷记"交易性金融资产""可供出售金融资产"科目。

属于被投资单位在取得本企业的投资前实现的净利润的分配额,借记本科目或"银行存款"科目,贷记"长期股权投资——投资成本""交易性金融资产""可供出售金融资产"科目。

(二)收到现金股利或利润,借记"银行存款"等科目,贷记本科目。

四、本科目期末借方余额,反映企业尚未收回的现金股利或利润。

【例1】 某长期股权投资采用成本法核算,被投资单位宣告分派现金股利,属于本企业的部分为 223 000 元。

借:应收股利　　　　　　　　　　　　　　　　　　223 000
　　贷:投资收益　　　　　　　　　　　　　　　　　　223 000

🌀 关键词　应收股利　投资收益　被投资单位宣告分派现金股利(成本法核算)

【例2】 某长期股权投资采用权益法核算,被投资单位宣告分派现金股利,应归本企业享有的金额 1 500 000 元。

借:应收股利　　　　　　　　　　　　　　　　　　1 500 000
　　贷:长期股权投资——损益调整　　　　　　　　　　1 500 000

🌀 关键词　应收股利　长期股权投资　被投资单位宣告分派现金股利(权益法核算)

【例3】 购买长期股权投资买价中包含投资前享有的净利润分配额 200 000 元。

借:应收股利　　　　　　　　　　　　　　　　　　200 000
　　贷:长期股权投资——投资成本　　　　　　　　　　200 000

🌀 关键词　应收股利　长期股权投资　取得长期股权投资包含投资前净利

润分配额

【例4】 企业收到被投资单位发放的现金股利1 500 000元。

借：银行存款　　　　　　　　　　　　　　　1 500 000
　　贷：应收股利　　　　　　　　　　　　　　1 500 000

关键词　银行存款　应收股利　收到现金股利

1132 应收利息

interest in black; interest receivable

一、本科目核算企业发放贷款、持有至到期投资、可供出售金融资产、存放中央银行款项等应收取的利息。

购入到期一次还本付息的持有至到期投资持有期间确认的利息收入，在"持有至到期投资"科目核算，不在本科目核算。

买入返售金融资产确认的利息收入，在"买入返售金融资产"科目核算，不在本科目核算。

二、本科目应当按照借款人或被投资单位进行明细核算。

三、应收利息的主要账务处理。

（一）企业购入分期付息、到期还本的持有至到期投资等，已到付息期按合同约定的名义利率计算确定的应收未收的利息，借记本科目，按实际利率计算确定利息收入，贷记"投资收益"科目，按其差额，借记或贷记"持有至到期投资——利息调整"科目。

（二）按期计提债券利息时，应按已到付息期按面值和票面利率计算确定的应收利息的金额，借记"应收利息"科目，贷记"可供出售金融资产——公允价值变动"科目；同时，借记"公允价值变动损益""资本公积——其他资本公积"科目，贷记"投资收益"科目。

（三）未减值贷款计息日，应按贷款的合同本金和合同约定的名义利率计算确定的应收利息的金额，借记本科目，按贷款的摊余成本和实际利率计算确定的利息收入的金额，贷记"利息收入"科目，按本期应摊销交易费用的金额，借记或贷记"贷款——交易费用"科目，按其差额，借记或贷记"贷款——利息调整"科目。

（四）发生的其他应收利息，按合同约定的名义利率计算确定的应收取利息，借记本科目，贷记"利息收入"科目。

合同约定的名义利率与实际利率差异较大的，应采用实际利率计算确定利息收入。

（五）实际收到利息时，借记"银行存款""存放中央银行款项"等科目，贷记本科目。

四、本科目期末借方余额，反映企业尚未收回的利息。

【例1】 购入的分期付息、到期还本的持有至到期投资，已到付息期。按面值和票面利率计算确定的应收利息350 000元，按摊余成本和实际利率计算确定的利息收入的金额为345 000元。

借：应收利息　　　　　　　　　　　　　　　　350 000
　　贷：投资收益　　　　　　　　　　　　　　　345 000
　　　　持有至到期投资——利息调整　　　　　　　5 000

关键词　应收利息　投资收益　持有至到期投资　确认利息收入

【例2】 按期计提可供出售金融资产债券利息630 000元。

借：应收利息　　　　　　　　　　　　　　　　630 000
　　贷：可供出售金融资产——公允价值变动　　　630 000

关键词　应收利息　可供出售金融资产　确认利息收入

【例3】 收到债券利息350 000元。

借：银行存款　　　　　　　　　　　　　　　　350 000
　　贷：应收利息　　　　　　　　　　　　　　　350 000

关键词　银行存款　应收利息　收到债券利息

1231 其他应收款

accounts receivable-other; receivable other; sundry accounts receivable

一、本科目核算企业除存出保证金、拆出资金、买入返售金融资产、应收票据、应收账款、预付账款、应收股利、应收利息、应收保户储金、应收代位追偿款、应收分保账款、应收分保未到期责任准备金、应收分保保险责任准备金、长期应收款等经营活动以外的其他各种应收、暂付的款项。

二、本科目应当按照其他应收款的项目和对方单位（或个人）进行明细核算。

三、企业发生其他各种应收、暂付款项时，借记本科目，贷记有关科目；收回或转销各种款项时，借记"库存现金""银行存款""赔付成本"等科目，贷记本科目。

四、本科目期末借方余额，反映企业尚未收回的其他应收款。

【例1】 以银行存款代垫某职工医疗费10 000元。

借：其他应收款——×××　　　　　　　　　　　　　10 000
　　贷：银行存款　　　　　　　　　　　　　　　　　　　10 000

关键词　其他应收款　银行存款　代垫款项

【例2】 以银行存款向出租方支付包装物押金10 000元。

借：其他应收款——押金　　　　　　　　　　　　　　10 000
　　贷：银行存款　　　　　　　　　　　　　　　　　　　10 000

关键词　其他应收款　银行存款　支付押金

【例3】 采购过程中材料发生亏损,确定应由保险公司赔偿30 000元(不考虑税费)。

借：其他应收款——保险赔款　　　　　　　　　　　　30 000
　　贷：材料采购　　　　　　　　　　　　　　　　　　　30 000

关键词　其他应收款　材料采购　保险公司赔款

【例4】 仓库因遭受火灾而毁损,确定应由保险公司理赔损失1 500 000元。

借：其他应收款——保险赔款　　　　　　　　　　　　1 500 000
　　贷：固定资产清理　　　　　　　　　　　　　　　　　1 500 000

关键词　其他应收款　固定资产清理　应收保险公司赔款

【例5】 存货盘亏32 000元,查明是管理不善造成的,确定由个人赔偿16 000元,管理部门承担16 000元(不考虑税费)。

借：其他应收款——个人赔款　　　　　　　　　　　　16 000
　　管理费用　　　　　　　　　　　　　　　　　　　　16 000
　　贷：待处理财产损溢　　　　　　　　　　　　　　　　32 000

关键词　其他应收款　管理费用　待处理财产损溢　存货盘亏个人赔款

【例6】 粮食储备企业按照轮换量确认其他应收款2 400 000元。

借：其他应收款——政府补助　　　　　　　　　　　　2 400 000
　　贷：递延收益　　　　　　　　　　　　　　　　　　　2 400 000

关键词　其他应收款　递延收益　确认政府补助

【例7】 收回备用金5 000元。

借：库存现金　　　　　　　　　　　　　　　　　　　5 000
　　贷：其他应收款——备用金　　　　　　　　　　　　　5 000

关键词　库存现金　其他应收款　收回备用金

【例8】 收到退回押金 10 000 元。

借：银行存款　　　　　　　　　　　　　　　　　10 000
　　贷：其他应收款——押金　　　　　　　　　　　　10 000

💡关键词　银行存款　其他应收款　收到退回押金

【例9】 收到保险公司赔偿 30 000 元，收存银行。

借：银行存款　　　　　　　　　　　　　　　　　30 000
　　贷：其他应收款——保险公司　　　　　　　　　　30 000

💡关键词　银行存款　其他应收款　收到保险公司赔偿

【例10】 收到政府补助 2 400 000 元。

借：银行存款　　　　　　　　　　　　　　　　　2 400 000
　　贷：其他应收款——政府补助　　　　　　　　　　2 400 000

💡关键词　银行存款　其他应收款　收到政府补助

【例11】 扣回为员工垫付的医疗费 10 000 元。

借：应付职工薪酬　　　　　　　　　　　　　　　10 000
　　贷：其他应收款——×××　　　　　　　　　　　10 000

💡关键词　应付职工薪酬　其他应收款　扣回垫付医疗费

1241 坏账准备
bad debt provision

一、本科目核算企业应收款项等发生减值时计提的减值准备。

二、坏账准备的主要账务处理。

（一）资产负债表日，企业根据《企业会计准则第 22 号——金融工具确认和计量》规定确定应收款项发生减值的，按应计提的坏账准备金额，借记"资产减值损失"科目，贷记本科目。本期应计提的坏账准备大于其账面余额的，应按其差额计提；应计提的金额小于其账面余额的，按差额做相反的会计分录。

（二）对于确实无法收回的应收款项，按管理权限报经批准后作为坏账损失，转销应收款项，借记本科目，贷记"应收账款""预付账款""应收利息""应收分保保险责任准备金""其他应收款""长期应收款"等科目。

（三）已确认并转销的应收款项以后又收回的，应按实际收回的金额，借记"应收账款""预付账款""应收利息""应收分保保险责任准备金""其他应收款""长期应收款"等科目，贷记本科目；同时，借记"银行存款"科目，贷记"应收账款""预付账款""应收利息""应收分保保险责任准备金""其他应收款""长期应收款"等科目。

已确认并转销的应收款项以后又收回的,企业也可以按照实际收回的金额,借记"银行存款"科目,贷记本科目。

三、本科目期末贷方余额,反映企业已计提但尚未转销的坏账准备。

【例1】 无法收回应收款项 30 000 元,按管理权限报批后作为坏账损失,后又收回 20 000 元(核算方法一)。

借:银行存款 20 000
　　贷:坏账准备 20 000

🔅 关键词　银行存款　坏账准备　确认坏账损失又收回(核算方法一)

【例2】 无法收回应收账款 30 000 元,按管理权限报批后作为坏账损失,后又收回 20 000 元(核算方法二)。

借:应收账款 20 000
　　贷:坏账准备 20 000

同时:

借:银行存款 20 000
　　贷:应收账款 20 000

🔅 关键词　应收账款　坏账准备　确认坏账损失又收回(核算方法二)

【例3】 资产负债表日确认应收账款发生减值 100 000 元,计提坏账准备。

借:资产减值损失 100 000
　　贷:坏账准备 100 000

🔅 关键词　资产减值损失　坏账准备　计提坏账准备

【例4】 资产负债表日确认应计提坏账准备金额大于账面余额 50 000 元,计提坏账准备。

借:资产减值损失 50 000
　　贷:坏账准备 50 000

🔅 关键词　资产减值损失　坏账准备　补提坏账准备

【例5】 确实无法收回应收账款 30 000 元,按管理权限报批后作为坏账损失。

借:坏账准备 30 000
　　贷:应收账款 30 000

🌀 **关键词**　坏账准备　应收账款　报批坏账损失

【例6】　确实无法收回其他应收款 30 000 元,按管理权限报批后作为坏账损失。

借:坏账准备　　　　　　　　　　　　　　　　　　　　30 000
　　贷:其他应收款　　　　　　　　　　　　　　　　　　30 000

🌀 **关键词**　坏账准备　其他应收款　报批坏账损失

【例7】　确实无法收回预付账款 30 000 元,按管理权限报批后作为坏账损失。

借:坏账准备　　　　　　　　　　　　　　　　　　　　30 000
　　贷:预付账款　　　　　　　　　　　　　　　　　　　30 000

🌀 **关键词**　坏账准备　预付账款　报批坏账损失

【例8】　确实无法收回应收分保保险责任准备金 30 000 元,按管理权限报批后作为坏账损失。

借:坏账准备　　　　　　　　　　　　　　　　　　　　30 000
　　贷:应收分保保险责任准备金　　　　　　　　　　　　30 000

🌀 **关键词**　坏账准备　应收分保保险责任准备金　报批坏账损失

【例9】　确实无法收回应收利息 30 000 元,按管理权限报批后作为坏账损失。

借:坏账准备　　　　　　　　　　　　　　　　　　　　30 000
　　贷:应收利息　　　　　　　　　　　　　　　　　　　30 000

🌀 **关键词**　坏账准备　应收利息　报批坏账损失

【例10】　确实无法收回长期应收款 300 000 元,按管理权限报批后作为坏账损失。

借:坏账准备　　　　　　　　　　　　　　　　　　　　300 000
　　贷:长期应收款　　　　　　　　　　　　　　　　　　300 000

🌀 **关键词**　坏账准备　长期应收款　报批坏账损失

【例11】　资产负债表日确认本期应计提的坏账准备小于账面余额 70 000 元,冲减已计提坏账准备。

借:坏账准备　　　　　　　　　　　　　　　　　　　　70 000
　　贷:资产减值损失　　　　　　　　　　　　　　　　　70 000

🌀 **关键词**　坏账准备　资产减值损失　冲减坏账准备

1401 材料采购
material procurement

一、本科目核算企业采用计划成本进行材料日常核算而购入材料的采购成本。

采用实际成本进行材料日常核算的,购入材料的采购成本,通过"在途物资"科目核算。

委托外单位加工材料、商品的加工成本,通过"委托加工物资"科目核算。

企业购入的工程用材料,通过"工程物资"科目核算。

二、本科目应当按照供应单位和物资品种进行明细核算。

三、材料采购的主要账务处理。

(一)企业支付材料价款和运杂费等时,按应计入材料采购成本的金额,借记本科目,按可抵扣的增值税额,借记"应交税费——应交增值税(进项税额)"科目,按实际支付或应付的款项,贷记"银行存款""库存现金""其他货币资金""应付账款""应付票据""预付账款"等科目。

小规模纳税人等不能抵扣增值税的,购入材料按应支付的金额,借记本科目,贷记"银行存款""应付账款""应付票据"等科目。

(二)购入材料超过正常信用条件延期支付价款(如分期付款购买材料),实质上具有融资性质的,应按购买价款的现值金额,借记本科目,按可抵扣的增值税额,借记"应交税费——应交增值税(进项税额)"科目,按应付金额,贷记"长期应付款"科目,按其差额,借记"未确认融资费用"科目。

(三)月末,企业应将仓库转来的外购收料凭证,分别下列不同情况进行处理:

1. 对于已经付款或已开出、承兑商业汇票的收料凭证(包括本月付款或开出、承兑商业汇票的上月收料凭证),应按实际成本和计划成本分别汇总,按计划成本,借记"原材料""包装物及低值易耗品"等科目,按实际成本贷记本科目;将实际成本大于计划成本的差异,借记"材料成本差异"科目,贷记本科目;实际成本小于计划成本的差异,做相反的会计分录。

2. 对于尚未收到发票账单的收料凭证,应按计划成本暂估入账,借记"原材料""包装物及低值易耗品"等科目,贷记"应付账款——暂估应付账款"科目,下月初做相反分录予以冲回。下月付款或开出、承兑商业汇票,借记本科目和"应交税费——应交增值税(进项税额)"科目,贷记"银行存款""应付票据"等科目。

四、本科目的期末借方余额,反映企业已经收到发票账单付款或已开出、承兑商业汇票,但尚未到达或尚未验收入库的在途材料的采购成本。

【例1】 计划成本法下,用银行存款购买原材料,价款300 000元,增值税专用发票注明增值税额48 000元。

借:材料采购　　　　　　　　　　　　　　　　　　　300 000
　　应交税费——应交增值税(进项税额)　　　　　　　48 000
　贷:银行存款　　　　　　　　　　　　　　　　　　　348 000

关键词　材料采购　应交税费　银行存款　计划成本法下购买原材料尚未入库

【例2】 计划成本法下,用银行存款支付保险运杂费和其他入库前发生费用5 000元(不考虑相关税费)。

借:材料采购　　　　　　　　　　　　　　　　　　　5 000
　贷:银行存款　　　　　　　　　　　　　　　　　　　5 000

关键词　材料采购　银行存款　计划成本法下购买原材料未入库　支付保险运杂费等

【例3】 计划成本法下,小规模纳税人用银行存款购买原材料,共支付材料价款总额351 000元。

借:材料采购　　　　　　　　　　　　　　　　　　　351 000
　贷:银行存款　　　　　　　　　　　　　　　　　　　351 000

关键词　材料采购　银行存款　小规模纳税人计划成本法下购买原材料未入库

【例4】 计划成本法下,用银行汇票购买原材料,价款300 000元,增值税专用发票注明增值税额48 000元。

借:材料采购　　　　　　　　　　　　　　　　　　　300 000
　　应交税费——应交增值税(进项税额)　　　　　　　48 000
　贷:其他货币资金　　　　　　　　　　　　　　　　　348 000

关键词　材料采购　应交税费　其他货币资金　计划成本法下购买原材料未入库

【例5】 计划成本法下,预付账款购买原材料,价款300 000元,增值税专用发票注明增值税额48 000元。

借:材料采购　　　　　　　　　　　　　　　　　　　300 000
　　应交税费——应交增值税(进项税额)　　　　　　　48 000
　贷:预付账款　　　　　　　　　　　　　　　　　　　348 000

关键词 材料采购 应交税费 预付账款 计划成本法下购买原材料未入库

【例6】 计划成本法下,开出商业承兑汇票购买原材料,价款300 000元,增值税专用发票注明增值税额48 000元。

借:材料采购　　　　　　　　　　　　　　　　　300 000
　　应交税费——应交增值税(进项税额)　　　　　 48 000
　　贷:应付票据　　　　　　　　　　　　　　　　348 000

关键词 材料采购 应交税费 应付票据 计划成本法下购买原材料未入库

【例7】 计划成本法下,赊购原材料,价款300 000元,增值税专用发票注明增值税额48 000元。

借:材料采购　　　　　　　　　　　　　　　　　300 000
　　应交税费——应交增值税(进项税额)　　　　　 48 000
　　贷:应付账款　　　　　　　　　　　　　　　　348 000

关键词 材料采购 应交税费 应付账款 计划成本法下购买原材料未入库

【例8】 计划成本法下,购入原材料超过正常信用条件,实质上具有融资性质,赊购材料315 000元,材料市场售价300 000元,增值税专用发票注明增值税额48 000元。

借:材料采购　　　　　　　　　　　　　　　　　300 000
　　应交税费——应交增值税(进项税额)　　　　　 48 000
　　未确认融资费用　　　　　　　　　　　　　　　15 000
　　贷:长期应付款　　　　　　　　　　　　　　　363 000

关键词 材料采购 应交税费 未确认融资费用 长期应付款 融资性质购买原材料未入库

【例9】 采购过程中材料发生亏损,由保险公司赔偿30 000元(不考虑相关税费)。

借:其他应收款——保险公司　　　　　　　　　　 30 000
　　贷:材料采购　　　　　　　　　　　　　　　　 30 000

关键词 其他应收款 材料采购 保险公司赔偿采购损失

【例10】 计划成本法下,按照计划价材料验收入库302 000元,材料成本差异贷差2 000元。

借：原材料　　　　　　　　　　　　　　　　　　302 000
　　贷：材料采购　　　　　　　　　　　　　　　　300 000
　　　　材料成本差异　　　　　　　　　　　　　　 2 000

🔑 **关键词**　原材料　材料采购　材料成本差异　计划成本法下采购材料入库　计划价高于采购价

【例11】　计划成本法下，按照计划价材料验收入库 298 000 元，材料成本差异借差 2 000 元。

借：原材料　　　　　　　　　　　　　　　　　　298 000
　　材料成本差异　　　　　　　　　　　　　　　　 2 000
　　贷：材料采购　　　　　　　　　　　　　　　　300 000

🔑 **关键词**　原材料　材料成本差异　材料采购　计划成本法下采购材料入库　计划价低于采购价

1402 在途物资
goods in transit

一、本科目核算企业采用实际成本（或进价）法进行材料（或商品）日常核算，货款已付尚未验收入库的购入材料或商品的采购成本。

二、本科目应当按照供应单位进行明细核算。

三、在途物资的主要账务处理。

（一）企业购入材料、商品，按应计入材料、商品采购成本的金额，借记本科目，按可抵扣的增值税额，借记"应交税费——应交增值税（进项税额）"科目，按实际支付或应付的款项，贷记"银行存款""应付票据"等科目。

（二）购入材料超过正常信用条件延期支付（如分期付款购买材料），实质上具有融资性质的，应按购买价款的现值金额，借记本科目，按可抵扣的增值税额，借记"应交税费——应交增值税（进项税额）"科目，按应付金额，贷记"长期应付款"科目，按其差额，借记"未确认融资费用"科目。

（三）所购材料、商品到达验收入库，借记"原材料""库存商品——进价"等科目，贷记本科目。

库存商品采用售价核算的，按售价借记"库存商品"科目，按进价贷记本科目，进价与售价之间的差额，借记或贷记"商品进销差价"科目。

四、本科目期末借方余额，反映企业已付款或已开出、承兑商业汇票，但尚未到达或尚未验收入库的在途材料、商品的采购成本。

【例1】　实际成本法下，用银行存款购买原材料，价款 300 000 元，增值税专用发票注明增值税额 48 000 元。

  借：在途物资   300 000
    应交税费——应交增值税（进项税额）   48 000
   贷：银行存款   348 000

  关键词 在途物资 应交税费 银行存款 实际成本法下购买原材料未入库

  【例 2】 实际成本法下，用银行存款支付保险运杂费和其他入库前发生费用 5 000 元（不考虑相关税费）。

  借：在途物资   5 000
   贷：银行存款   5 000

  关键词 在途物资 银行存款 实际成本法下购买原材料未入库 支付保险运杂费等

  【例 3】 实际成本法下，小规模纳税人用银行存款购买原材料，共支付材料价款总额 351 000 元。

  借：在途物资   351 000
   贷：银行存款   351 000

  关键词 在途物资 银行存款 小规模纳税人实际成本法下购买原材料未入库

  【例 4】 实际成本法下，用银行汇票购买原材料，价款 300 000 元，增值税专用发票注明增值税额 48 000 元。

  借：在途物资   300 000
    应交税费——应交增值税（进项税额）   48 000
   贷：其他货币资金——银行汇票   348 000

  关键词 在途物资 应交税费 其他货币资金 实际成本法下购买原材料未入库

  【例 5】 实际成本法下，预付账款购买原材料，价款 300 000 元，增值税专用发票注明增值税额 48 000 元。

  借：在途物资   300 000
    应交税费——应交增值税（进项税额）   48 000
   贷：预付账款   384 000

  关键词 在途物资 应交税费 预付账款 实际成本法下购买原材料未入库

【例6】 实际成本法下,开出商业承兑汇票购买原材料,价款300 000元,增值税专用发票注明增值税额48 000元。

借:在途物资　　　　　　　　　　　　　　　　　　　　300 000
　　应交税费——应交增值税(进项税额)　　　　　　　　 48 000
　贷:应付票据　　　　　　　　　　　　　　　　　　　　348 000

🌀 **关键词** 在途物资　应交税费　应付票据　实际成本法下购买原材料未入库

【例7】 实际成本法下,赊购原材料,价款300 000元,增值税专用发票注明增值税额48 000元。

借:在途物资　　　　　　　　　　　　　　　　　　　　300 000
　　应交税费——应交增值税(进项税额)　　　　　　　　 48 000
　贷:应付账款　　　　　　　　　　　　　　　　　　　　348 000

🌀 **关键词** 在途物资　应交税费　应付账款　实际成本法下购买原材料未入库

【例8】 实际成本法下,购入原材料超过正常信用条件,实质上具有融资性质,赊购材料315 000元,材料市场售价300 000元,增值税专用发票注明增值税额48 000元。

借:在途物资　　　　　　　　　　　　　　　　　　　　300 000
　　应交税费——应交增值税(进项税额)　　　　　　　　 48 000
　　未确认融资费用　　　　　　　　　　　　　　　　　 15 000
　贷:长期应付款　　　　　　　　　　　　　　　　　　　363 000

🌀 **关键词** 在途物资　应交税费　未确认融资费用　长期应付款　实际成本法下融资性质购买原材料未入库

【例9】 实际成本法下,采购过程中材料发生亏损,由保险公司赔偿30 000元(不考虑相关税费)。

借:其他应收款——保险公司　　　　　　　　　　　　　 30 000
　贷:在途物资　　　　　　　　　　　　　　　　　　　　 30 000

🌀 **关键词** 其他应收款　在途物资　保险公司赔偿采购损失

【例10】 实际成本法下,材料验收入库300 000元。

借:原材料　　　　　　　　　　　　　　　　　　　　　 300 000
　贷:在途物资　　　　　　　　　　　　　　　　　　　　300 000

🌀 **关键词** 原材料　在途物资　实际成本法下采购材料入库

【例11】 实际成本法下,库存商品验收入库300 000元。

| 借：库存商品 | 300 000 |
| 贷：在途物资 | 300 000 |

关键词 库存商品　在途物资　实际成本法下采购商品入库

1403 原材料
raw material; raw materials

一、本科目核算企业库存的各种材料,包括原料及主要材料、辅助材料、外购半成品(外购件)、修理用备件(备品备件)、包装材料、燃料等的计划成本或实际成本。

收到来料加工装配业务的原料、零件等,应当设置备查簿进行登记。

二、本科目应当按照材料的保管地点(仓库)、材料的类别、品种和规格等进行明细核算。

三、原材料的主要账务处理。

(一)购入并已验收入库的原材料,按计划成本或实际成本,借记本科目,按实际成本,贷记"材料采购"或"在途物资"科目,按计划成本与实际成本的差异,借记或贷记"材料成本差异"科目。

(二)自制并已验收入库的原材料,按计划成本或实际成本,借记本科目,按实际成本贷记"生产成本"等科目,按计划成本与实际成本的差异,借记或贷记"材料成本差异"科目。

委托外单位加工完成并已验收入库的原材料,按计划成本或实际成本,借记本科目,按实际成本贷记"委托加工物资"科目,按计划成本与实际成本的差异,借记或贷记"材料成本差异"科目。

(三)以其他方式增加的材料,在材料验收入库时,按计划成本或实际成本,借记本科目,按不同方式下确定的材料的实际成本,贷记有关科目,按计划成本与实际成本的差异,借记或贷记"材料成本差异"科目。

(四)生产经营领用材料,按计划成本或实际成本,借记"生产成本""制造费用""销售费用""管理费用"等科目,贷记本科目。

发出委托外单位加工的原材料,借记"委托加工物资"科目,贷记本科目。

基建工程等部门领用材料,按计划成本或实际成本加上不予抵扣的增值税额等,借记"在建工程"等科目,按实际成本或计划成本,贷记本科目,按不予抵扣的增值税额,贷记"应交税费——应交增值税(进项税额转出)"科目。

采用计划成本进行材料日常核算的,按照发出各种材料的计划成本,计算应负担的成本差异,借记有关科目,贷记"材料成本差异"科目,实际成本小于计划成本的差异做相反的会计分录。

采用实际成本进行材料日常核算的,发出材料的实际成本,可以采用先进先出法、加权平均法或个别认定法计算确定。

(五)出售材料时,按收到或应收价款,借记"银行存款"或"应收账款"等科目,按实现的营业收入,贷记"其他业务收入"科目,按应交的增值税额,贷记"应交税费——应交增值税(销项税额)"科目。

结转出售材料的实际成本时,借记"其他业务成本"科目,贷记本科目。

采用计划成本进行材料日常核算的,还应分摊材料成本差异。

四、本科目的期末借方余额,反映企业库存材料的计划成本或实际成本。

【例1】 小规模纳税人以银行存款等购入原材料20 000元,直接入库。

借:原材料　　　　　　　　　　　　　　　　　　20 000
　　贷:银行存款等　　　　　　　　　　　　　　　　　20 000

🔑关键词　原材料　银行存款　小规模纳税人购买原材料直接入库

【例2】 实际成本法下,以银行存款购买原材料直接入库,买价300 000元,增值税专用发票注明进项税额48 000元。

借:原材料　　　　　　　　　　　　　　　　　　300 000
　　应交税费——应交增值税(进项税额)　　　　　　 48 000
　　贷:银行存款　　　　　　　　　　　　　　　　　348 000

🔑关键词　原材料　应交税费　银行存款　购买原材料直接入库

【例3】 实际成本法下,以预付账款购买原材料直接入库,买价300 000元,增值税专用发票注明进项税额48 000元。

借:原材料　　　　　　　　　　　　　　　　　　300 000
　　应交税费——应交增值税(进项税额)　　　　　　 48 000
　　贷:预付账款　　　　　　　　　　　　　　　　　348 000

🔑关键词　原材料　应交税费　预付账款　购买原材料直接入库

【例4】 实际成本法下,以应付票据购买原材料直接入库,买价300 000元,增值税专用发票注明进项税额48 000元。

借:原材料　　　　　　　　　　　　　　　　　　300 000
　　应交税费——应交增值税(进项税额)　　　　　　 48 000
　　贷:应付票据　　　　　　　　　　　　　　　　　348 000

🔑关键词　原材料　应交税费　应付票据　购买原材料直接入库

【例5】 实际成本法下,以应付账款购买原材料直接入库,买价300 000

元,增值税专用发票注明进项税额 48 000 元。

  借:原材料   300 000
    应交税费——应交增值税(进项税额)   48 000
   贷:应付账款   348 000

  🔑关键词 原材料 应交税费 应付账款 购买原材料直接入库

  【例6】 计划成本法下,以银行存款购买原材料直接入库,买价 300 000 元,应交增值税进项税额 48 000 元,计划价 298 000 元。

  借:原材料   298 000
    应交税费——应交增值税(进项税额)   48 000
    材料成本差异   2 000
   贷:银行存款   348 000

  🔑关键词 原材料 应交税费 材料成本差异 银行存款 购买原材料直接入库

  【例7】 计划成本法下,以银行存款等购买原材料直接入库,买价 300 000 元,应交增值税进项税额 48 000 元,计划价 302 000 元。

  借:原材料   302 000
    应交税费——应交增值税(进项税额)   48 000
   贷:银行存款   348 000
    材料成本差异   2 000

  🔑关键词 原材料 应交税费 银行存款 材料成本差异 购买原材料直接入库

  【例8】 应收票据背书转让,购买原材料 300 000 元,增值税专用发票注明增值税额 48 000 元,材料直接入库。

  借:原材料   300 000
    应交税费——应交增值税(进项税额)   48 000
   贷:应收票据   348 000

  🔑关键词 原材料 应交税费 应收票据 票据背书购买原材料直接入库

  【例9】 计划成本法下,按照计划价材料验收入库 302 000 元,材料采购价 300 000 元。

  借:原材料   302 000
   贷:材料采购   300 000
    材料成本差异   2 000

🌀 **关键词** 原材料 材料采购 材料成本差异 计划成本法下采购材料入库 计划价高于采购价

【例10】 计划成本法下,按照计划价材料验收入库298 000元,材料采购价300 000元。

借：原材料 298 000
　　材料成本差异 2 000
　　贷：材料采购 300 000

🌀 **关键词** 原材料 材料采购 材料成本差异 计划成本法下采购材料入库 计划价低于采购价

【例11】 实际成本法下,材料验收入库300 000元。

借：原材料 300 000
　　贷：在途物资 300 000

🌀 **关键词** 原材料 在途物资 实际成本法下采购材料入库

【例12】 委托加工材料验收入库330 000元。

借：原材料 330 000
　　贷：委托加工物资 330 000

🌀 **关键词** 原材料 委托加工物资 委托加工物资验收入库

【例13】 实际成本法下,自制原材料验收入库356 000元。

借：原材料——自制原材料 356 000
　　贷：生产成本 356 000

🌀 **关键词** 原材料 生产成本 实际成本法下自制原材料入库

【例14】 计划成本法下,自制原材料验收入库356 000元,实际成本355 000元。

借：原材料——自制原材料 356 000
　　贷：生产成本 355 000
　　　　材料成本差异 1 000

🌀 **关键词** 原材料 生产成本 材料成本差异 计划成本法下自制原材料入库 产生节约差异

【例15】 计划成本法下,自制原材料验收入库356 000元,实际成本357 000元。

借：原材料——自制原材料 356 000
　　材料成本差异 1 000
　　贷：生产成本 357 000

关键词 原材料　材料成本差异　生产成本　计划成本法下自制原材料入库　产生超支差异

【例16】　设备因遭受火灾而毁损,残料入库50 000元。

借：原材料　　　　　　　　　　　　　　　　　　　　50 000
　　贷：固定资产清理　　　　　　　　　　　　　　　　　　50 000

关键词 原材料　固定资产清理　清理残料入库

【例17】　收到某公司作为资本投入的原材料一批,协议约定价值1 000 000元,增值税额160 000元。

借：原材料　　　　　　　　　　　　　　　　　　　 1 000 000
　　应交税费——应交增值税(进项税额)　　　　　　　　160 000
　　贷：实收资本　　　　　　　　　　　　　　　　　　1 160 000

关键词 原材料　应交税费　实收资本　接受原材料投资

【例18】　存货盘盈60 000元。

(1) 批准处理前：

借：原材料　　　　　　　　　　　　　　　　　　　　60 000
　　贷：待处理财产损溢　　　　　　　　　　　　　　　　60 000

(2) 批准处理后：

借：待处理财产损溢　　　　　　　　　　　　　　　　60 000
　　贷：管理费用　　　　　　　　　　　　　　　　　　　60 000

关键词 原材料　待处理财产损溢　存货盘盈

【例19】　接受捐赠原材料一批,经评估价值500 000元,增值税专用发票注明增值税额80 000元。

借：原材料　　　　　　　　　　　　　　　　　　　　500 000
　　应交税费——应交增值税(进项税额)　　　　　　　　 80 000
　　贷：营业外收入　　　　　　　　　　　　　　　　　　580 000

关键词 原材料　营业外收入　接受原材料捐赠

【例20】　会计差错更正,调增以前年度原材料库存金额800 000元,假定不考虑相关税费。

借：原材料　　　　　　　　　　　　　　　　　　　　800 000
　　贷：以前年度损益调整　　　　　　　　　　　　　　　800 000

关键词 原材料　以前年度损益调整　会计差错更正　调增库存

【例21】　会计差错更正,调减以前年度原材料库存金额800 000元,假定不考虑相关税费。

  借：以前年度损益调整   800 000
   贷：原材料   800 000

关键词 以前年度损益调整 原材料 会计差错更正 调减库存

【例22】 企业存货盘亏80 000元，假定不考虑相关税费。

（1）批准处理前：

  借：待处理财产损溢   80 000
   贷：原材料   80 000

（2）批准处理后：

  借：原材料（残料入库）   2 000
    管理费用（一般经营损失）   8 000
    其他应收款（应收其他个人款，保险公司赔款） 50 000
    营业外支出——非常损失   20 000
   贷：待处理财产损溢   80 000

关键词 待处理财产损溢 原材料 管理费用 其他应收款 营业外支出 存货盘亏

【例23】 发出委托加工物资72 800元，分担材料成本差异借差2 800元。

  借：委托加工物资   72 800
   贷：原材料   70 000
    材料成本差异   2 800

关键词 委托加工物资 原材料 材料成本差异 发出委托加工材料

【例24】 库存材料因意外火灾损毁10 000元，进项税额转出1 600元。

  借：待处理财产损溢   11 600
   贷：原材料   10 000
    应交税费——应交增值税（进项税额转出） 1 600

关键词 待处理财产损溢 原材料 应交税费 意外原因毁损原材料

【例25】 企业所属职工医院维修领用原材料80 000元，增值税进项税额转出12 800元。

  借：应付职工薪酬——职工福利设施   92 800
   贷：原材料   80 000
    应交税费——应交增值税（进项税额转出） 12 800

关键词 应付职工薪酬 原材料 应交税费 福利设施维修领用原材料

【例26】 结转已销原材料成本 90 000 元。
　　借：其他业务成本　　　　　　　　　　　　　　90 000
　　　贷：原材料　　　　　　　　　　　　　　　　　　90 000

关键词　其他业务成本　原材料　结转已销原材料成本

【例27】 生产部门领用原材料 500 000 元，直接用于产品生产。
　　借：生产成本　　　　　　　　　　　　　　　500 000
　　　贷：原材料　　　　　　　　　　　　　　　　　500 000

关键词　生产成本　原材料　生产部门领用原材料

【例28】 销售部门领用原材料 500 000 元。
　　借：销售费用　　　　　　　　　　　　　　　500 000
　　　贷：原材料　　　　　　　　　　　　　　　　　500 000

关键词　销售费用　原材料　销售部门领用原材料

【例29】 管理部门领用原材料 500 000 元。
　　借：管理费用　　　　　　　　　　　　　　　500 000
　　　贷：原材料　　　　　　　　　　　　　　　　　500 000

关键词　管理费用　原材料　管理部门领用原材料

【例30】 生产车间领用原材料，车间消耗 500 000 元。
　　借：制造费用　　　　　　　　　　　　　　　500 000
　　　贷：原材料　　　　　　　　　　　　　　　　　500 000

关键词　制造费用　原材料　车间领用一般消耗材料

【例31】 劳务项目领用原材料 500 000 元。
　　借：劳务成本　　　　　　　　　　　　　　　500 000
　　　贷：原材料　　　　　　　　　　　　　　　　　500 000

关键词　劳务成本　原材料　劳务项目领用原材料

【例32】 研发部门领用原材料 500 000 元。
　　借：研发支出　　　　　　　　　　　　　　　500 000
　　　贷：原材料　　　　　　　　　　　　　　　　　500 000

关键词　研发支出　原材料　研发部门领用原材料

【例33】 用原材料对外投资 800 000 元。
　　借：长期股权投资　　　　　　　　　　　　　928 000
　　　贷：原材料　　　　　　　　　　　　　　　　　800 000
　　　　　应交税费——应交增值税（销项税额）　　　128 000

🔖 **关键词** 长期股权投资　原材料　应交税费　用原材料对外投资

【例34】 用原材料对外捐赠 800 000 元。

借：营业外支出　　　　　　　　　　　　　　　　928 000
　　贷：原材料　　　　　　　　　　　　　　　　800 000
　　　　应交税费——应交增值税（销项税额）　　128 000

🔖 **关键词** 营业外支出　原材料　应交税费　用原材料对外捐赠

【例35】 以经营租赁的方式新租入的办公楼进行装修，装修领用原材料 500 000 元。

借：长期待摊费用　　　　　　　　　　　　　　　500 000
　　贷：原材料　　　　　　　　　　　　　　　　500 000

🔖 **关键词** 长期待摊费用　原材料　装修长期租赁办公室领用原材料

1404 材料成本差异
material cost difference

一、本科目核算企业各种材料的实际成本与计划成本的差异。

企业根据具体情况，可以单独设置本科目；也可以在"原材料""包装物及低值易耗品"等科目设置"成本差异"明细科目进行核算。

二、本科目应当分别"原材料""包装物及低值易耗品"等，按照类别或品种进行明细核算。

三、材料的计划成本所包括的内容应与其实际成本相一致，计划成本应当尽可能地接近实际。计划成本除特殊情况外，在年度内一般不作变动。

发出材料应负担的成本差异应当按月分摊，不得在季末或年末一次计算。发出材料应负担的成本差异，除委托外部加工发出材料可按月初成本差异率计算外，应使用当月的实际差异率；月初成本差异率与本月成本差异率相差不大的，也可按月初成本差异率计算。计算方法一经确定，不得随意变更。材料成本差异率的计算公式如下：

$$\text{本月材料成本差异率} = \frac{\text{月初结存材料的成本差异} + \text{本月收入材料的成本差异}}{\text{月初结存材料的计划成本} + \text{本月收入材料的计划成本}} \times 100\%$$

$$\text{月初材料成本差异率} = \frac{\text{月初结存材料的成本差异}}{\text{月初结存材料的计划成本}} \times 100\%$$

$$\text{发出材料应负担的成本差异} = \text{发出材料的计划成本} \times \text{材料成本差异率}$$

四、材料成本差异的主要账务处理。

(一)入库材料发生的材料成本差异,实际成本大于计划成本的差异,借记本科目,贷记"材料采购"科目;实际成本小于计划成本的差异做相反的会计分录。调整材料计划成本时,调整的金额应自"原材料"等科目转入本科目;调整减少计划成本的金额,记入本科目的借方;调整增加计划成本的金额,记入本科目的贷方。

(二)结转发出材料应负担的材料成本差异,借记"生产成本""管理费用""销售费用""委托加工物资""其他业务成本"等科目,贷记本科目;实际成本小于计划成本的差异,做相反的会计分录。

五、本科目期末借方余额,反映企业库存原材料等的实际成本大于计划成本的差异;贷方余额反映企业库存原材料等的实际成本小于计划成本的差异。

* 本节包括"产品成本差异"科目的核算。

【例1】 计划成本法下,材料采购金额 300 000 元,按照计划价材料验收入库 302 000 元。

借:原材料 302 000
　　贷:材料采购 300 000
　　　　材料成本差异 2 000

关键词　原材料　材料采购　材料成本差异　计划成本法下采购材料入库　计划价高于采购价

【例2】 计划成本法下,材料采购金额 300 000 元,按照计划价材料验收入库 298 000 元。

借:原材料 298 000
　　材料成本差异 2 000
　　贷:材料采购 300 000

关键词　原材料　材料采购　材料成本差异　计划成本法下采购材料入库　计划价低于采购价

【例3】 结转委托加工物资发出材料的成本差异贷方差异 2 000 元。

借:材料成本差异 2 000
　　贷:委托加工物资 2 000

关键词　材料成本差异　委托加工物资　结转发出材料成本差异贷方差异

【例4】 结转生产成本领用发出材料成本差异贷方差异 2 000 元。

借:材料成本差异 2 000
　　贷:生产成本 2 000

🌀 **关键词** 材料成本差异 生产成本 结转材料成本差异贷方差异

【例5】 结转生产车间领用发出材料成本差异贷方差异2 000元。

借：材料成本差异　　　　　　　　　　　　　　　2 000
　　贷：制造费用　　　　　　　　　　　　　　　　2 000

🌀 **关键词** 材料成本差异 制造费用 结转材料成本差异贷方差异

【例6】 结转销售费用领用材料成本差异贷方差异2 000元。

借：材料成本差异　　　　　　　　　　　　　　　2 000
　　贷：销售费用　　　　　　　　　　　　　　　　2 000

🌀 **关键词** 材料成本差异 销售费用 结转材料成本差异贷方差异

【例7】 结转管理费用领用材料成本差异贷方差异2 000元。

借：材料成本差异　　　　　　　　　　　　　　　2 000
　　贷：管理费用　　　　　　　　　　　　　　　　2 000

🌀 **关键词** 材料成本差异 管理费用 结转材料成本差异贷方差异

【例8】 结转销售原材料的材料成本差异贷方差异2 000元。

借：材料成本差异　　　　　　　　　　　　　　　2 000
　　贷：其他业务成本　　　　　　　　　　　　　　2 000

🌀 **关键词** 材料成本差异 其他业务成本 结转材料成本差异贷方差异

【例9】 结转销售原材料成本分担的材料成本差异借方差异2 000元。

借：其他业务成本　　　　　　　　　　　　　　　2 000
　　贷：材料成本差异　　　　　　　　　　　　　　2 000

🌀 **关键词** 其他业务成本 材料成本差异 结转材料成本差异借方差异

【例10】 结转管理部门领用材料分担的材料成本差异借方差异2 000元。

借：管理费用　　　　　　　　　　　　　　　　　2 000
　　贷：材料成本差异　　　　　　　　　　　　　　2 000

🌀 **关键词** 管理费用 材料成本差异 结转材料成本差异借方差异

【例11】 结转销售部门领用材料分担的材料成本差异借方差异2 000元。

借：销售费用　　　　　　　　　　　　　　　　　2 000
　　贷：材料成本差异　　　　　　　　　　　　　　2 000

🌀 **关键词** 销售费用 材料成本差异 结转材料成本差异借方差异

【例12】 结转生产部门基本生产领用材料分担的材料成本差异借方差异2 000元。

借：生产成本 2 000
　　贷：材料成本差异 2 000

🌀 **关键词** 生产成本　材料成本差异　结转材料成本差异借方差异

【例13】 结转车间部门领用材料分担的材料成本差异借方差异2 000元。
借：制造费用 2 000
　　贷：材料成本差异 2 000

🌀 **关键词** 制造费用　材料成本差异　结转材料成本差异借方差异

【例14】 结转委托加工物资发出原材料的成本300 000元，成本差异借方差异2 000元。
借：委托加工物资 2 000
　　贷：材料成本差异 2 000

🌀 **关键词** 委托加工物资　材料成本差异　结转成本差异借方差异

【例15】 计划成本法下，委托加工物资验收入库，计划成本100 000元，实际成本97 500元。
借：原材料 100 000
　　贷：委托加工物资 97 500
　　　　材料成本差异 2 500

🌀 **关键词** 原材料　委托加工物资　材料成本差异　计划成本法下委托加工物资验收入库实际成本低于计划成本

【例16】 计划成本法下，委托加工物资验收入库，计划成本100 000元，实际成本102 500元。
借：原材料 100 000
　　材料成本差异 2 500
　　贷：委托加工物资 102 500

🌀 **关键词** 原材料　材料成本差异　委托加工物资　计划成本法下委托加工物资验收入库实际成本高于计划成本

【例17】 计划成本法下，完工产品验收入库，计划成本100 000元，实际成本97 500元。
借：库存商品 100 000
　　贷：生产成本 97 500
　　　　产品成本差异 2 500

💡**关键词** 库存商品　生产成本　产品成本差异　实际生产成本低于计划成本　计划成本法下产品验收入库

【例18】 计划成本法下,完工产品验收入库,计划成本 100 000 元,实际成本 102 500 元。

　　借：库存商品　　　　　　　　　　　　　　　100 000
　　　　产品成本差异　　　　　　　　　　　　　　2 500
　　　贷：生产成本　　　　　　　　　　　　　　　102 500

💡**关键词** 库存商品　产品成本差异　生产成本　实际生产成本高于计划成本　计划成本法下产品验收入库

【例19】 计划成本法下,结转产品销售成本,计划成本 9 750 000 元,实际成本 10 000 000 元,分担产品成本差异借差 250 000 元。

　　借：主营业务成本　　　　　　　　　　　　　10 000 000
　　　贷：库存商品　　　　　　　　　　　　　　　9 750 000
　　　　　产品成本差异　　　　　　　　　　　　　　250 000

💡**关键词** 主营业务成本　库存商品　产品成本差异　计划成本法下结转销售成本　实际生产成本高于计划成本

【例20】 计划成本法下,结转产品销售成本,产品计划成本 10 000 000 元,实际成本 9 750 000 元,结转产品差异贷差 250 000 元。

　　借：主营业务成本　　　　　　　　　　　　　9 750 000
　　　　产品成本差异　　　　　　　　　　　　　　250 000
　　　贷：库存商品　　　　　　　　　　　　　　10 000 000

💡**关键词** 主营业务成本　产品成本差异　库存商品　计划成本法下结转销售成本　实际生产成本低于计划成本

1406　库存商品
stock merchandise

一、本科目核算企业库存的各种商品的实际成本(或进价)或计划成本(或售价),包括库存产成品、外购商品、存放在门市部准备出售的商品、发出展览的商品,以及寄存在外的商品等。

接受来料加工制造的代制品和为外单位加工修理的代修品,在制造和修理完成验收入库后,视同企业的产成品,通过本科目核算。

企业(房地产开发)的开发产品,可将本科目改为"1406 开发产品"科目进行核算。

企业(农业)收获的农产品,可将本科目改为"1406 农产品"科目进行核算。

已经完成销售手续并确认销售收入,但购买单位在月末未提取的商品,应当作为代管商品,单独设置"代管商品"备查簿进行登记。

二、本科目应当按照库存商品的种类、品种和规格进行明细核算。

三、库存商品的主要账务处理。

(一)企业生产的产成品一般应按实际成本核算,产成品的收入、发出和销售,平时只记数量不记金额,月末计算入库产成品的实际成本。企业生产完成验收入库的产成品,按其实际成本,借记本科目,贷记"生产成本""消耗性生物资产""农业生产成本"等科目。

产成品种类较多的,也可按计划成本进行日常核算,其实际成本与计划成本的差异,可以单独设置"产品成本差异"科目核算(计划成本的确定以及成本差异率的计算参照"材料成本差异"科目)。产成品的收入、发出和销售,平时按计划成本进行核算,月末计算入库产成品的实际成本,按产成品的计划成本,借记本科目,按其实际成本,贷记"生产成本"等科目,按实际成本与计划成本的差异,借记或贷记本科目(成本差异)。

采用实际成本进行产成品日常核算的,发出产成品的实际成本,可以采用先进先出法、加权平均法或个别认定法计算确定。

对外销售产成品(包括采用分期收款方式销售产成品),结转销售成本时,借记"主营业务成本"科目,贷记本科目。采用计划成本核算的,还应结转应分摊的实际成本与计划成本的差异,借记"产品成本差异"科目,贷记"主营业务成本"科目;实际成本大于计划成本的差异,做相反的会计分录。

(二)购入商品采用进价核算的,在商品到达验收入库后,按商品进价,借记本科目,贷记"银行存款""在途物资"等科目。企业委托外单位加工收回的商品,按商品进价,借记本科目,贷记"委托加工物资"科目。

购入商品采用售价核算的,在商品到达验收入库后,按商品售价,借记本科目,按商品进价,贷记"银行存款""在途物资"等科目,商品售价与进价的差额,贷记"商品进销差价"科目。企业委托外单位加工收回的商品,按商品售价,借记本科目,按委托加工商品的进价,贷记"委托加工物资"科目,商品进价与售价的差额,贷记"商品进销差价"科目。

采用进价进行商品日常核算的,发出商品的实际成本,可以采用先进先出法、加权平均法或个别认定法计算确定。

对外销售商品(包括采用分期收款方式销售商品),结转销售成本时,借记"主营业务成本"科目,贷记本科目。采用售价核算的,还应结转应分摊的商品进销差价,借记"商品进销差价"科目,贷记"主营业务成本"科目。

(三)房地产开发企业开发的产品,应于竣工验收时,按实际成本,借记本科目,贷记"生产成本"科目。

月末,企业应结转对外转让、销售和结算开发产品的实际成本,借记"主营业务成本"科目,贷记本科目。

企业应将开发的营业性配套设施用于本企业从事第三产业经营用房,应视同自用固定资产进行处理,并将营业性配套设施的实际成本,借记"固定资产"科目,贷记本科目(配套设施)。

四、本科目期末借方余额,反映企业库存商品的实际成本(或进价)或计划成本(或售价)。

【例1】 非增值税一般纳税人以银行存款购入库存商品 20 000 元直接入库。

借:库存商品　　　　　　　　　　　　　　　　　　20 000
　　贷:银行存款　　　　　　　　　　　　　　　　　　20 000

🌀关键词　库存商品　银行存款　非增值税一般纳税人购买库存商品直接入库

* 一般纳税人未取得增值税专用发票业务的核算与本例相同。

【例2】 以银行存款购买库存商品直接入库,买价 300 000 元,增值税专用发票注明进项税额 48 000 元。

借:库存商品　　　　　　　　　　　　　　　　　　300 000
　　应交税费——应交增值税(进项税额)　　　　　　48 000
　　贷:银行存款　　　　　　　　　　　　　　　　　348 000

🌀关键词　库存商品　应交税费　银行存款　购买库存商品直接入库

【例3】 预付账款购买库存商品直接入库,买价 300 000 元,增值税专用发票注明进项税额 48 000 元。

借:库存商品　　　　　　　　　　　　　　　　　　300 000
　　应交税费——应交增值税(进项税额)　　　　　　48 000
　　贷:预付账款　　　　　　　　　　　　　　　　　348 000

🌀关键词　库存商品　应交税费　预付账款　购买库存商品直接入库

【例4】 以应付票据购买库存商品直接入库,买价 300 000 元,增值税专用发票注明进项税额 48 000 元。

借：库存商品　　　　　　　　　　　　　　　　　　　　　300 000
　　　应交税费——应交增值税（进项税额）　　　　　　　 48 000
　　贷：应付票据　　　　　　　　　　　　　　　　　　　　348 000

🌀 关键词　库存商品　应交税费　应付票据　购买库存商品直接入库

【例5】　赊购库存商品直接入库，买价300 000元，增值税专用发票注明进项税额48 000元。

借：库存商品　　　　　　　　　　　　　　　　　　　　　300 000
　　　应交税费——应交增值税（进项税额）　　　　　　　 48 000
　　贷：应付账款　　　　　　　　　　　　　　　　　　　　348 000

🌀 关键词　库存商品　应交税费　应付账款　购买库存商品直接入库

【例6】　对外发出商品退库300 000元，未确认收入。

借：库存商品　　　　　　　　　　　　　　　　　　　　　300 000
　　贷：发出商品　　　　　　　　　　　　　　　　　　　　300 000

🌀 关键词　库存商品　发出商品　发出商品退库

【例7】　生产某完工产品验收入库200 000元。

借：库存商品　　　　　　　　　　　　　　　　　　　　　200 000
　　贷：生产成本　　　　　　　　　　　　　　　　　　　　200 000

🌀 关键词　库存商品　生产成本　完工产品验收入库

【例8】　委托加工可以直接出售某产品验收入库200 000元。

借：库存商品　　　　　　　　　　　　　　　　　　　　　200 000
　　贷：委托加工物资　　　　　　　　　　　　　　　　　　200 000

🌀 关键词　库存商品　委托加工物资　外委加工产成品验收入库

【例9】　应收票据背书转让，购买库存商品300 000元，增值税专用发票注明进项税额48 000元。

借：库存商品　　　　　　　　　　　　　　　　　　　　　300 000
　　　应交税费——应交增值税（进项税额）　　　　　　　 48 000
　　贷：应收票据　　　　　　　　　　　　　　　　　　　　348 000

🌀 关键词　库存商品　应收票据　应交税费　购买库存商品直接入库

【例10】　收到某公司作为资本投入的库存商品一批，协议约定价值1 000 000元，增值税额160 000元。

借：库存商品　　　　　　　　　　　　　　　　　　　　 1 000 000
　　　应交税费——应交增值税（进项税额）　　　　　　　160 000
　　贷：实收资本——××公司　　　　　　　　　　　　 1 160 000

🌀 **关键词** 库存商品　应交税费　实收资本　库存商品投资

【例 11】 库存商品盘盈盘亏。

会计核算同 1403 原材料盘盈盘亏。

🌀 **关键词** 库存商品　待处理财产损溢　库存商品盘盈、盘亏

【例 12】 接受捐赠库存商品一批,经评估价值 500 000 元,增值税专用发票注明进项税额 80 000 元。

　　借:库存商品　　　　　　　　　　　　　　　　500 000
　　　　应交税费——应交增值税(进项税额)　　　 80 000
　　　贷:营业外收入　　　　　　　　　　　　　　 580 000

🌀 **关键词** 库存商品　应交税费　营业外收入　接受捐赠

【例 13】 委托其他公司代销商品,商品已发出,成本 300 000 元。

　　借:发出商品　　　　　　　　　　　　　　　　300 000
　　　贷:库存商品　　　　　　　　　　　　　　　 300 000

🌀 **关键词** 发出商品　库存商品　发出委托代销商品

【例 14】 库存商品因意外火灾损毁价值 10 000 元,假定进项税额转出 1 600 元。

　　借:待处理财产损溢　　　　　　　　　　　　　 11 600
　　　贷:库存商品　　　　　　　　　　　　　　　　10 000
　　　　　应交税费——应交增值税(进项税额转出)　 1 600

🌀 **关键词** 待处理财产损溢　库存商品　应交税费　库存商品意外损失

【例 15】 企业所属职工医院维修领用外购库存商品 80 000 元,应转出进项税额 12 800 元。

　　借:应付职工薪酬——职工福利　　　　　　　　 92 800
　　　贷:库存商品　　　　　　　　　　　　　　　　80 000
　　　　　应交税费——应交增值税(进项税额转出)　12 800

🌀 **关键词** 应付职工薪酬　库存商品　应交税费　福利设施维修领用库存商品

【例 16】 企业为员工发放外购库存商品价值 80 000 元。

　　借:应付职工薪酬——非货币福利　　　　　　　 92 800
　　　贷:库存商品　　　　　　　　　　　　　　　　80 000
　　　　　应交税费——应交增值税(进项税额转出)　12 800

🌀 **关键词** 应付职工薪酬　库存商品　应交税费　用外购商品发放非货币

福利

【例17】 企业节日为员工发放本企业自制库存商品对外售价80 000元,库存商品入库成本70 000元,外销应缴纳增值税额12 800元。

借:应付职工薪酬——非货币福利　　　　　　　　82 800
　　贷:库存商品　　　　　　　　　　　　　　　　70 000
　　　　应交税费——应交增值税(销项税额)　　　12 800

关键词　应付职工薪酬　库存商品　应交税费　用自制商品发放非货币福利

【例18】 结转已销库存商品成本900 000元。

借:主营业务成本　　　　　　　　　　　　　　900 000
　　贷:库存商品　　　　　　　　　　　　　　　900 000

关键词　主营业务成本　库存商品　结转已销库存商品成本

【例19】 销售部门领用库存商品用于展览和无条件试用,价值50 000元。

借:销售费用　　　　　　　　　　　　　　　　50 000
　　贷:库存商品　　　　　　　　　　　　　　　50 000

关键词　销售费用　库存商品　销售部门领用库存商品用于展览

【例20】 管理部门领用库存商品50 000元。

借:管理费用　　　　　　　　　　　　　　　　50 000
　　贷:库存商品　　　　　　　　　　　　　　　50 000

关键词　管理费用　库存商品　管理部门领用库存商品

【例21】 劳务项目领用库存商品50 000元。

借:劳务成本　　　　　　　　　　　　　　　　50 000
　　贷:库存商品　　　　　　　　　　　　　　　50 000

关键词　劳务成本　库存商品　劳务项目领用库存商品

【例22】 研发部门领用库存商品50 000元。

借:研发支出　　　　　　　　　　　　　　　　50 000
　　贷:库存商品　　　　　　　　　　　　　　　50 000

关键词　研发支出　库存商品　研发部门领用库存商品

【例23】 用自制库存商品对外投资,自制库存商品对外售价800 000元,库存商品入库成本700 000元,外销应缴纳增值税销项税额128 000元。

借：长期股权投资　　　　　　　　　　　　　　　　828 000
　　　　贷：库存商品　　　　　　　　　　　　　　　　　700 000
　　　　　　应交税费——应交增值税（销项税额）　　　128 000

🔑 **关键词**　长期股权投资　库存商品　应交税费　用库存商品对外投资

【例24】　用自制库存商品对外捐赠，自制库存商品对外售价800 000元，库存商品入库成本700 000元，外销应缴纳增值税销项税额128 000元。

　　借：营业外支出　　　　　　　　　　　　　　　　　828 000
　　　　贷：库存商品　　　　　　　　　　　　　　　　　700 000
　　　　　　应交税费——应交增值税（销项税额）　　　128 000

🔑 **关键词**　营业外支出　库存商品　应交税费　用库存商品对外捐赠

1407 发出商品
delivered goods

　　一、本科目核算企业商品销售不满足收入确认条件但已发出商品的实际成本（或进价）或计划成本（或售价）。

　　企业委托其他单位代销的商品，也在本科目核算，企业也可以将本科目改为"1408 委托代销商品"科目，并按照受托单位进行明细核算。

　　二、本科目应当按照购货单位及商品类别和品种进行明细核算。

　　三、发出商品的主要账务处理。

　　（一）对于不满足收入确认条件的发出商品，应按发出商品的实际成本（或进价）或计划成本（或售价），借记本科目，贷记"库存商品"科目。

　　发出商品满足收入确认条件时，应结转销售成本，借记"主营业务成本"科目，贷记本科目。采用计划成本或售价核算的，还应结转应分摊的产品成本差异或商品进销差价，借记"产品成本差异"或"商品进销差价"科目，贷记"主营业务成本"科目；实际成本大于计划成本的差异，做相反的会计分录。

　　（二）发出商品如发生退回，应按退回商品的实际成本（或进价）或计划成本（或售价），借记"库存商品"科目，贷记本科目。

　　四、本科目期末借方余额，反映企业商品销售中，不满足收入确认条件的已发出商品的实际成本（或进价）或计划成本（或售价）。

【例1】　委托其他公司代销商品，商品已发出，成本300 000元。

　　借：发出商品　　　　　　　　　　　　　　　　　　300 000
　　　　贷：库存商品　　　　　　　　　　　　　　　　　300 000

🔑 **关键词**　发出商品　库存商品　发出委托代销商品

【例2】 对外发出商品退库 300 000 元,未确认收入。

借:库存商品　　　　　　　　　　　　　　　　　300 000
　　贷:发出商品　　　　　　　　　　　　　　　　　300 000

🌀 关键词　库存商品　发出商品　发出商品退库

【例3】 委托其他公司代销商品,满足收入确认条件,结转销售成本 300 000 元。

借:主营业务成本　　　　　　　　　　　　　　　300 000
　　贷:发出商品　　　　　　　　　　　　　　　　　300 000

🌀 关键词　主营业务成本　发出商品　满足收入确认条件结转成本

【例4】 委托其他公司代销商品,满足收入确认条件,结转销售成本 300 000 元,应分配产品成本差异贷差 3 000 元。

借:主营业务成本　　　　　　　　　　　　　　　297 000
　　产品成本差异　　　　　　　　　　　　　　　　3 000
　　贷:发出商品　　　　　　　　　　　　　　　　　300 000

🌀 关键词　主营业务成本　产品成本差异　发出商品　计划成本法下满足收入确认条件结转成本和产品差异贷差

【例5】 委托其他公司代销商品,满足收入确认条件,结转销售成本 300 000 元,应分配产品成本差异借差 3 000 元。

借:主营业务成本　　　　　　　　　　　　　　　303 000
　　贷:发出商品　　　　　　　　　　　　　　　　　300 000
　　　　产品成本差异　　　　　　　　　　　　　　　3 000

🌀 关键词　主营业务成本　发出商品　产品成本差异　计划成本法下满足收入确认条件结转成本和产品差异借差

1411 委托加工物资
consigned processing materials

一、本科目核算企业委托外单位加工的各种物资的实际成本。

二、本科目应按加工合同、受托加工单位以及加工物资的品种等进行明细核算。

三、委托加工物资的主要账务处理。

(一) 发给外单位加工的物资,按实际成本,借记本科目,贷记"原材料""库存商品"等科目;按计划成本或售价核算的,还应同时结转材料成本差异或商品进销差价,借记本科目,贷记"产品成本差异"或"商品进销差价"科目;实际成本小于计划成本的差异,做相反的会计分录。

(二)支付加工费、运杂费等,借记本科目等科目,贷记"银行存款"等科目;需要缴纳消费税的委托加工物资,由受托方代收代交的消费税,借记本科目(收回后用于直接销售的)或"应交税费——应交消费税"科目(收回后用于继续加工的),贷记"应付账款""银行存款"等科目。

(三)加工完成验收入库的物资和剩余的物资,按加工收回物资的实际成本和剩余物资的实际成本,借记"原材料""库存商品"等科目,贷记本科目。

采用计划成本或售价核算的,按计划成本或售价,借记"原材料"或"库存商品"科目,按实际成本贷记本科目,实际成本与计划成本或售价之间的差额,借记或贷记"材料成本差异"或贷记"商品进销差价"科目。

四、本科目期末借方余额,反映企业委托外单位加工尚未完成的物资的实际成本。

【例1】 支付委托加工物资加工费12 000元,增值税专用发票注明增值税额1 920元,用银行存款支付。

借:委托加工物资　　　　　　　　　　　　　　　12 000
　　应交税费——应交增值税(进项税额)　　　　　1 920
　贷:银行存款　　　　　　　　　　　　　　　　　13 920

🔑关键词　委托加工物资　应交税费　银行存款　支付加工费

【例2】 支付委托加工物资加工费12 000元,增值税专用发票注明增值税额1 920元,用应付票据支付。

借:委托加工物资　　　　　　　　　　　　　　　12 000
　　应交税费——应交增值税(进项税额)　　　　　1 920
　贷:应付票据　　　　　　　　　　　　　　　　　13 920

🔑关键词　委托加工物资　应交税费　应付票据　支付加工费

【例3】 支付委托加工物资加工费12 000元,增值税专用发票注明增值税额1 920元,已预付账款。

借:委托加工物资　　　　　　　　　　　　　　　12 000
　　应交税费——应交增值税(进项税额)　　　　　1 920
　贷:预付账款　　　　　　　　　　　　　　　　　13 920

🔑关键词　委托加工物资　应交税费　预付账款　支付加工费

【例4】 委托加工物资加工费12 000元,增值税专用发票注明增值税额1 920元,加工费尚未支付。

借：委托加工物资 12 000
　　应交税费——应交增值税（进项税额） 1 920
　贷：应付账款 13 920

关键词 委托加工物资　应交税费　应付账款　尚未支付加工费

【例5】 支付委托加工物资的加工费12 000元，相关税费中，应交增值税1 920元，代收代交消费税6 600元（收回后用于继续加工）。

借：委托加工物资 12 000
　　应交税费——应交增值税（进项税额） 1 920
　　应交税费——应交消费税 6 600
　贷：银行存款 20 520

关键词 委托加工物资　应交税费　银行存款　支付加工费　委托方代收消费税（收回后用于继续加工）

【例6】 支付委托加工物资的加工费12 000元，相关税费中，应交增值税1 920元，代收代交消费税6 600元（收回后用于直接销售）。

借：委托加工物资 18 600
　　应交税费——应交增值税（进项税额） 1 920
　贷：银行存款 20 520

关键词 委托加工物资　应交税费　银行存款　支付加工费　委托方代收消费税（收回后用于直接销售）

【例7】 对外委托加工物资发出材料72 800元。

借：委托加工物资 72 800
　贷：原材料 72 800

关键词 委托加工物资　原材料　发出材料

【例8】 对外委托加工物资发出包装物72 800元。

借：委托加工物资 72 800
　贷：包装物及低值易耗品 72 800

关键词 委托加工物资　包装物及低值易耗品　发出包装物

【例9】 对外委托加工物资发出库存商品72 800元。

借：委托加工物资 72 800
　贷：库存商品 72 800

关键词 委托加工物资　库存商品　发出库存商品

【例10】 委托加工物资做原材料验收入库84 800元。

借：原材料 84 800
　　贷：委托加工物资 84 800

🌀 **关键词** 原材料　委托加工物资　委托加工材料验收入库

【例 11】 委托加工物资做库存商品验收入库 150 800 元。
借：库存商品 150 800
　　贷：委托加工物资 150 800

🌀 **关键词** 库存商品　委托加工物资　委托加工库存商品验收入库

【例 12】 委托加工物资做包装物及低值易耗品验收入库 84 800 元。
借：包装物及低值易耗品 84 800
　　贷：委托加工物资 84 800

🌀 **关键词** 包装物及低值易耗品　委托加工物资　委托加工包装物及低值易耗品验收入库

【例 13】 委托加工物资做周转材料验收入库 84 800 元。
借：周转材料 84 800
　　贷：委托加工物资 84 800

🌀 **关键词** 周转材料　委托加工物资　委托加工周转材料验收入库

1412 包装物及低值易耗品
wrappage and low value and easily wornout articles

一、本科目核算企业包装物和低值易耗品的计划成本或实际成本。

二、本科目应当按照包装物和低值易耗品的种类进行明细核算。

包装物或低值易耗品价值较高、采用"五五摊销法"核算的，还应分别"库存""摊销"进行明细核算。

三、包装物及低值易耗品的主要账务处理。

（一）购入、自制、委托外单位加工完成验收入库的包装物和低值易耗品等，应当比照"原材料"科目进行处理。

（二）生产领用包装物和低值易耗品或出租包装物，采用一次转销法的，领用时应按其账面价值，借记"生产成本""其他业务成本""管理费用"等科目，贷记本科目。

采用五五摊销法的，领用时应按其账面价值的 50%，借记"生产成本""其他业务成本""管理费用"等科目，贷记本科目，报废时，按其账面价值，借记"生产成本""其他业务成本""管理费用"等科目，贷记本科目。

（三）随同产品或商品出售、单独计价核算的包装物，在实现商品销售结转销售成本时，应按包装物的账面价值，借记"其他业务成本"科目，贷记本科目。

（四）采用计划成本法进行材料日常核算的，月末结转生产领用、出售、出租包装物和生产领用的低值易耗品应分摊的成本差异，借记"生产成本""其他业务成本""管理费用"等科目，贷记"材料成本差异"科目；实际成本小于计划成本的差异，做相反的会计分录。

四、本科目期末借方余额，反映企业包装物和低值易耗品的计划成本或实际成本。

【例1】 以银行存款购买包装物及低值易耗品直接入库，买价 300 000 元，增值税专用发票注明增值税额 48 000 元。

  借：包装物及低值易耗品   300 000
    应交税费——应交增值税（进项税额）   48 000
   贷：银行存款等   348 000

关键词 包装物及低值易耗品　银行存款　应交税费　购买包装物及低值易耗品直接入库

【例2】 预付账款购买包装物及低值易耗品直接入库，买价 300 000 元，增值税专用发票注明增值税额 48 000 元。

  借：包装物及低值易耗品   300 000
    应交税费——应交增值税（进项税额）   48 000
   贷：预付账款   348 000

关键词 包装物及低值易耗品　预付账款　应交税费　购买包装物及低值易耗品直接入库

【例3】 开出商业承兑汇票购买包装物及低值易耗品直接入库，买价 300 000 元，增值税专用发票注明增值税额 48 000 元。

  借：包装物及低值易耗品   300 000
    应交税费——应交增值税（进项税额）   48 000
   贷：应付票据   348 000

关键词 包装物及低值易耗品　应付票据　应交税费　购买包装物及低值易耗品直接入库

【例4】 购买包装物及低值易耗品直接入库，买价 300 000 元，增值税专用发票注明增值税额 48 000 元，款未付。

  借：包装物及低值易耗品   300 000
    应交税费——应交增值税（进项税额）   48 000
   贷：应付账款   348 000

💫**关键词** 包装物及低值易耗品　应付账款　应交税费　购买包装物及低值易耗品直接入库

【例5】 应收票据背书转让,购买包装物及低值易耗品 300 000 元,增值税专用发票注明增值税额 48 000 元。

　　借:包装物及低值易耗品　　　　　　　　　　　　300 000
　　　　应交税费——应交增值税(进项税额)　　　　　 48 000
　　　贷:应收票据　　　　　　　　　　　　　　　　　348 000

💫**关键词** 包装物及低值易耗品　应交税费　应收票据　购买包装物及低值易耗品直接入库

【例6】 计划成本法下,按照计划价材料验收入库 302 000 元,采购价 300 000 元。

　　借:包装物及低值易耗品　　　　　　　　　　　　302 000
　　　贷:材料采购　　　　　　　　　　　　　　　　　300 000
　　　　　材料成本差异　　　　　　　　　　　　　　　　2 000

💫**关键词** 包装物及低值易耗品　材料采购　材料成本差异　计划成本法下采购材料入库　计划价高于采购价

【例7】 计划成本法下,按照计划价材料验收入库 298 000 元,采购价 300 000 元。

　　借:包装物及低值易耗品　　　　　　　　　　　　298 000
　　　　材料成本差异　　　　　　　　　　　　　　　　2 000
　　　贷:材料采购　　　　　　　　　　　　　　　　　300 000

💫**关键词** 包装物及低值易耗品　材料采购　材料成本差异　计划成本法下采购材料入库　计划价低于采购价

【例8】 实际成本法下,材料验收入库 300 000 元。

　　借:包装物及低值易耗品　　　　　　　　　　　　300 000
　　　贷:在途物资　　　　　　　　　　　　　　　　　300 000

💫**关键词** 包装物及低值易耗品　在途物资　实际成本法下采购材料入库

【例9】 委托加工包装物验收入库 330 000 元。

　　借:包装物及低值易耗品　　　　　　　　　　　　330 000
　　　贷:委托加工物资　　　　　　　　　　　　　　　330 000

💫**关键词** 包装物及低值易耗品　委托加工物资　委托加工包装物及低值易耗品验收入库

【例10】 自制包装物及低值易耗品验收入库 356 000 元。

　　借：包装物及低值易耗品　　　　　　　　　　　　356 000
　　　贷：生产成本　　　　　　　　　　　　　　　　　　356 000

🌀 关键词　包装物及低值易耗品　生产成本　自制包装物及低值易耗品结转入库

【例11】 计划成本法下，自制包装物及低值易耗品验收入库 356 000 元，实际成本 355 000 元。

　　借：包装物及低值易耗品——自制包装物　　　　　356 000
　　　贷：生产成本　　　　　　　　　　　　　　　　　　355 000
　　　　　材料成本差异　　　　　　　　　　　　　　　　 1 000

🌀 关键词　包装物及低值易耗品　生产成本　材料成本差异　计划成本法下自制包装物及低值易耗品入库　节约差异

【例12】 计划成本法下，自制包装物及低值易耗品验收入库 356 000 元，实际成本 357 000 元。

　　借：包装物及低值易耗品——自制包装物　　　　　356 000
　　　　材料成本差异　　　　　　　　　　　　　　　　 1 000
　　　贷：生产成本　　　　　　　　　　　　　　　　　　357 000

🌀 关键词　包装物及低值易耗品　材料成本差异　生产成本　计划成本法下自制包装物及低值易耗品入库　超支差异

【例13】 结转随同产品一起出售包装物成本 90 000 元。

　　借：主营业务成本　　　　　　　　　　　　　　　　 90 000
　　　贷：包装物及低值易耗品　　　　　　　　　　　　 90 000

🌀 关键词　主营业务成本　包装物及低值易耗品　结转销售成本

【例14】 结转单独出售包装物成本 90 000 元。

　　借：其他业务成本　　　　　　　　　　　　　　　　 90 000
　　　贷：包装物及低值易耗品　　　　　　　　　　　　 90 000

🌀 关键词　其他业务成本　包装物及低值易耗品　结转销售成本

【例15】 生产部门领用包装物及低值易耗品 500 000 元，直接用于产品生产。

　　借：生产成本　　　　　　　　　　　　　　　　　　500 000
　　　贷：包装物及低值易耗品　　　　　　　　　　　　500 000

🌀 关键词　生产成本　包装物及低值易耗品　生产部门领用包装物及低值易耗品

【例16】 销售部门领用包装物及低值易耗品 500 000 元。
　　借：销售费用　　　　　　　　　　　　　　　　　　500 000
　　　　贷：包装物及低值易耗品　　　　　　　　　　　　　500 000

🔑 关键词　销售费用　包装物及低值易耗品　销售部门领用包装物及低值易耗品

【例17】 管理部门领用包装物及低值易耗品 500 000 元。
　　借：管理费用　　　　　　　　　　　　　　　　　　500 000
　　　　贷：包装物及低值易耗品　　　　　　　　　　　　　500 000

🔑 关键词　管理费用　包装物及低值易耗品　管理部门领用包装物及低值易耗品

【例18】 生产车间领用包装物及低值易耗品，车间消耗 500 000 元。
　　借：制造费用　　　　　　　　　　　　　　　　　　500 000
　　　　贷：包装物及低值易耗品　　　　　　　　　　　　　500 000

🔑 关键词　制造费用　包装物及低值易耗品　车间领用一般消耗材料

【例19】 包装物及低值易耗品因意外火灾损毁 80 000 元，应转出增值税 12 800 元。
　　借：待处理财产损溢　　　　　　　　　　　　　　　　92 800
　　　　贷：包装物及低值易耗品　　　　　　　　　　　　　80 000
　　　　　　应交税费——应交增值税（进项税额转出）　　　12 800

🔑 关键词　待处理财产损溢　包装物及低值易耗品　应交税费　意外财产损失

1431 周转材料
reusable materials

一、本科目核算企业能够多次使用，并可基本保持原来的形态而逐渐转移其价值的各种周转材料的计划成本或实际成本。

二、本科目应当按照周转材料的种类分别"在库""在用"和"摊销"进行明细核算。

三、周转材料的主要账务处理。

（一）企业购入、自制、委托外单位加工完成并已验收入库的周转材料等，比照"原材料"科目进行处理。

（二）企业应当根据具体情况对周转材料采用一次转销法、分期摊销法、分次摊销法或者定额摊销法。

1. 一次转销法,一般应限于易腐、易糟的周转材料,于领用时一次计入成本、费用。

2. 分期摊销法,根据周转材料的预计使用期限分期摊入成本、费用。

3. 分次摊销法,根据周转材料的预计使用次数摊入成本、费用。

4. 定额摊销法,根据实际完成的实物工作量和预算定额规定的周转材料消耗定额,计算确认本期摊入成本、费用的金额。

(三)领用、摊销和退回周转材料时,采用一次转销法的,领用时应按其账面价值,借记"工程施工"等科目,贷记本科目。

采用其他摊销法的,领用时应按其账面价值,借记本科目(在用),贷记本科目(在库);摊销时应按摊销额,借记"工程施工""销售费用"等科目,贷记本科目(摊销);退库时应按其价值,借记本科目(在库),贷记本科目(在用)。

(四)周转材料报废时,采用一次转销法的,应按报废周转材料的残料价值,借记"原材料"等科目,贷记"工程施工"等科目。

采用其他摊销法的,按应补提摊销额,借记"工程施工"等科目,贷记本科目(摊销);按报废周转材料的残料价值,借记"原材料"等科目,贷记"工程施工"等科目,同时按已提摊销额,借记本科目(摊销),贷记本科目(在用)。

(五)采用计划成本进行周转材料日常核算的,月末结转领用周转材料应分摊的成本差异,借记"工程施工""销售费用"等科目,贷记"材料成本差异"科目,实际成本小于计划成本的差异做相反的会计分录。

四、本科目期末借方余额,反映企业在库周转材料的计划成本或实际成本以及在用周转材料的摊余价值。

【例1】 实际成本法下,以银行存款购买周转材料直接入库,买价300 000元,增值税专用发票注明增值税额48 000元。

借:周转材料——在库　　　　　　　　　　　　　　300 000
　　应交税费——应交增值税(进项税额)　　　　　　48 000
　贷:银行存款　　　　　　　　　　　　　　　　　　348 000

关键词　周转材料　应交税费　银行存款　购买周转材料直接入库

【例2】 实际成本法下,以预付账款方式购买周转材料直接入库,买价300 000元,增值税专用发票注明增值税额48 000元。

借:周转材料——在库　　　　　　　　　　　　　　300 000
　　应交税费——应交增值税(进项税额)　　　　　　48 000
　贷:预付账款　　　　　　　　　　　　　　　　　　348 000

关键词　周转材料　应交税费　预付账款　购买周转材料直接入库

【例3】 实际成本法下,开出商业承兑汇票购买周转材料直接入库,买价300 000元,增值税专用发票注明增值税额48 000元。

借:周转材料——在库　　　　　　　　　　　　　300 000
　　应交税费——应交增值税(进项税额)　　　　　48 000
　贷:应付票据　　　　　　　　　　　　　　　　　348 000

关键词 周转材料　应交税费　应付票据　购买周转材料直接入库

【例4】 实际成本法下,购买周转材料直接入库,买价300 000元,增值税专用发票注明增值税额48 000元,款未付。

借:周转材料——在库　　　　　　　　　　　　　300 000
　　应交税费——应交增值税(进项税额)　　　　　48 000
　贷:应付账款　　　　　　　　　　　　　　　　　348 000

关键词 周转材料　应交税费　应付账款　购买周转材料直接入库

【例5】 计划成本法下,以银行存款购买周转材料直接入库,买价300 000元,增值税专用发票注明增值税额48 000元,计划价298 000元,材料成本差异借差2 000元。

借:周转材料——在库　　　　　　　　　　　　　298 000
　　应交税费——应交增值税(进项税额)　　　　　48 000
　　材料成本差异　　　　　　　　　　　　　　　　2 000
　贷:银行存款　　　　　　　　　　　　　　　　　348 000

关键词 周转材料　应交税费　材料成本差异　超支差异　银行存款　购买周转材料直接入库

【例6】 计划成本法下,以银行存款购买周转材料直接入库,买价300 000元,增值税专用发票注明增值税额48 000元,计划价302 000元,材料成本差异贷差2 000元。

借:周转材料——在库　　　　　　　　　　　　　302 000
　　应交税费——应交增值税(进项税额)　　　　　48 000
　贷:银行存款　　　　　　　　　　　　　　　　　348 000
　　　材料成本差异　　　　　　　　　　　　　　　2 000

关键词 周转材料　应交税费　银行存款　材料成本差异　节约差异　购买周转材料直接入库

【例7】 应收票据背书转让,购买周转材料300 000元,增值税专用发票注明增值税额48 000元。

借：周转材料——在库　　　　　　　　　　　　　　　300 000
　　应交税费——应交增值税（进项税额）　　　　　　48 000
　　贷：应收票据　　　　　　　　　　　　　　　　　348 000

关键词　周转材料　应交税费　应收票据　购买周转材料直接入库

【例8】 计划成本法下，企业购买周转材料验收入库302 000元，实际采购价300 000元。

借：周转材料——在库　　　　　　　　　　　　　　　302 000
　　贷：材料采购　　　　　　　　　　　　　　　　　300 000
　　　　材料成本差异　　　　　　　　　　　　　　　　2 000

关键词　周转材料　材料采购　材料成本差异　计划成本法下采购周转材料入库　计划价高于采购价

【例9】 计划成本法下，按照计划价材料验收入库298 000元，实际采购价300 000元。

借：周转材料——在库　　　　　　　　　　　　　　　298 000
　　材料成本差异　　　　　　　　　　　　　　　　　　2 000
　　贷：材料采购　　　　　　　　　　　　　　　　　300 000

关键词　周转材料　材料成本差异　材料采购　计划成本法下采购周转材料入库　计划价低于采购价

【例10】 实际成本法下，材料验收入库300 000元。

借：周转材料——在库　　　　　　　　　　　　　　　300 000
　　贷：在途物资　　　　　　　　　　　　　　　　　300 000

关键词　周转材料　在途物资　实际成本法下采购周转材料入库

【例11】 委托加工周转材料验收入库330 000元。

借：周转材料——在库　　　　　　　　　　　　　　　330 000
　　贷：委托加工物资　　　　　　　　　　　　　　　330 000

关键词　周转材料　委托加工物资　委托加工周转材料验收入库

【例12】 自制周转材料验收入库356 000元。

借：周转材料——在库　　　　　　　　　　　　　　　356 000
　　贷：生产成本　　　　　　　　　　　　　　　　　356 000

关键词　周转材料　生产成本　自制周转材料结转入库

【例13】 建筑企业领用周转材料180 000元，按五五摊销法先摊销90 000元。

借：工程施工　　　　　　　　　　　　　　　　　　　　　　90 000
　　贷：周转材料——在用　　　　　　　　　　　　　　　　90 000

🔸**关键词**　工程施工　周转材料　建筑企业领用周转材料成本（五五摊销法）

*"工程施工"科目为建筑业行业的会计科目。

【例14】　建筑企业结转已领用周转材料摊销成本90 000元。
借：工程施工　　　　　　　　　　　　　　　　　　　　　　90 000
　　贷：周转材料——摊销　　　　　　　　　　　　　　　　90 000

🔸**关键词**　工程施工　周转材料　建筑企业结转已领用周转材料摊销成本

【例15】　非建筑企业结转工程已领用周转材料摊销成本90 000元。
借：在建工程　　　　　　　　　　　　　　　　　　　　　　90 000
　　贷：周转材料——摊销　　　　　　　　　　　　　　　　90 000

🔸**关键词**　在建工程　周转材料　非建筑企业摊销周转材料成本

【例16】　企业结转对外出租周转材料摊销成本90 000元。
借：其他业务成本　　　　　　　　　　　　　　　　　　　　90 000
　　贷：周转材料——摊销　　　　　　　　　　　　　　　　90 000

🔸**关键词**　其他业务成本　周转材料　结转对外出租周转材料摊销成本

【例17】　销售部门领用周转材料500 000元。
借：销售费用　　　　　　　　　　　　　　　　　　　　　　500 000
　　贷：周转材料　　　　　　　　　　　　　　　　　　　　500 000

🔸**关键词**　销售费用　周转材料　销售部门领用周转材料

【例18】　对以经营租赁的方式新租入的办公楼进行装修，装修领用周转材料500 000元。
借：长期待摊费用　　　　　　　　　　　　　　　　　　　　500 000
　　贷：周转材料——摊销　　　　　　　　　　　　　　　　500 000

🔸**关键词**　长期待摊费用　周转材料　装修长期租赁办公室领用周转材料

1461 存货跌价准备

provision for inventory

一、本科目核算企业存货发生减值时计提的存货跌价准备。

企业（农业）对消耗性生物资产计提的跌价准备，也在本科目核算。

二、存货跌价准备的主要账务处理。

（一）资产负债表日，企业根据《企业会计准则第1号——存货》规定确定存货发生减值的,按存货可变现净值低于成本的差额,借记"资产减值损失"科目,贷记本科目。

已计提跌价准备的存货价值以后又得以恢复,应在原已计提的存货跌价准备金额内,按恢复增加的金额,借记本科目,贷记"资产减值损失"科目。

发出存货结转计提的存货跌价准备的,借记本科目,贷记"主营业务成本"等科目。

(二)企业(建造承包商)按《企业会计准则第15号——建造合同》规定确定合同预计总成本超过合同总收入的,应按其差额,借记"资产减值损失"科目,贷记本科目。合同完工时,借记本科目,贷记"主营业务成本"科目。

三、本科目期末贷方余额,反映企业已计提但尚未转销的存货跌价准备。

【例1】 资产负债表日,企业确定存货发生减值,存货可变现净值低于成本的差额20 000元。

借:资产减值损失——计提的存货跌价准备　　　　20 000
　　贷:存货跌价准备　　　　　　　　　　　　　　　20 000

关键词　资产减值损失　存货跌价准备　计提存货跌价准备

【例2】 存货的市价回升,转回已计提存货跌价准备15 000元。

借:存货跌价准备　　　　　　　　　　　　　　　　15 000
　　贷:资产减值损失——计提的存货跌价准备　　　　15 000

关键词　存货跌价准备　资产减值损失　转回已计提存货跌价准备

【例3】 企业销售库存商品50 000元,结转已计提存货跌价准备5 000元。

借:主营业务成本　　　　　　　　　　　　　　　　45 000
　　存货跌价准备　　　　　　　　　　　　　　　　5 000
　　贷:库存商品　　　　　　　　　　　　　　　　　50 000

关键词　主营业务成本　存货跌价准备　库存商品　结转销售库存商品和已计提存货跌价准备

【例4】 企业销售原材料50 000元,结转已计提存货跌价准备5 000元。

借:其他业务成本　　　　　　　　　　　　　　　　45 000
　　存货跌价准备　　　　　　　　　　　　　　　　5 000
　　贷:原材料　　　　　　　　　　　　　　　　　　50 000

关键词　其他业务成本　存货跌价准备　原材料　结转销售原材料成本和已计提存货跌价准备

1501 待摊费用
fees to be apportioned

一、本科目核算企业已经发生但应由本期和以后各期负担的分摊期限在1年以内(包括1年)的各项费用,包括预付保险费、经营租赁的预付租金、季节性生产企业在停工期内的费用,以及其他应由本期和以后各期负担的其他费用。

二、本科目应当按照费用项目进行明细核算。

三、待摊费用的主要账务处理。

(一)企业预付给保险公司的财产保险费、预付经营租赁固定资产租金等,应于预付时,借记本科目,贷记"银行存款"等科目。财产保险费应在保险的有效期限内平均摊销,经营租赁固定资产租金应在租赁期间内平均摊销,摊销时,借记"管理费用""制造费用"等科目,贷记本科目。

(二)企业发生其他各项待摊费用时,借记本科目,贷记"银行存款"等科目。按受益期限分期平均摊销时,借记"管理费用""销售费用""制造费用"等科目,贷记本科目。

四、本科目期末借方余额,反映企业各项已发生但尚未摊销完的费用金额。

【例1】 企业预付给保险公司财产保险费180 000元,保险期12个月。

借:待摊费用——财产保险费　　　　　　　　　　　　180 000
　　应交税费——应交增值税(进项税额)　　　　　　　 10 800
　　贷:银行存款　　　　　　　　　　　　　　　　　　190 800

关键词　待摊费用　应交税费　银行存款　企业购买财产保险

【例2】 企业支付当月经营性租赁固定资产(不动产)租金200 000元,增值税专用发票注明增值税额20 000元。

借:待摊费用——设备租赁费　　　　　　　　　　　　200 000
　　应交税费——应交增值税(进项税额)　　　　　　　 20 000
　　贷:银行存款　　　　　　　　　　　　　　　　　　220 000

关键词　待摊费用　应交税费　银行存款　企业支付经营性租赁设备租金

【例3】 企业摊销财产保险费15 000元。

借:管理费用　　　　　　　　　　　　　　　　　　　 15 000
　　贷:待摊费用——财产保险费　　　　　　　　　　　 15 000

关键词　管理费用　待摊费用　摊销财产保险费

【例4】 企业摊销车间租入固定资产租赁费10 000元。
  借：制造费用   10 000
    贷：待摊费用——设备租赁费   10 000

🌀 关键词 制造费用 待摊费用 摊销租入固定资产租金

【例5】 企业摊销管理部门租入固定资产租赁费10 000元。
  借：管理费用   10 000
    贷：待摊费用——设备租赁费   10 000

🌀 关键词 管理费用 待摊费用 摊销租入固定资产租金

【例6】 企业摊销销售部门租入固定资产租赁费10 000元。
  借：销售费用   10 000
    贷：待摊费用——设备租赁费   10 000

🌀 关键词 销售费用 待摊费用 摊销租入固定资产租金

【例7】 企业摊销研发部门租入固定资产租赁费10 000元。
  借：研发支出   10 000
    贷：待摊费用——设备租赁费   10 000

🌀 关键词 研发支出 待摊费用 摊销租入固定资产租金

1521 持有至到期投资
hold investment due

一、本科目核算企业持有至到期投资的价值。

企业委托银行或其他金融机构向其他单位贷出的款项，也在本科目核算。

二、本科目应当按照持有至到期投资的类别和品种，分别"投资成本""利息调整""应计利息"进行明细核算。

三、持有至到期投资的主要账务处理。

（一）企业取得的持有至到期投资，应按取得该投资的公允价值与交易费用之和，借记本科目（投资成本、利息调整），贷记"银行存款""存放中央银行款项""应交税费"等科目。

购入的分期付息、到期还本的持有至到期投资，已到付息期按面值和票面利率计算确定的应收未收的利息，借记"应收利息"科目，按摊余成本和实际利率计算确定的利息收入的金额，贷记"投资收益"科目，按其差额，借记或贷记本科目（利息调整）。

到期一次还本付息的债券等持有至到期投资，在持有期间内按摊余成本和实际利率计算确定的利息收入的金额,借记本科目(应计利息),贷记"投资收益"科目。

收到持有至到期投资按合同支付的利息时,借记"银行存款""存放中央银行款项"等科目,贷记"应收利息"科目或本科目(应计利息)。

收到取得持有至到期投资支付的价款中包含的已宣告发放债券利息,借记"银行存款"科目,贷记本科目(投资成本)。

持有至到期投资在持有期间按采用实际利率法计算确定的折价摊销额,借记本科目(利息调整),贷记"投资收益"科目;溢价摊销额,做相反的会计分录。

出售持有至到期投资时,应按收到的金额,借记"银行存款""存放中央银行款项"等科目,已计提减值准备的,贷记"持有至到期投资减值准备"科目,按其账面余额,贷记本科目(投资成本、利息调整、应计利息),按其差额,贷记或借记"投资收益"科目。

(二)企业根据《企业会计准则第22号——金融工具确认和计量》规定,将持有至到期投资重分类为可供出售金融资产的,应在重分类日按该项持有至到期投资的公允价值,借记"可供出售金融资产"科目,已计提减值准备的,借记"持有至到期投资减值准备"科目,按其账面余额,贷记本科目(投资成本、利息调整、应计利息),按其差额,贷记或借记"其他综合收益"科目。

四、本科目期末借方余额,反映企业持有至到期投资的摊余成本。

【例1】 企业取得3年期债券成本9 000 000元,交易费用及缴纳税金等120 000元,作为持有至到期投资。

借:持有至到期投资——投资成本　　　　　　9 000 000
　　持有至到期投资——利息调整　　　　　　　 120 000
　贷:银行存款　　　　　　　　　　　　　　　 9 120 000

关键词 持有至到期投资　银行存款　取得持有至到期投资

【例2】 购入分期付息、到期还本的持有至到期投资,已到付息期按面值和票面利率计算确定应收未收的利息450 000元,按摊余成本和实际利率计算确定的利息收入420 000元。

借:应收利息　　　　　　　　　　　　　　　　 450 000
　贷:持有至到期投资——利息调整　　　　　　　 30 000
　　　投资收益　　　　　　　　　　　　　　　　420 000

关键词 应收利息　持有至到期投资　投资收益　确认应计分期利息

收入

【例3】 购入到期一次还本付息的债券作为持有至到期投资,在持有期间内按摊余成本和实际利率计算确定的利息收入 530 000 元,实际利率与票面利率差别较小。

借:持有至到期投资——应计利息　　　　　　　　530 000
　　贷:投资收益　　　　　　　　　　　　　　　　　530 000

关键词　持有至到期投资　投资收益　确认到期还本付息债券收入

【例4】 收到取得持有至到期投资支付的价款中包含的未发放债券利息 270 000 元。

借:银行存款　　　　　　　　　　　　　　　　　270 000
　　贷:持有至到期投资——投资成本　　　　　　　　270 000

关键词　银行存款　持有至到期投资　收到持有至到期投资买价中包含的未发放债券利息

【例5】 持有至到期投资在持有期间采用实际利率法计算确定本期折价摊销额 10 000 元。

借:持有至到期投资——利息调整　　　　　　　　10 000
　　贷:投资收益　　　　　　　　　　　　　　　　　10 000

关键词　持有至到期投资　投资收益　债券折价摊销

【例6】 持有至到期投资在持有期间按采用实际利率法计算确定本期溢价摊销额 10 000 元。

借:投资收益　　　　　　　　　　　　　　　　　10 000
　　贷:持有至到期投资——利息调整　　　　　　　　10 000

关键词　投资收益　持有至到期投资　债券溢价摊销

【例7】 企业根据《企业会计准则第 22 号——金融工具确认和计量》的规定,将交易性金融资产重分类为持有至到期投资,在重分类日交易性金融资产的公允价值 9 200 000 元,明细科目成本 9 000 000 元,公允价值变动借方 200 000 元。

借:持有至到期投资　　　　　　　　　　　　　　9 200 000
　　贷:交易性金融资产——成本　　　　　　　　　　9 000 000
　　　　交易性金额资产——公允价值变动　　　　　　　200 000

关键词　持有至到期投资　交易性金融资产　交易性金融资产重分类为

持有至到期投资

【例8】 企业根据《企业会计准则第22号——金融工具确认和计量》的规定,将可供出售金融资产重分类为持有至到期投资,在重分类日可供出售金融资产的公允价值9 200 000元。

借：持有至到期投资　　　　　　　　　　　　　　9 200 000
　贷：可供出售金融资产　　　　　　　　　　　　　9 200 000

关键词 持有至到期投资　可供出售金融资产　可供出售金融资产重分类为持有至到期投资

【例9】 企业根据《企业会计准则第22号——金融工具确认和计量》的规定,将持有至到期投资重分类为交易性金融资产,在重分类日按该项持有至到期投资的公允价值9 350 000元,未计提减值准备。投资成本8 730 000元,应计利息530 000元,利息调整借方110 000元。

借：交易性金融资产　　　　　　　　　　　　　　935 0000
　投资收益　　　　　　　　　　　　　　　　　　 20 000
　贷：持有至到期投资——投资成本　　　　　　　 873 0000
　　　持有至到期投资——应计利息　　　　　　　 530 000
　　　持有至到期投资——利息调整　　　　　　　 110 000

关键词 交易性金融资产　投资收益　持有至到期投资　持有至到期投资重分类为交易性金融资产

【例10】 企业根据《企业会计准则第22号——金融工具确认和计量》的规定,将持有至到期投资重分类为可供出售金融资产,在重分类日按该项持有至到期投资的公允价值9 350 000元,未计提减值准备。投资成本8 730 000元,应计利息530 000元,利息调整借方110 000元。

借：可供出售金融资产　　　　　　　　　　　　　9 350 000
　其他综合收益　　　　　　　　　　　　　　　　 20 000
　贷：持有至到期投资——投资成本　　　　　　　 8 730 000
　　　持有至到期投资——应计利息　　　　　　　 530 000
　　　持有至到期投资——利息调整　　　　　　　 110 000

关键词 可供出售金融资产　其他综合收益　持有至到期投资　持有至到期投资重分类为可供出售金融资产

【例11】 收回持有至到期投资一次性还本付息债券投资9 350 000元,投资成本8 730 000元,应计利息530 000元,利息调整借方110 000元。

借：银行存款	9 350 000
投资收益	20 000
贷：持有至到期投资——投资成本	8 730 000
持有至到期投资——应计利息	530 000
持有至到期投资——利息调整	110 000

🔑 **关键词**　银行存款　投资收益　持有至到期投资　收回持有至到期投资

【例 12】　收回持有至到期投资一次性还本付息债券投资 9 350 000 元，投资成本 8 730 000 元，应计利息 530 000 元，利息调整借方余额 110 000 元，已计提持有至到期投资减值准备 30 000 元。

借：银行存款	9 350 000
持有至到期投资减值准备	30 000
贷：持有至到期投资——投资成本	8 730 000
持有至到期投资——应计利息	530 000
持有至到期投资——利息调整	110 000
投资收益	10 000

🔑 **关键词**　银行存款　持有至到期投资　投资收益　收回持有至到期投资

1522　持有至到期投资减值准备
hold investment due reduction reserve

一、本科目核算企业持有至到期投资发生减值时计提的减值准备。

二、本科目应当按照持有至到期投资类别和品种进行明细核算。

三、资产负债表日，企业根据《企业会计准则第 22 号——金融工具确认和计量》规定，确定持有至到期投资发生减值的，按应减记的金额，借记"资产减值损失"科目，贷记本科目。

已计提减值准备的持有至到期投资价值以后又得以恢复，应在原已计提的减值准备金额内，按恢复增加的金额，借记本科目，贷记"资产减值损失"科目。

四、本科目期末贷方余额，反映企业已计提但尚未转销的持有至到期投资减值准备。

【例 1】　资产负债表日，企业根据《企业会计准则第 22 号——金融工具确认和计量》规定，确定持有至到期投资发生减值 30 000 元。

借：资产减值损失	30 000
贷：持有至到期投资减值准备	30 000

🔑 **关键词** 资产减值损失　持有至到期投资减值准备　持有至到期投资发生减值

【例2】 资产负债表日,企业根据《企业会计准则第22号——金融工具确认和计量》规定,确定持有至到期投资发生减值30 000元已经恢复。

  借:持有至到期投资减值准备　　　　　　　　　　　30 000
    贷:资产减值损失　　　　　　　　　　　　　　　　30 000

🔑 **关键词** 持有至到期投资减值准备　资产减值损失　持有至到期投资发生减值后又恢复

【例3】 收回持有至到期投资一次性还本付息债券投资9 350 000元,投资成本8 730 000元,应计利息530 000元,利息调整借方余额110 000元,已计提持有至到期投资提减值准备30 000元。

  借:银行存款　　　　　　　　　　　　　　　　　9 350 000
    持有至到期投资减值准备　　　　　　　　　　30 000
    贷:持有至到期投资——投资成本　　　　　　　8 730 000
      持有至到期投资——应计利息　　　　　　　530 000
      持有至到期投资——利息调整　　　　　　　110 000
      投资收益　　　　　　　　　　　　　　　　10 000

🔑 **关键词** 银行存款　持有至到期投资减值准备　投资收益　收回持有至到期投资

1523 可供出售金融资产
financial assets available for sale

一、本科目核算企业持有的可供出售金融资产的价值,包括划分为可供出售的股票投资、债券投资等金融资产。

企业(证券、银行)接受委托采用全额承销方式承销的股票和债券等有价证券属于可供出售金融资产的,在本科目核算。

可供出售金融资产发生减值的,应在本科目设置"减值准备"明细科目进行核算,也可以单独设置"可供出售金融资产减值准备"科目进行核算。

二、本科目应当按照可供出售金融资产类别或品种进行明细核算。

三、可供出售金融资产的主要账务处理。

(一)企业取得可供出售金融资产时,应按可供出售金融资产的公允价值与交易费用之和,借记本科目(成本),贷记"银行存款""存放中央银行款项""结算备付金""应交税费"等科目。

（二）在持有可供出售金融资产期间收到被投资单位宣告发放的债券利息或现金股利，借记"银行存款"科目，贷记本科目（公允价值变动）。

对于收到的属于取得可供出售金融资产支付价款中包含的已宣告发放的债券利息或现金股利，借记"银行存款"科目，贷记本科目（成本）。

（三）资产负债表日，可供出售金融资产的公允价值高于其账面余额的差额，借记本科目，贷记"其他综合收益"科目；公允价值低于其账面余额的差额，做相反的会计分录。

根据《企业会计准则第22号——金融工具确认和计量》规定，确定的可供出售金融资产发生减值的，按应减记的金额，借记"资产减值损失"科目，贷记本科目（减值准备）。同时，按应从所有者权益中转出的累计损失，借记"资产减值损失"科目，贷记"其他综合收益"科目。

已确认减值损失的可供出售债务工具在随后的会计期间公允价值上升的，应在原已计提的减值准备金额内，按恢复增加的金额，借记本科目，贷记"资产减值损失"科目。已确认减值损失的可供出售权益工具在随后的会计期间公允价值上升的，应在原已计提的减值准备金额内，按恢复增加的金额，借记本科目，贷记"其他综合收益"科目。

（四）企业根据《企业会计准则第22号——金融工具确认和计量》规定，将持有至到期投资重分类为可供出售金融资产的，应在重分类日按该项持有至到期投资的公允价值，借记本科目，已计提减值准备的，借记"持有至到期投资减值准备"科目，按其账面余额，贷记"持有至到期投资——投资成本（或利息调整、应计利息）"科目，按其差额，贷记或借记"其他综合收益"科目。

根据《企业会计准则第22号——金融工具确认和计量》规定，将可供出售金融资产重分类为采用成本或摊余成本计量的金融资产，应在重分类日按可供出售金融资产的公允价值，借记"持有至到期投资"等科目，贷记本科目。

（五）出售可供出售金融资产时，应按实际收到的金额，借记"银行存款""存放中央银行款项"等科目，按可供出售金融资产的账面余额，贷记本科目，按其差额，贷记或借记"投资收益"科目。按原记入"其他综合收益"科目的金额，借记或贷记"其他综合收益"科目，贷记或借记"投资收益"科目。

四、本科目期末借方余额，反映企业可供出售金融资产的公允价值。

【例1】 企业取得3年期债券成本9 000 000元，交易费用120 000元，作为可供出售金融资产。

借：可供出售金融资产——成本　　　　　　　　9 120 000
　　贷：银行存款　　　　　　　　　　　　　　　　9 120 000

关键词 可供出售金融资产　银行存款　取得可供出售金融资产

【例2】 收到取得可供出售金融资产支付的价款中包含的已宣告发放债券利息270 000元。

借：银行存款　　　　　　　　　　　　　　　　270 000
　　贷：可供出售金融资产——成本　　　　　　　　　270 000

关键词 可供出售金融资产　银行存款　收到可供出售金融资产买价中包含的债券利息

【例3】 资产负债表日，可供出售金融资产的公允价值高于其账面余额的差额10 000元。

借：可供出售金融资产——公允价值变动　　　　　10 000
　　贷：其他综合收益　　　　　　　　　　　　　　10 000

关键词 可供出售金融资产　其他综合收益　可供出售金融资产的公允价值高于其账面余额

【例4】 资产负债表日，可供出售金融资产的公允价值低于其账面余额的差额10 000元。

借：其他综合收益　　　　　　　　　　　　　　　10 000
　　贷：可供出售金融资产——公允价值变动　　　　　10 000

关键词 其他综合收益　可供出售金融资产　可供出售金融资产的公允价值低于其账面余额

【例5】 资产负债表日，根据《企业会计准则第22号——金融工具确认和计量》规定，确定的可供出售金融资产发生减值30 000元。

借：资产减值损失　　　　　　　　　　　　　　　30 000
　　贷：可供出售金融资产——减值准备　　　　　　　30 000

同时，按从所有者权益转出的累计损失：

借：其他综合收益　　　　　　　　　　　　　　　30 000
　　贷：资产减值损失　　　　　　　　　　　　　　30 000

关键词 资产减值损失　可供出售金融资产　可供出售金融资产发生减值

【例6】 已确认减值损失的可供出售债务工具在随后的会计期间公允价值上升30 000元，已计提减值准备30 000元，冲回已计提减值损失。

借：可供出售金融资产——减值准备　　　　　　　30 000
　　贷：资产减值损失　　　　　　　　　　　　　　30 000

🌀 **关键词** 可供出售金融资产　资产减值损失　可供出售债务工具在随后的会计期间公允价值上升　冲回已计提减值损失

【例7】 已确认减值损失的可供出售权益工具在随后的会计期间公允价值上升30 000元,原已计提的减值准备30 000元,转回其他综合收益。

借:资产减值损失　　　　　　　　　　　　　　30 000
　　贷:其他综合收益　　　　　　　　　　　　　　30 000

🌀 **关键词** 资产减值损失　可供出售金融资产　其他综合收益　可供出售权益工具在随后的会计期间公允价值上升　转回其他综合收益

【例8】 企业根据《企业会计准则第22号——金融工具确认和计量》的规定,将可供出售金融资产重分类为可供出售金融资产,在重分类日交易性金融资产的公允价值9 200 000元,明细科目成本9 000 000元,公允价值变动借方200 000元。

借:可供出售金融资产　　　　　　　　　　　　9 200 000
　　贷:交易性金融资产——成本　　　　　　　　9 000 000
　　　　交易性金融资产——公允价值变动　　　　　200 000

🌀 **关键词** 可供出售金融资产　交易性金融资产　交易性金融资产重分类为可供出售金融资产

【例9】 企业根据《企业会计准则第22号——金融工具确认和计量》的规定,将持有至到期投资重分类为可供出售金融资产,在重分类日按该项持有至到期投资的公允价值9 350 000元,未计提减值准备。投资成本8 730 000元,应计利息530 000元,利息调整借方110 000元。

借:可供出售金融资产——成本　　　　　　　　9 350 000
　　其他综合收益　　　　　　　　　　　　　　20 000
　　贷:持有至到期投资——投资成本　　　　　　8 730 000
　　　　持有至到期投资——公允价值变动　　　　530 000
　　　　持有至到期投资——利息调整　　　　　　110 000

🌀 **关键词** 可供出售金融资产　其他综合收益　持有至到期投资　持有至到期投资重分类为可供出售金融资产

【例10】 企业根据《企业会计准则第22号——金融工具确认和计量》的规定,将可供出售金融资产重分类为交易性金融资产,公允价值为9 230 000元,可供出售金融资产明细科目成本8 730 000元,公允价值变动500 000元。

借：交易性金融资产　　　　　　　　　　　　　　　　9 230 000
　　贷：可供出售金融资产——成本　　　　　　　　　　8 730 000
　　　　可供出售金融资产——公允价值变动　　　　　　 500 000

同时，按照记入"其他综合收益"科目的金额，做如下或者相反的分录，本题假定原记入其他综合收益贷方 500 000 元。

借：其他综合收益　　　　　　　　　　　　　　　　　 500 000
　　贷：投资收益　　　　　　　　　　　　　　　　　　 500 000

◎ **关键词**　交易性金融资产　可供出售金融资产　可供出售金融资产重分类为交易性金融资产　结转其他综合收益

【例11】　企业根据《企业会计准则第22号——金融工具确认和计量》规定，将可供出售金融资产重分类为持有至到期投资，在重分类日可供出售金融资产的公允价值 9 200 000 元。

借：持有至到期投资　　　　　　　　　　　　　　　　9 200 000
　　贷：可供出售金融资产　　　　　　　　　　　　　　9 200 000

◎ **关键词**　持有至到期投资　可供出售金融资产　可供出售金融资产重分类为持有至到期投资

＊转换日需将可供出售金融资产账面价值调整为公允价值。高于或者低于账面价值的差额，贷记或借记"其他综合收益"科目。

【例12】　出售可供出售金融资产收到银行存款 9 350 000 元，明细科目成本 8 730 000 元，公允价值变动借方 500 000 元，减值准备 30 000 元。

借：银行存款　　　　　　　　　　　　　　　　　　　9 350 000
　　可供出售金融资产——减值准备　　　　　　　　　　 30 000
　　贷：可供出售金融资产——成本　　　　　　　　　　8 730 000
　　　　可供出售金融资产——公允价值变动　　　　　　 500 000
　　　　投资收益　　　　　　　　　　　　　　　　　　 150 000

同时，按照记入"其他综合收益"科目的金额，做如下或者相反的会计分录，本题假定原记入"其他综合收益"科目贷方 470 000 元。

借：其他综合收益　　　　　　　　　　　　　　　　　 470 000
　　贷：投资收益　　　　　　　　　　　　　　　　　　 470 000

◎ **关键词**　银行存款　可供出售金融资产　投资收益　处置可供出售金融资产　投资盈利

【例13】　出售可供出售金融资产收到银行存款 8 150 000 元，明细科目成本 8 730 000 元，公允价值变动贷方 500 000 元，减值准备 30 000 元。

| 借：银行存款 | 8 150 000 |
| | |

借：银行存款　　　　　　　　　　　　　　　　　　　　8 150 000
　　可供出售金融资产——减值准备　　　　　　　　　　　30 000
　　可供出售金融资产——公允价值变动　　　　　　　　　500 000
　　投资收益　　　　　　　　　　　　　　　　　　　　 50 000
　贷：可供出售金融资产——成本　　　　　　　　　　　 8 730 000

同时，按照记入"其他综合收益"科目的金额，做如下或者相反的会计分录，本题假定原记入"其他综合收益"科目借方530 000元。

借：投资收益　　　　　　　　　　　　　　　　　　　　530 000
　贷：其他综合收益　　　　　　　　　　　　　　　　　 530 000

关键词　银行存款　可供出售金融资产　投资收益　处置可供出售金融资产　投资亏损

1524 长期股权投资
long-term equity investments

一、本科目核算企业持有的采用成本法和权益法核算的长期股权投资。

二、本科目应当按照被投资单位进行明细核算。

长期股权投资核算采用权益法的，应当分别"投资成本""损益调整""所有者权益其他变动"进行明细核算。

三、长期股权投资的主要账务处理。

（一）企业合并形成的长期股权投资同一控制下企业合并形成的长期股权投资，应在合并日按取得被合并方所有者权益账面价值的份额，借记本科目（投资成本），按支付的合并对价的账面价值，贷记或借记有关资产、负债科目，按其差额，贷记"资本公积"科目；如为借方差额，借记"资本公积——资本溢价或股本溢价"科目，资本公积（资本溢价或股本溢价）不足冲减的，应依次借记"盈余公积""利润分配——未分配利润"科目。

非同一控制下企业合并形成的长期股权投资，应在购买日按根据《企业会计准则第20号——企业合并》确定的合并成本，借记本科目，按支付合并对价的账面价值，贷记或借记有关资产、负债科目，按发生的直接相关费用，贷记"银行存款"等科目，按其差额，贷记"营业外收入"或借记"营业外支出"等科目。

（二）以支付现金、非现金资产等其他方式取得的长期股权投资，应按根《企业会计准则第2号——长期股权投资》确定的初始投资成本，借记本科目，贷记"银行存款"等科目。

（三）采用成本法核算的长期股权投资的处理。

长期股权投资采用成本法核算的,应按被投资单位宣告发放的现金股利或利润中属于本企业的部分,借记"应收股利"科目,贷记"投资收益"科目;属于被投资单位在取得投资前实现净利润的分配额,应作为投资成本的收回,贷记本科目。

(四)采用权益法核算的长期股权投资的处理。

企业的长期股权投资采用权益法核算的,应当分别下列情况进行处理:

1. 长期股权投资的初始投资成本大于投资时,应享有被投资单位可辨认净资产公允价值份额的,不调整已确认的初始投资成本;长期股权投资的初始投资成本小于投资时应享有被投资单位可辨认净资产公允价值份额的,应按其差额,借记本科目(投资成本),贷记"营业外收入"科目。

2. 资产负债表日,企业应按根据被投资单位实现的净利润或经调整的净利润计算应享有的份额,借记本科目(损益调整),贷记"投资收益"科目。被投资单位发生亏损、分担亏损份额超过长期股权投资而冲减长期权益账面价值的,借记"投资收益"科目,贷记本科目(损益调整)科目。

被投资单位以后宣告发放现金股利或利润时,企业计算应分得的部分,借记"应收股利"科目,贷记本科目(损益调整)。

收到被投资单位发放的股票股利,不进行账务处理,但应在备查簿中登记。

3. 发生亏损的被投资单位以后实现净利润的,企业计算应享有的份额,如有未确认投资损失的,应先弥补未确认的投资损失,弥补损失后仍有余额的,借记本科目(损益调整),贷记"投资收益"科目。

4. 在持股比例不变的情况下,被投资单位除净损益以外所有者权益的其他变动,企业按持股比例计算应享有的份额,借记本科目(所有者权益其他变动),贷记"资本公积——其他资本公积"科目。

(五)长期股权投资核算方法转换的处理。

企业根据《企业会计准则第2号——长期股权投资》规定,将长期股权投资自成本法转按权益法核算的,应按转换时该项长期股权投资的账面价值作为权益法核算的初始投资成本,初始投资成本小于占被投资单位可辨认净资产公允价值份额的差额,借记本科目(投资成本),贷记"营业外收入"科目。

长期股权投资自权益法转按成本法核算的,除构成企业合并的以外,应按中止采用权益法时投资的账面价值作为成本法核算的初始投资成本。

(六)处置长期股权投资的处理。

出售长期股权投资时,应按实际收到的金额,借记"银行存款"等科目,原已计提减值准备的,借记"长期股权投资减值准备"科目,按其账面余额,贷记本科目,按尚未领取的现金股利或利润,贷记"应收股利"科目,按其差额,贷记或借记"投资收益"科目。

出售采用权益法核算的长期股权投资时,还应按处置长期股权投资的投资成本比例结转原记入"资本公积——其他资本公积"科目的金额,借记或贷记"资本公积——其他资本公积"科目,贷记或借记"投资收益"科目。

四、本科目期末借方余额,反映企业长期股权投资的价值。

【例1】 成本法下,企业购入某公司股权,购买成本1 000 000元,支付相关税费7 000元,买价中含已宣告现金股利20 000元*。

　　借:长期股权投资——××公司　　　　　　　　1 007 000
　　　贷:银行存款　　　　　　　　　　　　　　　　1 007 000

🔑关键词　长期股权投资　银行存款　成本法下取得长期股权投资

* 本例按照2014年修订的新准则规定方法核算。旧的准则指南将买价中包含的未分配股利按照金额借记"应收股利"科目,贷记"银行存款"科目,待收回时,借记"银行存款"科目,贷记"应收股利"科目。

【例2】 成本法下,企业用自制库存商品对外投资,自制库存商品对外售价800 000元,库存商品入库成本700 000元,外销应缴纳增值税额128 000元。

　　借:长期股权投资——××公司　　　　　　　　828 000
　　　贷:库存商品　　　　　　　　　　　　　　　　700 000
　　　　应交税费——应交增值税(销项税额)　　　　128 000

🔑关键词　长期股权投资　库存商品　应交税费　成本法下用库存商品对外投资

【例3】 成本法下,企业收到购入股权时被投资某公司分配的已包含在买价中的股利20 000元。

　　借:银行存款　　　　　　　　　　　　　　　　20 000
　　　贷:长期股权投资——××公司　　　　　　　　20 000

🔑关键词　银行存款　长期股权投资　收到买价中已包含股利　成本法下冲减长期股权投资成本

【例4】 成本法下,企业出售对外长期股权投资股份,投资成本987 000元,售价1 100 000元。

　　借:银行存款　　　　　　　　　　　　　　　　1 100 000
　　　贷:长期股权投资——××公司　　　　　　　　987 000
　　　　投资收益　　　　　　　　　　　　　　　　113 000

关键词 银行存款 长期股权投资 投资收益 成本法下出售长期股权投资

【例5】 权益法下，企业购入联营单位股权，支付买价1 000 000元，相关税费20 000元，享有被投资单位可辨认资产公允价值980 000元。

借：长期股权投资——投资成本　　　　　　　　　1 020 000
　　贷：银行存款　　　　　　　　　　　　　　　　　1 020 000

关键词 长期股权投资 银行存款 取得长期股权投资 初始投资成本大于投资时应享有被投资单位可辨认净资产公允价值份额

【例6】 权益法下，企业购入合营单位股权，支付买价1 000 000元，享有被投资单位可辨认资产公允价值1 200 000元。

借：长期股权投资——投资成本　　　　　　　　　1 200 000
　　贷：银行存款　　　　　　　　　　　　　　　　　1 000 000
　　　　营业外收入　　　　　　　　　　　　　　　　　200 000

关键词 长期股权投资 银行存款 营业外收入 取得长期股权投资初始投资成本小于投资时应享有被投资单位可辨认净资产公允价值份额

【例7】 权益法下，企业通过增发股票1 000万股购入同一控制下的子公司20%股权，企业发行股票公允价值188 000 000元，支付发行机构手续费8 000 000元。

借：长期股权投资——投资成本　　　　　　　　 188 000 000
　　贷：股本　　　　　　　　　　　　　　　　　　 10 000 000
　　　　资本公积　　　　　　　　　　　　　　　　170 000 000
　　　　银行存款　　　　　　　　　　　　　　　　　8 000 000

关键词 长期股权投资 股本 资本公积 银行存款 通过发行股票取得其他公司股权

【例8】 权益法下，被投资单位实现净利润1 000 000元，根据被投资单位实现的净利润计算应享有的份额为330 000元。

借：长期股权投资——损益调整　　　　　　　　　　　330 000
　　贷：投资收益　　　　　　　　　　　　　　　　　　330 000

关键词 长期股权投资 投资收益 期末确认投资收益

【例9】 权益法下，被投资单位亏损1 000 000元，根据被投资单位实现的净利润计算应分担份额为330 000元。

借：投资收益　　　　　　　　　　　　　　　　　　　330 000
　　贷：长期股权投资——损益调整　　　　　　　　　　330 000

🔑 **关键词** 长期股权投资 投资收益 确认投资亏损

【例10】 权益法下,被投资单位宣布分派现金股利,根据被投资单位实现的净利润计算应享有的份额为 165 000 元。

借:应收股利　　　　　　　　　　　　　　　　　165 000
　　贷:长期股权投资——损益调整　　　　　　　　　　165 000

🔑 **关键词** 应收股利 长期股权投资 被投资单位宣布分派现金股利

【例11】 权益法下,被投资单位发生亏损后又实现净利润,按企业计算应享有的份额,弥补未确认的投资损失后有余额 150 000 元。

借:长期股权投资——损益调整　　　　　　　　　　150 000
　　贷:投资收益　　　　　　　　　　　　　　　　　150 000

🔑 **关键词** 长期股权投资 投资收益 发生亏损的被投资单位后又实现净利润 弥补未确认的投资损失后确认投资收益

【例12】 权益法下,在持股比例不变的情况下,被投资单位发生净损益以外所有者权益的其他变动增加,企业按持股比例计算应享有的份额为 200 000 元。

借:长期股权投资——所有者权益其他变动　　　　　　200 000
　　贷:其他综合收益　　　　　　　　　　　　　　　200 000

🔑 **关键词** 长期股权投资 其他综合收益 被投资单位发生净损益以外所有者权益的其他变动增加

【例13】 权益法下,在持股比例不变的情况下,被投资单位发生净损益以外所有者权益的其他变动减少,企业按持股比例计算应分担的份额为 200 000 元。

借:其他综合收益　　　　　　　　　　　　　　　　200 000
　　贷:长期股权投资——所有者权益其他变动　　　　　200 000

🔑 **关键词** 其他综合收益 长期股权投资 被投资单位发生净损益以外所有者权益的其他变动减少

【例14】 企业根据《企业会计准则第2号——长期股权投资》,将长期股权投资自成本法转按权益法核算,转换时该项长期股权投资的账面价值 987 000 元,被投资单位可辨认净资产公允价值份额 1 000 000 元。

借:长期股权投资——投资成本　　　　　　　　　　1 000 000
　　贷:长期股权投资——××公司　　　　　　　　　　987 000
　　　　营业外收入　　　　　　　　　　　　　　　　 13 000

🔑 **关键词** 长期股权投资 营业外收入 长期股权投资成本法转权益法

【例15】 企业根据《企业会计准则第2号——长期股权投资》,将长期股权投资自权益法转按成本法核算,转换时该项长期股权投资的各项明细科目余额如下,投资成本 5 000 000 元,损益调整借方 600 000 元。

  借：长期股权投资——××公司   5 600 000
   贷：长期股权投资——投资成本   5 000 000
     长期股权投资——损益调整   600 000

🌀 **关键词**　长期股权投资　长期股权投资权益法转成本法

【**例 16**】　权益法下,出售对外长期股权投资,投资成本 5 000 000 元,损益调整借方 600 000 元,售价 5 900 000 元。

  借：银行存款   5 900 000
   贷：长期股权投资——投资成本   5 000 000
     长期股权投资——损益调整   600 000
     投资收益   300 000

🌀 **关键词**　银行存款　长期股权投资　投资收益　出售长期股权投资获得收益

【**例 17**】　权益法下,出售对外长期股权投资,投资成本 5 000 000 元,损益调整借方 600 000 元,售价 5 400 000 元,已计提减值准备 100 000 元。

  借：银行存款   5 400 000
    长期股权投资减值准备   100 000
    投资收益   100 000
   贷：长期股权投资——投资成本   5 000 000
     长期股权投资——损益调整   600 000

🌀 **关键词**　银行存款　长期股权投资减值准备　投资收益　长期股权投资　出售长期股权投资亏损

【**例 18**】　权益法下,出售对外长期股权投资,投资成本 5 000 000 元,损益调整借方 600 000 元,售价 5 400 000 元,已计提减值准备 100 000 元。该长期股权投资包含已宣告未发放的股利 150 000 元。

  借：银行存款   5 900 000
    长期股权投资减值准备   100 000
   贷：长期股权投资——投资成本   5 000 000
     长期股权投资——损益调整   600 000
     应收股利   150 000
     投资收益   250 000

关键词 银行存款　长期股权投资减值准备　长期股权投资　应收股利　投资收益　出售长期股权投资收益

【例19】 权益法下，出售对外长期股权投资，投资成本 5 000 000 元，损益调整借方 600 000 元，所有者权益其他变动借方 200 000 元，售价 5 900 000 元。

借：银行存款　　　　　　　　　　　　　　　　　5 900 000
　　贷：长期股权投资——投资成本　　　　　　　　5 000 000
　　　　长期股权投资——损益调整　　　　　　　　　600 000
　　　　长期股权投资——所有者权益其他变动　　　　200 000
　　　　投资收益　　　　　　　　　　　　　　　　　100 000

关键词 银行存款　长期股权投资　投资收益　出售长期股权投资　结转所有者权益其他变动

同时，把原转入"其他综合收益"科目贷方的所有者权益其他变动额 200 000 元，转回"投资收益"科目，借方做相反的会计分录。

借：其他综合收益　　　　　　　　　　　　　　　　200 000
　　贷：投资收益　　　　　　　　　　　　　　　　　200 000

1525 长期股权投资减值准备
long-term stock ownership investment reduction reserve

一、本科目核算企业长期股权投资发生减值时计提的减值准备。

二、本科目应当按照被投资单位进行明细核算。

三、资产负债表日，企业根据《企业会计准则第 8 号——资产减值》或《企业会计准则第 22 号——金融工具确认和计量》确定的长期股权投资发生减值的，按应减记的金额，借记"资产减值损失"科目，贷记本科目。

处置长期股权投资时，应同时结转已计提的长期股权投资减值准备。

四、本科目期末贷方余额，反映企业已计提但尚未转销的长期股权投资减值准备。

【例1】 资产负债表日，企业根据相关金融工具确认和计量准则确定长期股权投资发生减值 10 000 元。

借：资产减值损失　　　　　　　　　　　　　　　　　10 000
　　贷：长期股权投资减值准备　　　　　　　　　　　　10 000

关键词 资产减值损失　长期股权投资减值准备　长期股权投资发生减值

【例2】 权益法下，出售对外长期股权投资，投资成本5 000 000元，损益调整借方600 000元，售价5 900 000元，已计提减值准备100 000元。该长期股权投资包含已宣告未发放的股利150 000元。

借：银行存款　　　　　　　　　　　　　5 900 000
　　长期股权投资减值准备　　　　　　　　 100 000
　贷：长期股权投资——投资成本　　　　　 5 000 000
　　　长期股权投资——损益调整　　　　　　 600 000
　　　应收股利　　　　　　　　　　　　　　 150 000
　　　投资收益　　　　　　　　　　　　　　 250 000

◎关键词　银行存款　长期股权投资减值准备　长期股权投资　投资收益　应收股利　出售长期股权投资

1526 投资性房地产
investment property

一、本科目核算投资性房地产的价值，包括采用成本模式计量的投资性房地产和采用公允价值模式计量的投资性房地产。

二、企业应当按照投资性房地产类别和项目并分别"成本"和"公允价值变动"进行明细核算。

三、投资性房地产的主要账务处理。

（一）采用成本模式计量的投资性房地产比照固定资产或无形资产进行核算。

（二）采用公允价值模式计量的投资性房地产的主要账务处理。

1. 企业外购、自行建造等取得的投资性房地产，应按《企业会计准则第3号——投资性房地产》确定的成本，借记本科目（成本），贷记"银行存款""在建工程"等科目。

2. 将作为存货的房地产转换为采用公允价值模式计量的投资性房地产，应按该项房地产在转换日的公允价值，借记本科目（成本），原已计提跌价准备的，借记"存货跌价准备"科目，按其账面余额，贷记"库存商品"科目，按其差额，贷记"资本公积——其他资本公积"科目或借记"营业外支出"科目。

将自用土地使用权或建筑物转换为采用公允价值模式计量的投资性房地产，应按该项土地使用权或建筑物在转换日的公允价值，借记本科目（成本），按已计提的累计摊销或累计折旧，借记"累计摊销""累计折旧"科目，原已计提减值准备的，借记"无形资产减值准备""固定资产减值准备"科目，按其账面余额,贷记"无形资产""固定资产"科目,按其差额,贷记"资本公积——其他资本公积"科目或借记"公允价值变动损益"科目。

3. 投资性房地产进行改良或装修时,应按该项投资性房地产的账面余额,借记"在建工程"科目,按该项投资性房地产的成本,贷记本科目(成本),按该项投资性房地产的公允价值变动,贷记或借记本科目(公允价值变动)。

4. 资产负债表日,投资性房地产的公允价值高于其账面余额的差额,借记本科目(公允价值变动),贷记"公允价值变动损益"科目;公允价值低于其账面余额的差额,做相反的会计分录。

5. 将采用公允价值模式计量的投资性房地产转为自用时,应按该项投资性房地产在转换日的公允价值,借记"固定资产""无形资产"科目,按该项投资性房地产的成本,贷记本科目(成本),按该项投资性房地产的公允价值变动,贷记或借记本科目(公允价值变动),按其差额,贷记或借记"公允价值变动损益"科目。

6. 出售投资性房地产时,应按实际收到的金额,借记"银行存款"等科目,按该项投资性房地产的成本,贷记本科目(成本),按该项投资性房地产的公允价值变动,贷记或借记本科目(公允价值变动),按其差额,贷记或借记"投资收益"科目。同时,按该项投资性房地产的公允价值变动,借记或贷记"公允价值变动损益"科目,贷记或借记"投资收益"科目。

四、本科目期末借方余额,反映企业投资性房地产的价值。

【例1】 企业购入一栋楼房作为投资性房地产,总计支付买价80 000 000元,增值税额4 000 000元,缴纳契税2 400 000元,采用成本价值模式计量,不考虑其他相关税费。

借:投资性房地产　　　　　　　　　　　　　　82 400 000
　　应交税费——应交增值税(进项税额)　　　　4 000 000
　　贷:银行存款　　　　　　　　　　　　　　86 400 000

关键词　投资性房地产　银行存款　购入投资性房地产(成本模式)

【例2】 企业对外发包(或者自建)一栋厂房完工作为投资性房地产,累计支付工程款8 000 000元,采用成本模式计量,不考虑其他相关税费。

借:投资性房地产　　　　　　　　　　　　　　8 000 000
　　贷:在建工程　　　　　　　　　　　　　　8 000 000

关键词　投资性房地产　在建工程　对外发包(或者自建)投资性房地产(成本模式)

【例3】 企业从政府受让土地使用权作为投资性房地产,总计支付买价和契税等费用 8 000 000 元,采用成本价值模式计量,不考虑其他相关税费。

  借:投资性房地产——土地使用权   8 000 000
   贷:银行存款   8 000 000

🌀 **关键词** 投资性房地产 银行存款 购入土地使用权(成本模式)

【例4】 成本模式计量下,出售写字楼结转成本 8 000 000 元,已计提房地产累计折旧 1 000 000 元。

  借:其他业务成本   7 000 000
   投资性房地产累计折旧   1 000 000
   贷:投资性房地产——写字楼   8 000 000

🌀 **关键词** 其他业务成本 投资性房地产 累计折旧 结转处置成本(成本模式)

【例5】 企业购入一栋楼房作为投资性房地产,总计支付买价 80 000 000 元,增值税额 4 000 000 元,缴纳契税 2 400 000 元,采用公允价值模式计量,不考虑其他相关税费。

  借:投资性房地产   82 400 000
    应交税费——应交增值税(进项税额) 4 000 000
   贷:银行存款   86 400 000

🌀 **关键词** 投资性房地产 银行存款 购入投资性房地产(公允模式,下同)

【例6】 企业对外发包(或者自建)一栋厂房完工作为投资性房地产,累计支付工程款 8 000 000 元,采用公允价值模式计量,不考虑其他相关税费。

  借:投资性房地产——成本   8 000 000
   贷:在建工程   8 000 000

🌀 **关键词** 投资性房地产 在建工程 对外发包(或者自建)投资性房地产

【例7】 将作为存货的房地产转换为采用公允价值模式计量的投资性房地产,该项房地产在转换日的公允价值 56 000 000 元,该房地产账面价值 55 000 000 元。

  借:投资性房地产——成本   56 000 000
   贷:开发产品(库存商品)   55 000 000
    其他综合收益   1 000 000

🌀 **关键词** 投资性房地产 开发产品(库存商品) 其他综合收益 作为存货的房地产转换为投资性房地产 公允价值大于账面价值

【例8】 将作为存货的房地产转换为采用公允价值模式计量的投资性房

地产,该项房地产在转换日的公允价值56 000 000元,已计提跌价准备1 000 000元,原账面价值57 800 000元。

  借：投资性房地产——成本   56 000 000
    存货跌价准备   1 000 000
    公允价值变动损益   800 000
   贷：开发产品(库存商品)   57 800 000

◎ **关键词** 投资性房地产　开发产品(库存商品)　存货跌价准备　公允价值变动损益　作为存货房地产转换为投资性房地产　公允价值小于账面价值

【例9】 将自用土地使用权换为采用公允价值模式计量的投资性房地产,该项土地使用权在转换日的公允价值48 000 000元,其账面余额50 000 000元,已计提的累计摊销1 000 000元,原已计提减值准备500 000元。

  借：投资性房地产——成本   48 000 000
    累计摊销   1 000 000
    无形资产减值准备   500 000
    公允价值变动损益   500 000
   贷：无形资产   50 000 000

◎ **关键词** 投资性房地产　累计摊销　无形资产减值准备　公允价值变动损益　无形资产　自用土地使用权转为投资性房地产

【例10】 将自用建筑物转换为采用公允价值模式计量的投资性房地产,该项建筑在转换日的公允价值48 000 000元,其账面余额50 000 000元,已计提的累计折旧3 000 000元。

  借：投资性房地产——成本   48 000 000
    累计折旧   3 000 000
   贷：固定资产   50 000 000
    其他综合收益   1 000 000

◎ **关键词** 投资性房地产　累计折旧　固定资产　其他综合收益　自用建筑物转换为投资性房地产

【例11】 对投资性房地产进行改良或装修。该项投资性房地产的账面余额5 000 000元,明细科目为投资性房地产的成本,贷记本科目(成本)4 800 000元,公允价值变动200 000元。

  借：在建工程   5 000 000
   贷：投资性房地产——成本   4 800 000
     投资性房地产——公允价值变动   200 000

🌀 **关键词** 在建工程 投资性房地产 对投资性房地产进行改良装修

【例12】 资产负债表日,投资性房地产的公允价值高于其账面余额1 000 000元。

借:投资性房地产——公允价值变动　　　　　　　　1 000 000
　　贷:公允价值变动损益　　　　　　　　　　　　　　　1 000 000

🌀 **关键词** 投资性房地产 公允价值变动损益 投资性房地产公允价值上升

【例13】 资产负债表日,投资性房地产的公允价值低于其账面余额1 000 000元。

借:公允价值变动损益　　　　　　　　　　　　　　　1 000 000
　　贷:投资性房地产——公允价值变动　　　　　　　　1 000 000

🌀 **关键词** 公允价值变动损益 投资性房地产 投资性房地产公允价值降低

【例14】 将采用公允价值模式计量的投资性房地产转为自用。该项投资性房地产/土地使用权在转换日的公允价值5 100 000元,明细科目投资性房地产的成本4 800 000元,公允价值变动借方200 000元。

借:固定资产等　　　　　　　　　　　　　　　　　　5 100 000
　　贷:投资性房地产——成本　　　　　　　　　　　　4 800 000
　　　　投资性房地产——公允价值变动　　　　　　　　　200 000
　　　　公允价值变动损益　　　　　　　　　　　　　　　100 000

🌀 **关键词** 固定资产/无形资产 投资性房地产 公允价值变动损益 将采用公允价值模式计量的投资性房地产转为自用

【例15】 将采用公允价值模式计量的投资性房地产土地使用权转为自用。该项土地使用权在转换日的公允价值4 900 000元,明细科目投资性房地产的成本4 800 000元,公允价值变动借方200 000元。

借:无形资产　　　　　　　　　　　　　　　　　　　4 900 000
　　公允价值变动损益　　　　　　　　　　　　　　　　　100 000
　　贷:投资性房地产——成本　　　　　　　　　　　　4 800 000
　　　　投资性房地产——公允价值变动　　　　　　　　　200 000

🌀 **关键词** 无形资产 公允价值变动损益 投资性房地产 将采用公允价值模式计量的土地使用权转为自用

【例16】 企业出售采用公允价值模式计量的投资性房地产。该项投资性房地产售价 5 100 000 元,假定增值税税率为 5%,明细科目投资性房地产的成本 4 800 000 元,公允价值变动借方 200 000 元,不考虑其他相关税费。

  借:银行存款   5 355 000
    贷:投资性房地产——成本   4 800 000
      投资性房地产——公允价值变动   200 000
      投资收益   100 000
      应交税费——应交增值税(销项税额)   255 000

同时,将以前该项投资性房地产的公允价值变动,借记或贷记"公允价值变动损益"科目,贷记或借记"投资收益"科目。

  借:公允价值变动损益   200 000
    贷:投资收益   200 000

◎ **关键词** 银行存款 投资性房地产 投资收益 出售投资性房地产获利

* 各类教材中常将公允价值计量模式出售投资性房地产收入记入"其他业务收入"科目,另行结转成本。本书根据准则指南将其记入"投资收益"科目,下同。

【例17】 企业出售采用公允价值模式计量的投资性房地产。该项投资性房地产售价 4 500 000 元,假定增值税税率 10%,明细科目投资性房地产的成本 4 800 000 元,公允价值变动贷方 200 000 元。

  借:银行存款   4 950 000
    投资性房地产——公允价值变动   200 000
    投资收益   100 000
    贷:投资性房地产——成本   4 800 000
      应交税费——应交增值税(销项税额)   450 000

同时,将以前该项投资性房地产的公允价值变动,借记或贷记"公允价值变动损益"科目,贷记或借记"投资收益"科目。

  借:投资收益   200 000
    贷:公允价值变动损益   200 000

◎ **关键词** 银行存款 投资性房地产 投资收益 出售投资性房地产亏损

1531 长期应收款
long-term account receivable

  一、本科目核算企业融资租赁产生的应收款项和采用递延方式分期收款、实质上具有融资性质的销售商品和提供劳务等经营活动产生的应收款项。

二、本科目应当按照承租人或购货单位(接受劳务单位)等进行明细核算。

三、长期应收款的主要账务处理。

(一)出租人融资租赁产生的应收租赁款,应按租赁开始日最低租赁收款额与初始直接费用之和,借记本科目,按未担保余值,借记"未担保余值"科目,按最低租赁收款额、初始直接费用及未担保余值的现值,贷记"固定资产清理"等科目,按发生的初始直接费用,贷记"银行存款"等科目,按其差额,贷记"未实现融资收益"科目。

(二)企业采用递延方式分期收款、实质上具有融资性质的销售商品或提供劳务等经营活动产生的长期应收款,满足收入确认条件的,按应收合同或协议价款,借记本科目,按应收合同或协议价款的公允价值,贷记"主营业务收入"等科目,按增值税专用发票上注明的增值税额,贷记"应交税费——应交增值税(销项税额)"科目,按其差额,贷记"未实现融资收益"科目。

(三)根据合同或协议每期收到承租人或购货单位(接受劳务单位)偿还的款项,借记"银行存款"科目,贷记本科目。

四、本科目的期末借方余额,反映企业尚未收回的长期应收款。

【例1】 企业出租融资租赁固定资产产生应收最低租赁收款额租赁款15 500 000元,未担保余值500 000元,最低租赁收款额及未担保余值的现值合计10 800 000元,发生初始直接费用1 200 000元。

借:长期应收款——××公司　　　　　　　　　15 500 000
　　未担保余值　　　　　　　　　　　　　　　　　500 000
　贷:固定资产清理　　　　　　　　　　　　　　10 800 000
　　　银行存款　　　　　　　　　　　　　　　　 1 200 000
　　　未实现融资收益　　　　　　　　　　　　　 4 000 000

关键词 长期应收款　未担保余值　固定资产清理　银行存款　未实现融资收益　出租融资租赁固定资产

＊"未担保余值"科目为融资租赁企业专用。

【例2】 企业采用递延方式分期收款、实质上具有融资性质的销售商品产生长期应收款,满足收入确认条件。应收合同价款2 560 000元,增值税专用发票注明销售额(公允价值)2 000 000元,增值税额320 000元。

借:长期应收款——××公司　　　　　　　　　2 560 000
　贷:主营业务收入　　　　　　　　　　　　　　 2 000 000
　　　应交税费——应交增值税(销项税额)　　　　 320 000
　　　未实现融资收益　　　　　　　　　　　　　　240 000

◆ **关键词** 长期应收款 主营业务收入 应交税费 未实现融资收益 采用递延方式分期收款 实质上具有融资性质的销售商品

【例3】 收到某公司根据合同偿付的融资租赁固定资产租金560 000元。

借：银行存款　　　　　　　　　　　　　　　560 000
　　贷：长期应收款——××公司　　　　　　　　　560 000

◆ **关键词** 银行存款 长期应收款 收到融资租赁固定资产租金

【例4】 收到某公司根据合同偿付的分期收款销售商品货款(融资性质)860 000元。

借：银行存款　　　　　　　　　　　　　　　860 000
　　贷：长期应收款——××公司　　　　　　　　　860 000

◆ **关键词** 银行存款 长期应收款 收到融资性质分期收款销售货款

1541 未实现融资收益
unrealized financing income

一、本科目核算企业应当分期计入租赁收入或利息收入的未实现融资收益。

二、本科目应当按照未实现融资收益项目进行明细核算。

三、未实现融资收益的主要账务处理。

（一）出租人融资租赁产生的应收租赁款，应按租赁开始日最低租赁收款额与初始直接费用之和，借记"长期应收款"科目；按未担保余值，借记"未担保余值"科目；按最低租赁收款额、初始直接费用及未担保余值的现值，贷记"固定资产清理"等科目，按应付或支付的初始直接费用，贷记"银行存款"等科目，按其差额，贷记本科目。

（二）企业销售商品或提供劳务等经营活动中产生的长期应收款，满足收入确认条件的，应按应收合同或协议价款，借记"长期应收款"科目；按应收合同或协议价款的公允价值，贷记"主营业务收入"等科目，按销售商品等应缴纳的增值税额，贷记"应交税费——应交增值税(销项税额)"科目，按其差额，贷记本科目。

（三）按期采用实际利率法计算确定租赁收入或利息收入，借记本科目，贷记"租赁收入""财务费用"等科目。

四、本科目期末贷方余额，反映企业未实现融资收益的余额。

【例1】 企业出租融资租赁固定资产产生应收最低租赁收款额租赁款15 500 000元，未担保余值500 000元，最低租赁收款额及未担保余值的现值合计 10 800 000 元,发生初始直接费用 1 200 000 元。

  借:长期应收款——××公司   15 500 000
    未担保余值   500 000
   贷:固定资产清理   10 800 000
    银行存款   1 200 000
    未实现融资收益   4 000 000

🌀 **关键词**　长期应收款　未担保余值　固定资产清理　银行存款　未实现融资收益　出租融资租赁固定资产

＊"未实现融资收益"科目为融资租赁企业专用。

【例2】　企业采用递延方式分期收款、实质上具有融资性质的销售商品产生长期应收款,满足收入确认条件。应收合同价款 2 560 000 元,增值税专用发票注明销售额(公允价值)2 000 000 元,增值税额 320 000 元。

  借:长期应收款——××公司   2 560 000
   贷:主营业务收入   2 000 000
    应交税费——应交增值税(销项税额)   320 000
    未实现融资收益   240 000

🌀 **关键词**　长期应收款　主营业务收入　应交税费　未实现融资收益　采用递延方式分期收款　实质上具有融资性质的销售商品

【例3】　企业按期采用实际利率法计算确定租赁收入 200 000 元。

  借:未实现融资收益   200 000
   贷:租赁收入   200 000

🌀 **关键词**　未实现融资收益　租赁收入　结转融资租赁固定资产收入　实现未实现融资收益

＊"租赁收入"科目为融资租赁企业专用。

【例4】　企业按期采用实际利率法计算确定分期收款未实现融资收益 120 000 元。

  借:未实现融资收益   120 000
   贷:财务费用   120 000

🌀 **关键词**　未实现融资收益　财务费用　确定已实现分期收款未实现融资收益

1601 固定资产
fixed assets

一、本科目核算企业持有固定资产的原价。下列各项满足固定资产确认条件的，也在本科目核算：

1. 企业（航空）的高价周转件。
2. 企业以经营租赁方式租入的固定资产发生的改良支出，如满足固定资产确认条件的装修费用等。
3. 企业（建造承包商）为保证施工和管理的正常进行而购建的各种临时设施。
4. 企业购置计算机硬件所附带的、未单独计价的软件，与所购置的计算机硬件一并作为固定资产。
5. 企业为开发新产品、新技术购置的符合固定资产定义和确认条件的设备。
6. 采用成本模式计量的已出租的建筑物。未作为固定资产管理的工具、器具等，在"包装物及低值易耗品"科目核算。

二、本科目应当按照固定资产类别或项目进行明细核算。

企业以经营租赁方式租入的固定资产发生的改良支出，应在本科目设置"经营租入固定资产改良支出"明细科目进行核算。

企业融资租入的固定资产，应在本科目设置"融资租入固定资产"明细科目进行核算。

三、固定资产的主要账务处理。

（一）企业购入不需要安装的固定资产，按应计入固定资产成本的金额，借记本科目，贷记"银行存款""其他应付款""应付票据"等科目。

购入需要安装的固定资产，先记入"在建工程"科目，安装完毕交付使用时再转入本科目。

购入固定资产超过正常信用条件延期支付价款（如分期付款购买固定资产），实质上具有融资性质的，应按所购固定资产购买价款的现值，借记本科目或"在建工程"科目，按应支付的金额，贷记"长期应付款"科目，按其差额，借记"未确认融资费用"科目。

（二）自行建造完成的固定资产，借记本科目，贷记"在建工程"科目。

已达到预定可使用状态但尚未办理竣工决算手续的固定资产，可先按估计价值记账，待确定实际价值后再进行调整。

（三）融资租入的固定资产，在租赁期开始日，应按《企业会计准则第21号——租赁》确定的应计入固定资产成本的金额，借记本科目或"在建工程"科目，按最低租赁付款额，贷记"长期应付款"科目，按发生的初始直接费用，贷记"银行存款"等科目，按其差额，借记"未确认融资费用"科目。

租赁期届满，企业取得该项固定资产所有权的，应将该项固定资产从"融资租入固定资产"明细科目转入有关明细科目。

（四）以其他方式取得的固定资产，按不同方式下确定的应计入固定资产成本的金额，借记本科目，贷有关科目。

（五）固定资产存在弃置义务的，应在取得固定资产时，按预计弃置费用的现值，借记本科目，贷记"预计负债"科目。在该项固定资产的使用寿命内，按弃置费用计算确定各期应负担的利息费用，借记"财务费用"科目，贷记"预计负债"科目。

（六）固定资产装修发生的装修费用满足固定资产确认条件的，借记本科目，贷记"银行存款"等科目。

（七）处置固定资产应通过"固定资产清理"科目核算，应按该项固定资产账面净额，借记"固定资产清理"科目，按已提的累计折旧，借记"累计折旧"科目，原已计提减值准备的，借记"固定资产减值准备"科目，按其账面余额，贷记本科目。

四、本科目期末借方余额，反映企业固定资产的账面原价。

【例1】 企业购入不需要安装的机器设备买价30 000元，应交增值税4 800元，支付搬运费等700元（假定不可以抵扣增值税），以银行存款支付。

借：固定资产　　　　　　　　　　　　　　　　　30 700
　　应交税费——应交增值税（进项税额）　　　　 4 800
　贷：银行存款　　　　　　　　　　　　　　　　　35 500

🔑 关键词　固定资产　应交税费　银行存款　购入不需安装固定资产

【例2】 企业购入不需要安装的机器设备买价30 000元，应交增值税4 800元，支付搬运费等700元（假定不可以抵扣增值税），开出商业承兑汇票。

借：固定资产　　　　　　　　　　　　　　　　　30 700
　　应交税费——应交增值税（进项税额）　　　　 4 800
　贷：应付票据　　　　　　　　　　　　　　　　　35 500

🔑 关键词　固定资产　应交税费　应付票据　购入不需安装固定资产

【例3】 企业以预付账款方式购入不需要安装的机器设备买价30 000元,应交增值税4 800元,支付搬运费等700元(假定不可以抵扣增值税)。

借:固定资产　　　　　　　　　　　　　　　　30 700
　　应交税费——应交增值税(进项税额)　　　　 4 800
　　贷:预付账款　　　　　　　　　　　　　　　35 500

关键词　固定资产　应交税费　预付账款　购入不需安装固定资产

【例4】 企业购入不需要安装的机器设备买价30 000元,应交增值税4 800元,支付搬运费等700元(假定不可以抵扣增值税),款未付。

借:固定资产　　　　　　　　　　　　　　　　30 700
　　应交税费——应交增值税(进项税额)　　　　 4 800
　　贷:应付账款　　　　　　　　　　　　　　　35 500

关键词　固定资产　应交税费　应付账款　购入不需安装固定资产

【例5】 企业以银行存款购入一栋楼房作为办公用房,总计支付买价78 000 000元,增值税额7 800 000元,不考虑其他相关税费。

借:固定资产　　　　　　　　　　　　　　　 78 000 000
　　应交税费——应交增值税(进项税额)　　　 7 800 000
　　贷:银行存款　　　　　　　　　　　　　　85 800 000

关键词　固定资产　应交税费　银行存款　购入不动产

【例6】 企业对外发包(或者自建)一栋厂房完工转入固定资产,累计支付工程款8 000 000元,不考虑其他相关税费。

借:固定资产　　　　　　　　　　　　　　　　8 000 000
　　贷:在建工程　　　　　　　　　　　　　　 8 000 000

关键词　固定资产　在建工程　对外发包(或者自建)不动产完工转入固定资产

【例7】 企业购买融资租入固定资产,固定资产成本80 000 000元(不考虑各项税费),确定长期应付款租金总额95 000 000元,购买该项资产其他费用2 600 000元,用银行存款支付。

借:固定资产　　　　　　　　　　　　　　　 80 000 000
　　未确认融资费用　　　　　　　　　　　　 17 600 000
　　贷:长期应付款　　　　　　　　　　　　　95 000 000
　　　　银行存款　　　　　　　　　　　　　　2 600 000

关键词　固定资产　银行存款　未确认融资费用　长期应付款　购入融

资租入固定资产

【例8】 购入需要安装的固定资产,安装完毕,交付使用,在建工程累计发生额240 000元,不考虑其他相关税费。

借:固定资产　　　　　　　　　　　　　　　240 000
　　贷:在建工程　　　　　　　　　　　　　　240 000

🌀**关键词** 固定资产　在建工程　固定资产安装完毕交付使用

【例9】 企业购入固定资产存在弃置义务,取得固定资产时,暂估预计弃置费用的现值为5 000 000元。

借:固定资产　　　　　　　　　　　　　　5 000 000
　　贷:预计负债　　　　　　　　　　　　　5 000 000

🌀**关键词** 固定资产　预计负债　暂估固定资产存在弃置义务现值

【例10】 将采用公允价值模式计量的投资性房地产转为自用。该项投资性房地产在转换日的公允价值5 100 000元,"投资性房地产"明细科目成本4 800 000元,"公允价值变动损益"科目借方200 000元。

借:固定资产(无形资产)　　　　　　　　　5 100 000
　　贷:投资性房地产——成本　　　　　　　4 800 000
　　　　投资性房地产——公允价值变动　　　　200 000
　　　　公允价值变动损益　　　　　　　　　　100 000

🌀**关键词** 固定资产　投资性房地产　公允价值变动损益　将采用公允价值模式计量的投资性房地产转为自用

【例11】 收到作为资本投入的不需要安装的机器设备,价值2 000 000元,增值税额320 000元。

借:固定资产　　　　　　　　　　　　　　2 000 000
　　应交税费——应交增值税(进项税额)　　　320 000
　　贷:实收资本　　　　　　　　　　　　　2 320 000

🌀**关键词** 固定资产　应交税费　实收资本　收到作为资本投入的机器设备

【例12】 企业固定资产盘盈,评估固定资产现值为2 000 000元。

借:固定资产　　　　　　　　　　　　　　2 000 000
　　贷:以前年度损益调整　　　　　　　　　2 000 000

🌀**关键词** 固定资产　以前年度损益调整　固定资产盘盈

【例13】 自用固定资产转入投资性房地产,账面余额10 000 000元,累计折旧 7 000 000 元,该房产公允价值 3 000 000 元。

借:投资性房地产——成本 3 000 000
　　累计折旧 7 000 000
　贷:固定资产 10 000 000

🌀**关键词** 投资性房地产　固定资产　累计折旧　自用固定资产转入投资性房地产(公允价值计量模式)

【例 14】 企业固定资产盘亏,该固定资产账面价值 1 000 000 元,已计提折旧 600 000 元。

借:待处理财产损溢——待处理非流动资产损溢 400 000
　　累计折旧 600 000
　贷:固定资产 1 000 000

🌀**关键词** 待处理财产损溢　累计折旧　固定资产　盘亏固定资产

【例 15】 处置某项固定资产,该资产原值 1 200 000 元,累计折旧 800 000 元,未计提减值准备。

借:固定资产清理 400 000
　　累计折旧 800 000
　贷:固定资产 1 200 000

🌀**关键词** 固定资产清理　累计折旧　固定资产　处置固定资产

【例 16】 企业处置固定资产,原价 24 000 000 元,累计折旧 16 000 000 元,计提减值准备 2 000 000 元。

借:固定资产清理 6 000 000
　　累计折旧 16 000 000
　　固定资产减值准备 2 000 000
　贷:固定资产 24 000 000

🌀**关键词** 固定资产清理　累计折旧　固定资产减值准备　固定资产　处置固定资产

1602　累计折旧
accumulated depreciation

一、本科目核算企业对固定资产计提的累计折旧。

二、本科目应当按照固定资产的类别或项目进行明细核算。

三、企业按月计提固定资产折旧,借记"制造费用""销售费用""管理费用""其他业务成本""研发支出"等科目,贷记本科目。

四、本科目期末贷方余额,反映企业固定资产累计折旧额。

【例1】 企业报废或出售已使用固定资产,将固定资产转入固定资产清理,固定资产原值 2 000 000 元,累计折旧 1 500 000 元。

借:固定资产清理　　　　　　　　　　　　　　500 000
　　累计折旧　　　　　　　　　　　　　　　1 500 000
　　贷:固定资产　　　　　　　　　　　　　　2 000 000

◎**关键词** 固定资产清理　累计折旧　固定资产　出售或报废固定资产转入固定资产清理

【例2】 固定资产盘亏,账面原值 10 000 元,累计折旧 7 000 元。

借:待处理财产损溢——待处理非流动资产损溢　　3 000
　　累计折旧　　　　　　　　　　　　　　　　7 000
　　贷:固定资产　　　　　　　　　　　　　　10 000

◎**关键词** 待处理财产损溢　累计折旧　固定资产　固定资产盘亏

【例3】 自用固定资产转入投资性房地产,账面余额 10 000 000 元,累计折旧 7 000 000 元,该房地产公允价值 3 000 000 元。

借:投资性房地产——成本　　　　　　　　　3 000 000
　　累计折旧　　　　　　　　　　　　　　　7 000 000
　　贷:固定资产　　　　　　　　　　　　　10 000 000

◎**关键词** 投资性房地产　累计折旧　固定资产　自用固定资产转入投资性房地产

【例4】 计提职工福利设施累计折旧 200 000 元。

借:应付职工薪酬——非货币性福利　　　　　　200 000
　　贷:累计折旧　　　　　　　　　　　　　　200 000

◎**关键词** 应付职工薪酬　累计折旧　计提集体职工福利设施折旧费

【例5】 计提生产车间固定资产累计折旧 800 000 元。

借:制造费用　　　　　　　　　　　　　　　　800 000
　　贷:累计折旧　　　　　　　　　　　　　　800 000

◎**关键词** 制造费用　累计折旧　计提车间固定资产折旧费

【例6】 计提研发部门固定资产累计折旧 100 000 元。

借:研发支出　　　　　　　　　　　　　　　　100 000
　　贷:累计折旧　　　　　　　　　　　　　　100 000

🔑 **关键词** 研发支出　累计折旧　计提研发部门固定资产折旧费

【例7】 计提专属销售部门固定资产累计折旧120 000元。

借：销售费用　　　　　　　　　　　　　　　　120 000
　　贷：累计折旧　　　　　　　　　　　　　　　　120 000

🔑 **关键词** 销售费用　累计折旧　计提销售部门固定资产折旧费

【例8】 计提管理部门使用的固定资产累计折旧200 000元。

借：管理费用　　　　　　　　　　　　　　　　200 000
　　贷：累计折旧　　　　　　　　　　　　　　　　200 000

🔑 **关键词** 管理费用　累计折旧　计提管理部门固定资产折旧费

【例9】 计提企业出租固定资产累计折旧250 000元。

借：其他业务成本　　　　　　　　　　　　　　250 000
　　贷：累计折旧　　　　　　　　　　　　　　　　250 000

🔑 **关键词** 其他业务成本　累计折旧　计提出租固定资产折旧费

1603 固定资产减值准备
fixed asset impairment provision

一、本科目核算企业固定资产发生减值时计提的减值准备。

企业（石油天然气开采）可以单独设置"1633 油气资产减值准备"科目，比照本科目进行处理。

二、资产负债表日，企业根据《企业会计准则第8号——资产减值》确定的固定资产发生减值的，按应减计的金额，借记"资产减值损失"科目，贷记本科目。

处置固定资产时，应同时结转已计提的固定资产减值准备。

三、本科目期末贷方余额，反映企业已计提但尚未转销的固定资产减值准备。

【例1】 资产负债表日，企业根据《企业会计准则第8号——资产减值》确定的固定资产发生减值2 000 000元。

借：资产减值损失　　　　　　　　　　　　　2 000 000
　　贷：固定资产减值准备　　　　　　　　　　　2 000 000

🔑 **关键词** 资产减值损失　固定资产减值准备　期末固定资产发生减值

【例2】 企业处置固定资产，原价24 000 000元，累计折旧16 000 000元，计提减值准备2 000 000元。

借：固定资产清理　　　　　　　　　　　　　　6 000 000
　　累计折旧　　　　　　　　　　　　　　　　16 000 000
　　固定资产减值准备　　　　　　　　　　　　　2 000 000
　　贷：固定资产　　　　　　　　　　　　　　　24 000 000

🌀**关键词**　固定资产清理　累计折旧　固定资产减值准备　固定资产　处置固定资产

【例3】　企业自用固定资产转为公允价值模式计量的投资性房地产，原价 24 000 000 元，累计折旧 16 000 000 元，计提减值准备 2 000 000 元，公允价值为 6 000 000 元。

借：投资性房地产——成本　　　　　　　　　　6 000 000
　　累计折旧　　　　　　　　　　　　　　　　16 000 000
　　固定资产减值准备　　　　　　　　　　　　　2 000 000
　　贷：固定资产　　　　　　　　　　　　　　　24 000 000

🌀**关键词**　投资性房地产　累计折旧　固定资产减值准备　固定资产　自用固定资产转为公允价值计量模式投资性房地产

1604 在建工程
construction in progress

一、本科目核算企业基建、技改等在建工程发生的价值。

企业与固定资产有关的后续支出，包括固定资产发生的日常修理费、大修理费用、更新改造支出、房屋的装修费用等，满足《企业会计准则第 4 号——固定资产》规定的固定资产确认条件的，也在本科目核算；没有满足固定资产确认条件的，应在"管理费用"科目核算，不在本科目核算。

二、本科目应当按照"建筑工程""安装工程""在安装设备""待摊支出"以及单项工程进行明细核算。

在建工程发生减值的，应在本科目设置"减值准备"明细科目进行核算。

三、在建工程的主要账务处理。

（一）企业发包的在建工程，按合同规定向承包企业预付工程款、备料款时，借记本科目，贷记"银行存款"等科目。将设备交付承包企业进行安装时，借记本科目（在安装设备），贷记"工程物资"科目。

与承包企业办理工程价款结算时，按补付的工程款，借记本科目，贷记"银行存款""应付账款"等科目。

（二）企业自营的在建工程领用工程物资、本企业原材料或库存商品的，借记本科目,贷记"工程物资""原材料""库存商品"等科目。采用计划成本核算的,应同时结转应分摊的成本差异。

上述事项涉及增值税的,应结转相应的增值税额。

在建工程应负担的职工薪酬,借记本科目,贷记"应付职工薪酬"科目。

辅助生产部门为工程提供的水、电、设备安装、修理、运输等劳务,借记本科目,贷记"生产成本——辅助生产成本"等科目。

(三)在建工程发生的管理费、征地费、可行性研究费、临时设施费、公证费、监理费及应负担的税费等,借记本科目(待摊支出),贷记"银行存款"等科目。

在建工程发生的借款费用满足借款费用准则资本化条件的,借记本科目(待摊支出),贷记"长期借款""应付利息"等科目。

由于自然灾害等原因造成的单项工程或单位工程报废或毁损,减去残料价值和过失人或保险公司等赔款后的净损失,借记本科目(待摊支出)科目,贷记本科目(建筑工程、安装工程等);在建工程全部报废或毁损的,应按其净损失,借记"营业外支出——非常损失"科目,贷记本科目。

建设期间发生的工程物资盘亏、报废及毁损净损失,借记本科目(待摊支出),贷记"工程物资"科目;盘盈的工程物资或处置净收益,做相反的会计分录。

在建工程进行负荷联合试车发生的费用,借记本科目(待摊支出),贷记"银行存款""原材料"等科目;试车形成的产品对外销售或转为库存商品的,借记"银行存款""库存商品"等科目,贷记本科目(待摊支出)。

上述事项涉及增值税的,应结转相应的增值税额。

(四)在建工程完工已领出的剩余物资应办理退库手续,借记"工程物资"科目,贷记本科目。

(五)在建工程达到预定可使用状态时,应计算分配待摊支出,借记本科目(××工程),贷记本科目(待摊支出);结转在建工程成本时,借记"固定资产"等科目,贷记本科目(××工程)。

(六)企业在油气勘探过程中发生的各项钻井勘探支出,借记本科目,贷记"银行存款""应付职工薪酬"等科目。

属于发现探明经济可采储量的钻井勘探支出,借记"油气资产"科目,贷记本科目;属于未发现探明经济可采储量的钻井勘探支出,借记"勘探费用"科目,贷记本科目。

四、本科目的期末借方余额,反映企业尚未完工的在建工程的价值。

【例1】 企业对外发包一项工程,按照合同预付工程款 7 800 000 元。

借：在建工程 7 800 000
　　贷：银行存款 7 800 000

关键词 在建工程　银行存款　预付发包工程款

【例2】 企业对外发包工程，补付工程款200 000元。
借：在建工程 200 000
　　贷：银行存款 200 000

关键词 在建工程　银行存款　补付发包工程款

【例3】 在建工程领用需安装设备账面价值2 000 000元。
借：在建工程 2 000 000
　　贷：工程物资 2 000 000

关键词 在建工程　工程物资　领用工程物资

【例4】 与承包工程企业进行价款结算，尚未支付工程款1 000 000元。
借：在建工程 1 000 000
　　贷：应付账款 1 000 000

关键词 在建工程　应付账款　与承包工程企业结算价款

【例5】 购入需要安装的生产设备价值2 000 000元，增值税专用发票注明进项税额320 000元，其他杂费100 000元（不考虑相关税费），以银行存款支付。
借：在建工程 2 100 000
　　应交税费——应交增值税（进项税额） 320 000
　　贷：银行存款 2 420 000

关键词 在建工程　应交税费　银行存款　购入需安装生产设备

【例6】 购入需要安装的生产设备价值2 000 000元，增值税专用发票注明进项税额320 000元，其他杂费100 000元（不考虑相关税费），开出商业承兑汇票。
借：在建工程 2 100 000
　　应交税费——应交增值税（进项税额） 320 000
　　贷：应付票据 2 420 000

关键词 在建工程　应交税费　应付票据　购入需安装生产设备

【例7】 购入需要安装的生产设备价值2 000 000元，增值税专用发票注明进项税额320 000元，其他杂费100 000元（不考虑相关税费），款项已预付。
借：在建工程 2 100 000
　　应交税费——应交增值税（进项税额） 320 000
　　贷：预付账款 2 420 000

🌀 **关键词** 在建工程　应交税费　预付账款　购入需安装生产设备

【例8】 购入需要安装的生产设备价值 2 000 000 元,增值税专用发票注明进项税额 320 000 元,其他杂费 100 000 元(不考虑相关税费),款未付。

借:在建工程　　　　　　　　　　　　　　　　　　2 100 000
　　应交税费——应交增值税(进项税额)　　　　　　320 000
　贷:应付账款　　　　　　　　　　　　　　　　　　2 420 000

🌀 **关键词** 在建工程　应交税费　应付账款　购入需安装生产设备

【例9】 以银行存款支付生产设备安装费 300 000 元,不考虑相关税费。

借:在建工程　　　　　　　　　　　　　　　　　　300 000
　贷:银行存款　　　　　　　　　　　　　　　　　　300 000

🌀 **关键词** 在建工程　银行存款　支付安装费

【例10】 安装生产设备领用库存原材料 150 000 元。

借:在建工程　　　　　　　　　　　　　　　　　　150 000
　贷:原材料　　　　　　　　　　　　　　　　　　　150 000

🌀 **关键词** 在建工程　原材料　安装工程领用原材料

【例11】 安装生产设备领用库存商品 250 000 元。

借:在建工程　　　　　　　　　　　　　　　　　　250 000
　贷:库存商品　　　　　　　　　　　　　　　　　　250 000

🌀 **关键词** 在建工程　库存商品　安装工程领用库存商品

【例12】 安装生产设备发生人工费用 100 000 元。

借:在建工程　　　　　　　　　　　　　　　　　　100 000
　贷:应付职工薪酬　　　　　　　　　　　　　　　　100 000

🌀 **关键词** 在建工程　应付职工薪酬　安装工程发生人工费用

【例13】 辅助生产部门为安装工程提供水电及其他劳务费用 50 000 元。

借:在建工程　　　　　　　　　　　　　　　　　　50 000
　贷:生产成本——辅助生产成本　　　　　　　　　　50 000

🌀 **关键词** 在建工程　生产成本　辅助生产部门为安装工程提供水电及其他劳务

【例14】 将原有固定资产进行改扩建,固定资产原值 80 000 000 元,累计折旧 19 200 000 元。

借:在建工程　　　　　　　　　　　　　　　　　　60 800 000
　　累计折旧　　　　　　　　　　　　　　　　　　19 200 000
　贷:固定资产　　　　　　　　　　　　　　　　　　80 000 000

🌀 **关键词** 在建工程 累计折旧 固定资产 固定资产转入在建工程

【例15】 改扩建工程领用安装新设备 7 000 000 元,发生安装费用 51 000 元,以银行存款支付,不考虑相关税费。

借:在建工程　　　　　　　　　　　　　　　　7 051 000
　　贷:工程物资　　　　　　　　　　　　　　　　7 000 000
　　　　银行存款　　　　　　　　　　　　　　　　　　51 000

🌀 **关键词** 在建工程 工程物资 银行存款 领用安装新设备

【例16】 终止确认老机器设备的账面价值 3 800 000 元。

借:在建工程——待摊支出　　　　　　　　　　　3 800 000
　　贷:在建工程　　　　　　　　　　　　　　　　3 800 000

🌀 **关键词** 在建工程 待摊支出 终止确认老机器设备的账面价值

【例17】 在建工程发生的管理费 100 000 元,征地费 160 000 元,可行性研究费 80 000 元,临时设施费 220 000 元等费用,以银行存款支付。

借:在建工程——待摊支出　　　　　　　　　　　　560 000
　　贷:银行存款　　　　　　　　　　　　　　　　　560 000

🌀 **关键词** 在建工程 银行存款 发生各项与工程项目相关的管理费用等

【例18】 在建工程发生的借款费用满足《企业会计准则第 17 号——借款费用》规定的资本化条件,金额 880 000 元。

借:在建工程——待摊支出　　　　　　　　　　　　880 000
　　贷:长期借款——应付利息　　　　　　　　　　　880 000

🌀 **关键词** 在建工程 长期借款 在建工程发生的借款费用满足资本化条件

【例19】 由于自然灾害等原因造成在建工程净损失 670 000 元。

借:在建工程——待摊支出　　　　　　　　　　　　670 000
　　贷:在建工程——××工程　　　　　　　　　　　670 000

🌀 **关键词** 在建工程 待摊支出 在建工程发生毁损和报废损失

【例20】 企业对外发包(或者自建)一栋厂房完工转入固定资产,工程决算总金额 11 000 000 元,不考虑相关税费。

借:固定资产　　　　　　　　　　　　　　　　11 000 000
　　贷:在建工程　　　　　　　　　　　　　　　11 000 000

🌀 **关键词** 固定资产 在建工程 对外发包(或者自建)不动产转入固定资产

【例21】 生产设备安装完毕,交付使用,转入固定资产。

借：固定资产　　　　　　　　　　　　　　　　　　　2 800 000
　　　　贷：在建工程　　　　　　　　　　　　　　　　　　2 800 000

🌀 **关键词** 固定资产　在建工程　生产设备安装完毕交付使用

【例22】 在建工程全部报废毁损，其账面余额损失为18 600 000元，相关增值税转出1 532 000元。
　　借：营业外损失——非常损失　　　　　　　　　　　20 132 000
　　　　贷：在建工程——××工程　　　　　　　　　　　18 600 000
　　　　　　应交税费——应交增值税(进项税额转出)　　 1 532 000

🌀 **关键词** 营业外损失　在建工程　应交税费　在建工程发生全部毁损和报废损失

【例23】 在建工程物资盘盈处置净收益320 000元，不考虑相关税费。
　　借：银行存款　　　　　　　　　　　　　　　　　　　320 000
　　　　贷：在建工程——待摊支出　　　　　　　　　　　　320 000

🌀 **关键词** 在建工程　银行存款　处置在建工程盘盈物资

【例24】 在建工程剩余物资退库260 000元。
　　借：工程物资　　　　　　　　　　　　　　　　　　　260 000
　　　　贷：在建工程　　　　　　　　　　　　　　　　　　260 000

🌀 **关键词** 工程物资　在建工程　在建工程剩余物资退库

【例25】 在建工程达到预定可使用状态，应计算分配待摊支出5 590 000元。
　　借：在建工程——××工程　　　　　　　　　　　　　5 590 000
　　　　贷：在建工程——待摊支出　　　　　　　　　　　　5 590 000

🌀 **关键词** 在建工程　在建工程结转待摊支出

【例26】 在建工程期末进行减值测试，确认在建工程减值5 400 000元。
　　借：资产减值损失　　　　　　　　　　　　　　　　　5 400 000
　　　　贷：在建工程——减值准备　　　　　　　　　　　　5 400 000

🌀 **关键词** 资产减值损失　在建工程　在建工程期末发生减值损失

1605　工程物资
construction materials

　　一、本科目核算企业为在建工程准备的各种物资的价值，包括工程用材料、尚未安装的设备以及为生产准备的工器具等。
　　二、本科目应当按照"专用材料""专用设备""工器具"等进行明细核算。

工程物资发生减值准备的,应在本科目设置"减值准备"明细科目进行核算,也可以单独设置"工程物资减值准备"科目进行核算。

三、工程物资的主要账务处理。

(一)购入为工程准备的物资,借记本科目,贷记"银行存款""其他应付款"等科目。

(二)领用工程物资,借记"在建工程"科目,贷记本科目。工程完工后将领出的剩余物资退库时,做相反的会计分录。

(三)资产负债表日,根据《企业会计准则第8号——资产减值》确定的工程物资发生减值的,按应减计的金额,借记"资产减值损失"科目,贷记本科目(减值准备)。

领用或处置工程物资时,应结转已计提的工程物资减值准备。

(四)工程完工,将为生产准备的工具和器具交付生产使用时,借记"包装物及低值易耗品"等科目,贷记本科目。

工程完工后剩余的工程物资转作本企业存货的,借记"原材料"等科目,贷记本科目;采用计划成本核算的,应同时结转材料成本差异。

工程完工后剩余的工程物资对外出售的,应确认其他业务收入并结转相应成本。

上述事项涉及增值税的,应结转相应的增值税额。

四、本科目期末借方余额,反映企业为在建工程准备的各种物资的价值。

【例1】 自建安装工程项目,购入工程物资500 000元,增值税专用发票注明进项税额80 000元,以银行存款支付。

借:工程物资　　　　　　　　　　　　　　　　500 000
　　应交税费——应交增值税(进项税额)　　　 80 000
　　贷:银行存款　　　　　　　　　　　　　　 580 000

关键词　工程物资　应交税费　银行存款　购入工程物资

【例2】 自建安装工程项目,购入工程物资500 000元,增值税专用发票注明进项税额80 000元,开出商业承兑汇票。

借:工程物资　　　　　　　　　　　　　　　　500 000
　　应交税费——应交增值税(进项税额)　　　 80 000
　　贷:应付票据　　　　　　　　　　　　　　 580 000

关键词　工程物资　应交税费　应付票据　购入工程物资

【例3】 自建安装工程项目,购入工程物资500 000元,增值税专用发票注明进项税额80 000元,已预付账款。

借：工程物资　　　　　　　　　　　　　　　　　　　　500 000
　　应交税费——应交增值税(进项税额)　　　　　　　　80 000
　　贷：预付账款　　　　　　　　　　　　　　　　　　580 000

🌀 **关键词**　工程物资　应交税费　预付账款　购入工程物资

【例4】　自建安装工程项目,购入工程物资500 000元,增值税专用发票注明进项税额80 000元,款未付。

借：工程物资　　　　　　　　　　　　　　　　　　　　500 000
　　应交税费——应交增值税(进项税额)　　　　　　　　80 000
　　贷：应付账款　　　　　　　　　　　　　　　　　　580 000

🌀 **关键词**　工程物资　应交税费　应付账款　购入工程物资

【例5】　自建企业福利设施,购入工程物资500 000元,增值税专用发票注明进项税额85 000元,按照税法规定不可以抵扣进项税额,银行存款支付。

借：工程物资　　　　　　　　　　　　　　　　　　　　585 000
　　贷：银行存款　　　　　　　　　　　　　　　　　　585 000

🌀 **关键词**　工程物资　银行存款　购入工程物资(假定不可抵扣增值税进项税额)

【例6】　在建工程剩余物资退库260 000元。

借：工程物资　　　　　　　　　　　　　　　　　　　　260 000
　　贷：在建工程　　　　　　　　　　　　　　　　　　260 000

🌀 **关键词**　工程物资　在建工程　在建工程剩余物资退库

【例7】　领用需安装设备,账面价值2 000 000元。

借：在建工程　　　　　　　　　　　　　　　　　　　2 000 000
　　贷：工程物资　　　　　　　　　　　　　　　　　2 000 000

🌀 **关键词**　在建工程　工程物资　对外发包(或者自建)建设部门领用工程物资

【例8】　工程物资期末进行减值测试,确认工程物资减值360 000元。

借：资产减值损失　　　　　　　　　　　　　　　　　　360 000
　　贷：工程物资——减值准备　　　　　　　　　　　　360 000

🌀 **关键词**　资产减值损失　工程物资　工程物资期末发生减值损失

【例9】　领用工程物资6 500 000元,结转已计提的工程物资减值准备360 000元。

借：在建工程　　　　　　　　　　　　　　　　6 140 000
　　工程物资——减值准备　　　　　　　　　　360 000
　　贷：工程物资　　　　　　　　　　　　　　6 500 000

🌀 **关键词** 在建工程　工程物资　领用工程物资　结转已计提减值准备

【例10】 工程完工，为生产准备的工具和器具交付生产使用，价值200 000元。

借：包装物及低值易耗品　　　　　　　　　　200 000
　　贷：工程物资　　　　　　　　　　　　　　200 000

🌀 **关键词** 包装物及低值易耗品　工程物资　为生产准备的工具和器具交付生产部门使用

【例11】 工程完工后剩余的工程物资转作本企业原材料，价值560 000元。

借：原材料　　　　　　　　　　　　　　　　560 000
　　贷：工程物资　　　　　　　　　　　　　　560 000

🌀 **关键词** 原材料　工程物资　工程完工后剩余的工程物资转作本企业原材料

【例12】 经营性租入办公室装修领用工程物资480 000元。

借：长期待摊费用　　　　　　　　　　　　　480 000
　　贷：工程物资　　　　　　　　　　　　　　480 000

🌀 **关键词** 长期待摊费用　工程物资　经营性租入办公室装修领用工程物资

【例13】 工程完工后剩余的工程物资直接对外出售结转成本480 000元。

借：其他业务成本　　　　　　　　　　　　　480 000
　　贷：工程物资　　　　　　　　　　　　　　480 000

🌀 **关键词** 其他业务成本　工程物资　工程剩余物资对外出售结转成本

1606 固定资产清理
disposal of fixed assets

一、本科目核算企业因出售、报废和毁损、对外投资、非货币性资产交换、债务重组等原因转入清理的固定资产价值，以及在清理过程中所发生的清理费用和清理收入等。

企业（石油天然气开采）可以单独设置"1634 油气资产清理"科目，比照本科目进行处理。

二、本科目应当按照被清理的固定资产项目进行明细核算。

三、固定资产清理的主要账务处理。

（一）企业因出售、转让、报废和毁损、对外投资、融资租赁、非货币性资产交换、债务重组等处置固定资产，按该项固定资产账面净额，借记本科目，按已计提的累计折旧，借记"累计折旧"科目，原已计提减值准备的，借记"固定资产减值准备"科目，按其账面余额，贷记"固定资产"科目。

（二）清理过程中发生的其他费用以及应支付的相关税费，借记本科目，贷记"银行存款""应交税费——应交增值税"等科目。收回出售固定资产的价款、残料价值和变价收入等，借记"银行存款""原材料"等科目，贷记本科目。应由保险公司或过失人赔偿的损失，借记"其他应收款"等科目，贷记本科目。

（三）固定资产清理完成后，本科目的借方余额，属于筹建期间的，借记"管理费用"科目，贷记本科目；属于生产经营期间由于自然灾害等非正常原因造成的损失，借记"营业外支出——非常损失"科目，贷记本科目；属于生产经营期间正常的处理损失，借记"营业外支出——处置非流动资产损失"科目，贷记本科目。

固定资产清理完成后，本科目的贷方余额，属于筹建期间的，借记本科目，贷记"管理费用"科目；属于生产经营期间的，借记本科目，贷记"营业外收入——处置非流动资产利得"科目。

四、本科目期末余额，反映企业尚未清理完毕固定资产的价值以及清理净损益（清理收入减去清理费用）。

【例1】 处置某项固定资产，该资产账面原值 1 200 000 元，累计折旧 800 000 元，未计提减值准备。

借：固定资产清理　　　　　　　　　　　　　　400 000
　　累计折旧　　　　　　　　　　　　　　　　800 000
　贷：固定资产　　　　　　　　　　　　　　1 200 000

关键词　固定资产清理　累计折旧　固定资产　处置固定资产

【例2】 企业处置固定资产，账面原值 24 000 000 元，累计折旧 16 000 000 元，计提减值准备 2 000 000 元。

借：固定资产清理　　　　　　　　　　　　　6 000 000
　　累计折旧　　　　　　　　　　　　　　16 000 000
　　固定资产减值准备　　　　　　　　　　　2 000 000
　贷：固定资产　　　　　　　　　　　　　24 000 000

💡**关键词** 固定资产清理　累计折旧　固定资产减值准备　固定资产　处置固定资产

【例3】　支付固定资产清理费用3 500元。

借：固定资产清理　　　　　　　　　　　　　　　　　3 500
　　贷：银行存款　　　　　　　　　　　　　　　　　　　　3 500

💡**关键词** 固定资产清理　银行存款　支付固定资产清理费用

【例4】　出售增值税应税项目固定资产（不动产）应缴纳增值税60 000元。

借：固定资产清理　　　　　　　　　　　　　　　　　60 000
　　贷：应交税费——应交增值税（销项税额）　　　　　　　60 000

💡**关键词** 固定资产清理　应交税费　出售固定资产缴纳增值税

【例5】　收回出售固定资产的价款1 200 000元，假定不涉及税费。

借：银行存款　　　　　　　　　　　　　　　　　1 200 000
　　贷：固定资产清理　　　　　　　　　　　　　　　　1 200 000

💡**关键词** 银行存款　固定资产清理　收回固定资产处置价款

【例6】　一般纳税人出售（2008年12月以前购入）清理固定资产变价收入20 000元，按4%征收率减半征收增值税，应缴纳增值税384.62元(20 000÷1.04)×0.04÷2)。

借：银行存款　　　　　　　　　　　　　　　　　　20 000.00
　　贷：固定资产清理　　　　　　　　　　　　　　　　　19 615.38
　　　　应交税费——应交增值税（销项税额）　　　　　　　384.62

💡**关键词** 银行存款　固定资产清理　应交税费　出售旧固定资产应交增值税

* 按照现行税法规定，一般纳税人2008年12月31日以前购入不能抵扣增值税进项税额的固定资产在清理出售时可以按照4%征收率减半征收；2009年1月1日以后购入固定资产在清理出售时按照适用税率征收增值税。小规模纳税人转为一般纳税人之前购入未抵扣增值税进项税额的固定资产，在日后清理出售时也可以按照4%征收率减半征收。小规模纳税人出售旧固定资产按3%征收率计算计税基数，减按2%缴纳增值税。

【例7】　结转出售固定资产实现的利得140 000元。

借：固定资产清理　　　　　　　　　　　　　　　　　140 000
　　贷：营业外收入　　　　　　　　　　　　　　　　　　140 000

🔑 **关键词** 固定资产清理　营业外收入　结转出售固定资产实现的利得

【例8】 结转报废固定资产发生的净损失 140 000 元。

　　借：营业外支出——非流动资产处置损失　　　　140 000
　　　　贷：固定资产清理　　　　　　　　　　　　　　　　140 000

🔑 **关键词** 营业外支出　固定资产清理　结转报废固定资产实现的净损失

【例9】 清理固定资产残料入库 50 000 元。

　　借：原材料　　　　　　　　　　　　　　　　　50 000
　　　　贷：固定资产清理　　　　　　　　　　　　　　　　50 000

🔑 **关键词** 原材料　固定资产清理　固定资产残料入库

【例10】 确定应由保险公司理赔的损失 1 500 000 元。

　　借：其他应收款——保险赔偿　　　　　　　　　1 500 000
　　　　贷：固定资产清理　　　　　　　　　　　　　　　　1 500 000

🔑 **关键词** 其他应收款　固定资产清理　应收保险公司赔偿款

【例11】 结转意外灾害毁损固定资产发生的损失 1 470 000 元,不考虑相关税费。

　　借：营业外支出——非常损失　　　　　　　　　1 470 000
　　　　贷：固定资产清理　　　　　　　　　　　　　　　　1 470 000

🔑 **关键词** 营业外支出　固定资产清理　结转意外灾害毁损固定资产损失

1701 无形资产

intangible assets

一、本科目核算企业持有的无形资产,包括专利权、非专利技术、商标权、著作权、土地使用权等。

采用成本模式计量的已出租的土地使用权和持有并准备增值后转让的土地使用权,在"投资性房地产"科目核算,不在本科目核算。

二、企业应当按照无形资产项目进行明细核算。

三、无形资产的主要账务处理。

(一) 外购的无形资产,按应计入无形资产成本的金额,借记本科目,贷记"银行存款"等科目。

购入无形资产超过正常信用条件延期支付价款,实质上具有融资性质的,应按所购无形资产购买价款的现值,借记本科目,按应支付的金额,贷记"长期应付款"科目,按其差额,借记"未确认融资费用"科目。

（二）自行开发的无形资产，借记本科目，贷记"研发支出"科目。

（三）企业合并中取得的无形资产，应按其在购买日的公允价值，借记本科目，贷记有关科目。

（四）其他方式取得的无形资产，按不同方式下确定应计入无形资产成本的金额，借记本科目，贷记有关科目。

（五）无形资产预期不能为企业带来经济利益的，应按已计提的累计摊销，借记"累计摊销"科目，原已计提减值准备的，借记"无形资产减值准备"科目，按其账面余额，贷记本科目，按其差额，借记"营业外支出"科目。

（六）出售无形资产时，应按实际收到的金额，借记"银行存款"等科目，按已计提的累计摊销，借记"累计摊销"科目，原已计提减值准备的，借记"无形资产减值准备"科目，按应支付的相关税费，贷记"应交税费"等科目，按其账面余额，贷记本科目，按其差额，贷记"营业外收入——处置非流动资产利得"科目或借记"营业外支出——处置非流动资产损失"科目。

四、本科目期末借方余额，反映企业无形资产的成本。

【例1】 企业购入非专利技术一项，买价300 000元，增值税专用发票注明增值税额18 000元，以银行存款支付。

借：无形资产——非专利技术　　　　　　　　　　300 000
　　应交税费——应交增值税（进项税额）　　　　 18 000
　　贷：银行存款　　　　　　　　　　　　　　　　　　318 000

关键词　无形资产　应交税费　银行存款　购入无形资产

【例2】 企业购入非专利技术一项，买价300 000元，增值税专用发票注明增值税额18 000元，开出商业承兑汇票。

借：无形资产——非专利技术　　　　　　　　　　300 000
　　应交税费——应交增值税（进项税额）　　　　 18 000
　　贷：应付票据　　　　　　　　　　　　　　　　　　318 000

关键词　无形资产　应交税费　应付票据　购入无形资产

【例3】 企业购入非专利技术一项，买价300 000元，增值税专用发票注明增值税额18 000元，已预付账款。

借：无形资产——非专利技术　　　　　　　　　　300 000
　　应交税费——应交增值税（进项税额）　　　　 18 000
　　贷：预付账款　　　　　　　　　　　　　　　　　　318 000

关键词　无形资产　应交税费　预付账款　购入无形资产

【例4】 企业购入非专利技术一项,买价300 000元,增值税专用发票注明增值税额18 000元,款未付。

  借:无形资产——非专利技术   300 000
    应交税费——应交增值税(进项税额)   18 000
   贷:应付账款   318 000

关键词 无形资产 应交税费 应付账款 购入无形资产

【例5】 企业购入一块政府部门出让土地自用,总计支付买价和契税等费用7 000 000元。

  借:无形资产——土地使用权   7 000 000
   贷:银行存款   7 000 000

关键词 无形资产 银行存款 购入政府部门出让土地使用权

【例6】 企业购买无形资产,付款条件具有融资性质,无形资产成本7 000 000元(不考虑各项税费),确定长期应付款租金总额8 500 000元,购买该项无形资产其他相关费用200 000元,用银行存款支付。

  借:无形资产   7 000 000
    未确认融资费用   1 700 000
   贷:长期应付款   8 500 000
     银行存款   200 000

关键词 无形资产 未确认融资费用 长期应付款 银行存款 融资条件购入无形资产

【例7】 企业自行开发研制的专有技术,研发费用4 500 000元,已经过专家技术验收并取得相应权属证书。

  借:无形资产   4 500 000
   贷:研发支出   4 500 000

关键词 无形资产 研发支出 自行开发无形资产

【例8】 收到作为资本投入的无形资产,价值2 000 000元(不考虑相应税费)。

  借:无形资产   2 000 000
   贷:实收资本   2 000 000

关键词 无形资产 实收资本 收到作为资本投入的无形资产

【例9】 自用土地使用权转入投资性房地产,账面余额100 000 000元,累计摊销7 000 000元,计提减值准备1 000 000元,公允价值2 000 000元。

借：投资性房地产——成本　　　　　　　　　　　2 000 000
　　　累计摊销　　　　　　　　　　　　　　　　7 000 000
　　　无形资产减值准备　　　　　　　　　　　　1 000 000
　　贷：无形资产——土地使用权　　　　　　　　10 000 000

◎ **关键词** 投资性房地产　累计摊销　无形资产减值准备　无形资产　自用土地使用权转入投资性房地产

【例10】 处置某项无形资产，出售价款400 000元，增值税额40 000元。该资产原值1 200 000元，累计折旧800 000元，未计提减值准备。

借：银行存款　　　　　　　　　　　　　　　　440 000
　　累计摊销　　　　　　　　　　　　　　　　800 000
　　贷：无形资产　　　　　　　　　　　　　　1 200 000
　　　　应交税费——应交增值税（销项税额）　　40 000

◎ **关键词** 银行存款　累计摊销　无形资产　应交税费　处置无形资产

【例11】 转让一项非专利技术原价1 000 000元，出售时已摊销100 000元，取得价款800 000元，应交增值税40 000元。

借：银行存款　　　　　　　　　　　　　　　　840 000
　　累计摊销　　　　　　　　　　　　　　　　100 000
　　营业外支出　　　　　　　　　　　　　　　100 000
　　贷：无形资产　　　　　　　　　　　　　　1 000 000
　　　　应交税费——应交增值税（销项税额）　　40 000

◎ **关键词** 银行存款　累计摊销　营业外支出　无形资产　应交税费　出售无形资产

【例12】 转让无形资产，取得银行存款500 000元，无形资产原价600 000元，累计摊销220 000元，计提减值准备5 000元，假定转让该无形资产免税。

借：银行存款　　　　　　　　　　　　　　　　500 000
　　累计摊销　　　　　　　　　　　　　　　　220 000
　　无形资产减值准备　　　　　　　　　　　　5 000
　　贷：无形资产　　　　　　　　　　　　　　600 000
　　　　营业外收入——处置非流动资产利得　　　125 000

◎ **关键词** 银行存款　累计摊销　无形资产减值准备　无形资产　营业外收入　转让无形资产

1702 累计摊销

accumulated amortization

一、本科目核算企业对使用寿命有限的无形资产计提的累计摊销。

作为投资性房地产的、采用成本模式计量的土地使用权的累计摊销,也通过本科目核算。

二、本科目应按无形资产项目进行明细核算。

三、企业按月计提无形资产摊销,借记"管理费用""其他业务成本"等科目,贷记本科目。

四、本科目期末贷方余额,反映企业无形资产累计摊销额。

【例1】 处置某项无形资产,出售价款 400 000 元,增值税额 40 000 元。该资产原值 1 200 000 元,累计折旧 800 000 元,未计提减值准备。

借:银行存款	440 000
累计摊销	800 000
贷:无形资产	1 200 000
应交税费——应交增值税(销项税额)	40 000

🌀 关键词　银行存款　累计摊销　无形资产　应交税费　处置无形资产

【例2】 自用土地使用权转入投资性房地产,账面余额 10 000 000 元,累计摊销 7 000 000 元,公允价值 3 000 000 元。

借:投资性房地产——成本	3 000 000
累计摊销	7 000 000
贷:无形资产——土地使用权	10 000 000

🌀 关键词　投资性房地产　无形资产　累计摊销　自用土地使用权转入投资性房地产

【例3】 甲公司向丙公司出租无形资产使用权,每月计提专利权摊销额 10 000 元。

借:其他业务成本	10 000
贷:累计摊销	10 000

🌀 关键词　其他业务成本　累计摊销　计提出租专利权摊销额

【例4】 企业对无形资产进行摊销,本期摊销额 40 000 元。

借:管理费用	40 000
贷:累计摊销	40 000

🌀 **关键词** 管理费用 累计摊销 无形资产摊销

1703 无形资产减值准备
intangible assets depreciation reserve

一、本科目核算企业无形资产发生减值时计提的减值准备。

二、本科目应按无形资产项目进行明细核算。

三、资产负债表日,企业根据《企业会计准则第 8 号——资产减值》确定的无形资产发生减值的,按应减计的金额,借记"资产减值损失"科目,贷记本科目。处置无形资产时,应同时结转已计提的无形资产减值准备。

四、本科目期末贷方余额,反映企业已计提但尚未转销的无形资产减值准备。

【例1】 资产负债表日企业根据《企业会计准则第 8 号——资产减值》的规定确定无形资产发生减值,计提无形资产减值准备 5 000 元。

借:资产减值损失——计提无形资产减值准备　　　　　5 000
　　贷:无形资产减值准备　　　　　　　　　　　　　　5 000

🌀 **关键词** 资产减值损失 无形资产减值准备 计提无形资产减值准备

【例2】 转让无形资产,取得价款 500 000 元,增值税额 25 000 元。该无形资产原价 600 000 元,累计摊销 220 000 元,计提减值准备 5 000 元。

借:银行存款(实收金额)　　　　　　　　　　　　525 000
　　累计摊销(已摊销的金额)　　　　　　　　　　220 000
　　无形资产减值准备　　　　　　　　　　　　　　5 000
　　贷:无形资产　　　　　　　　　　　　　　　　600 000
　　　　应交税费——应交增值税(销项税额)　　　　25 000
　　　　营业外收入——处置非流动资产利得　　　　125 000

🌀 **关键词** 银行存款 累计摊销 无形资产减值准备 无形资产 应交税费 营业外收入 转让无形资产

【例3】 自用土地使用权转入投资性房地产,账面余额 10 000 000 元,累计摊销 7 000 000 元,计提减值准备 1 000 000 元,该土地使用权公允价值 2 000 000 元。

借:投资性房地产——成本　　　　　　　　　　　2 000 000
　　累计摊销　　　　　　　　　　　　　　　　　7 000 000
　　无形资产减值准备　　　　　　　　　　　　　1 000 000
　　贷:无形资产——土地使用权　　　　　　　　10 000 000

> **关键词** 投资性房地产　累计摊销　无形资产减值准备　无形资产　自用土地使用权转入投资性房地产

1711　商誉
business reputation

一、本科目核算非同一控制下企业合并中取得的商誉价值。

商誉发生减值的,应在本科目设置"减值准备"明细科目进行核算,也可以单独设置"商誉减值准备"科目进行核算。

二、企业应按《企业会计准则第 20 号——企业合并》确定的商誉价值,借记本科目,贷记有关科目。

资产负债表日,企业根据《企业会计准则第 20 号——资产减值》确定的商誉发生减值的,按应减计的金额,借记"资产减值损失"科目,贷记本科目(减值准备)。

三、本科目期末借方余额,反映企业外购商誉的价值。

【例 1】　企业按《企业会计准则第 20 号——企业合并》确定的商誉入账价值 50 000 000 元。

　　借：商誉　　　　　　　　　　　　　　　　50 000 000
　　　　贷：实收资本　　　　　　　　　　　　　　　50 000 000

> **关键词** 商誉　实收资本　非同一控制下企业合并取得商誉

＊商誉必须是企业合并才能产生,因此是合并分录。详见附录复杂会计业务核算"企业合并"。

【例 2】　资产负债表日,企业根据《企业会计准则第 20 号——资产减值》确定的商誉发生减值 10 000 000 元。

　　借：资产减值损失　　　　　　　　　　　　10 000 000
　　　　贷：商誉——减值准备　　　　　　　　　　　10 000 000

> **关键词** 资产减值损失　商誉　确定商誉发生减值

1801　长期待摊费用
long-term prepaid expenses

一、本科目核算企业已经发生但应由本期和以后各期负担的分摊期限在 1 年以上的各项费用。

二、本科目应按费用项目进行明细核算。

三、企业发生的长期待摊费用,借记本科目,贷记有关科目。摊销长期待摊费用时,借记"管理费用""销售费用"等科目,贷记本科目。

四、本科目期末借方余额,反映企业尚未摊销完毕的长期待摊费用的摊余价值。

【例1】 对以经营租赁的方式新租入的办公楼进行装修,装修工程外包完工,支付价款 500 000 元,增值税额 50 000 元。

借:长期待摊费用 500 000
　　应交税费——应交增值税(进项税额) 50 000
　贷:银行存款 550 000

关键词 长期待摊费用　应交税费　银行存款　外包装修租赁办公楼完工付款

【例2】 对以经营租赁的方式新租入的办公楼进行装修,装修领用材料 500 000 元。

借:长期待摊费用 500 000
　贷:原材料 500 000

关键词 长期待摊费用　原材料　装修长期租赁办公楼领用原材料

【例3】 经营性租入办公楼装修领用工程物资 480 000 元,该办公楼用作销售部门办公场所。

借:长期待摊费用 480 000
　贷:工程物资 480 000

关键词 长期待摊费用　工程物资　经营性租入办公楼装修领用工程物资

【例4】 企业辅助生产车间为装修工程提供劳务,分配辅助生产成本 180 000 元。

借:长期待摊费用 180 000
　贷:生产成本——辅助生产成本 180 000

关键词 长期待摊费用　生产成本　辅助生产车间为装修工程提供劳务

【例5】 确认工程人员职工薪酬,应分配工资费用 435 000 元。

借:长期待摊费用 435 000
　贷:应付职工薪酬 435 000

关键词 长期待摊费用　应付职工薪酬　分配工程人员工资费用

【例6】 企业购买公寓以优惠价格向员工出售。假定公寓购买价格共 1 000 000 元,向员工出售价格 800 000 元,售房协议规定购买住房员工需在公司服务 10 年,不考虑相关税费。

```
借：银行存款                                    800 000
    长期待摊费用——非货币性福利              200 000
  贷：固定资产(或固定资产清理)                          1 000 000
```

🌀 **关键词** 银行存款 长期待摊费用 固定资产/固定资产清理 以优惠价向员工有条件出售公寓

【例7】 企业摊销办公楼装修支出 10 000 元。

```
借：管理费用                                    10 000
  贷：长期待摊费用                                      10 000
```

🌀 **关键词** 管理费用 长期待摊费用 摊销装修支出

【例8】 企业摊销销售部门租入商品房门市装修支出 10 000 元。

```
借：销售费用                                    10 000
  贷：长期待摊费用                                      10 000
```

🌀 **关键词** 销售费用 长期待摊费用 摊销销售部门租赁房屋装修支出

【例9】 企业购买公寓以优惠价格向员工出售。假定公寓购买价格共 1 000 000 元，向员工出售价格 700 000 元，售房协议规定购买住房员工需在公司服务 10 年，不考虑相关税费。售房后每月以直线法摊销购房补贴。

```
借：应付职工薪酬                                2 500
  贷：长期待摊费用——非货币性福利                        2 500
```

🌀 **关键词** 应付职工薪酬 长期待摊费用 摊销员工有条件购房补贴

1811 递延所得税资产

deferred income tax assets

一、本科目核算企业根据《企业会计准则第 18 号——所得税》确认的可抵扣暂时性差异产生的所得税资产。

根据税法规定可用以后年度税前利润弥补的亏损产生的所得税资产，也在本科目核算。

二、本科目应当按照可抵扣暂时性差异等项目进行明细核算。

三、递延所得税资产的主要账务处理。

（一）企业在确认相关资产、负债时，根据《企业会计准则第 18 号——所得税》应予确认的递延所得税资产，借记本科目，贷记"所得税费用——递延所得税费用""资本公积——其他资本公积"等科目。

（二）资产负债表日，企业根据《企业会计准则第 18 号——所得税》应予确认的递延所得税资产大于本科目余额的,借记本科目,贷记"所得税费用——递延所得税费用""资本公积——其他资本公积"等科目;应予确认的递延所得税资产小于本科目余额的,做相反的会计分录。

(三)资产负债表日,预计未来期间很可能无法获得足够的应纳税所得额用以抵扣可抵扣暂时性差异的,按应减计的金额,借记"所得税费用——当期所得税费用""资本公积——其他资本公积"科目,贷记本科目。

四、本科目期末借方余额,反映企业已确认的递延所得税资产的余额。

【例1】 企业递延所得税资产年初数 200 000 元,年末数 250 000 元,借方增加 50 000 元,调整所得税费用。

借:递延所得税资产　　　　　　　　　　　　　50 000
　　贷:所得税费用　　　　　　　　　　　　　　　50 000

关键词　递延所得税资产　所得税费用　调减本期所得税费用

【例2】 企业递延所得税资产年初数 250 000 元,年末数 200 000 元。"递延所得税资产"科目借方减少 50 000 元。

借:所得税费用　　　　　　　　　　　　　　　　50 000
　　贷:递延所得税资产　　　　　　　　　　　　　50 000

关键词　所得税费用　递延所得税资产　调增本期所得税费用

【例3】 资产负债表日,预计未来期间很可能无法获得足够的应纳税所得额用以抵扣可抵扣暂时性差异,应减记递延所得税资产 50 000 元。

借:所得税费用——当期所得税费用　　　　　　50 000
　　贷:递延所得税资产　　　　　　　　　　　　　50 000

关键词　所得税费用　递延所得税资产　未来可抵扣所得税额减少调整所得税费用

1901 待处理财产损溢
unacknowledged

一、本科目核算企业在清查财产过程中查明的各种财产盘盈、盘亏和毁损的价值。

物资在运输途中发生的非正常短缺与损耗,也通过本科目核算。

二、本科目应按盘盈、盘亏的资产种类和项目进行明细核算。

三、待处理财产损溢的主要账务处理。

(一)盘盈的各种材料、库存商品、固定资产、生物资产等,借记"原材料""库存商品""固定资产""消耗性生物资产""生产性生物资产""公益性生物产"等科目,贷记本科目。

（二）盘亏、毁损的各种材料、库存商品、生物资产等,借记本科目,贷记"原材料""库存商品""应交税费——应交增值税（进项税额转出）""消耗性生物资产""生产性生物资产""公益性生物资产"等科目。材料、库存商品采用计划成本(或售价)核算的,还应同时结转成本差异(或商品进销差价)。

（三）盘盈、盘亏、毁损的财产,按管理权限报经批准后处理时,按残料价值,借记"原材料"等科目,按可收回的保险赔偿或过失人赔偿,借记"其他应收款"科目,按本科目余额,借记或贷记本科目;按其借方差额,属于管理原因造成的,借记"管理费用"科目,属于非正常损失的,借记"营业外支出——非常损失"科目;按其贷方差额,贷记"管理费用""营业外收入"科目。

四、企业的财产损益,应查明原因,在期末结账前处理完毕,处理后本科目应无余额。

【例1】 存货盘盈 60 000 元。

借：原材料　　　　　　　　　　　　　　　　　　60 000
　　贷：待处理财产损溢——待处理流动资产损溢　　　　60 000

关键词 原材料　待处理财产损溢　存货盘盈

＊"原材料"科目根据盘亏财产不同,也可以是"包装物及低值易耗品/周转材料/库存商品"等科目,本节下同。

【例2】 盘盈原材料 60 000 元,属于管理问题盘盈,批准后处理。

借：待处理财产损溢——待处理流动资产损溢　　　60 000
　　贷：管理费用　　　　　　　　　　　　　　　　　　60 000

关键词 待处理财产损溢　管理费用　处理存货盘盈

【例3】 企业原材料盘亏 80 000 元,不考虑相关税费。

借：待处理财产损溢——待处理流动资产损溢　80 000
　　贷：原材料　　　　　　　　　　　　　　　　　　　80 000

关键词 待处理财产损溢　原材料　处理存货盘亏

【例4】 存货盘亏 80 000 元,经查存货盘亏属于人为损失和管理不善造成的,应由个人赔偿 50 000 元,扣除残料款 20 000 元其余由企业承担。

借：原材料　　　　　　　　　　　　　　　　　　20 000
　　管理费用　　　　　　　　　　　　　　　　　　10 000
　　其他应收款——应收其他个人款　　　　　　　　50 000
　　贷：待处理财产损溢——待处理流动资产损溢　　　　80 000

🔑 **关键词** 待处理财产损溢　原材料　管理费用　其他应收款　处理存货盘亏

【例5】 库存材料因意外火灾损毁 10 000 元,进项税额转出 1 600 元。

借:待处理财产损溢——待处理流动资产损溢　　　　　11 600
　　贷:原材料　　　　　　　　　　　　　　　　　　　10 000
　　　　应交税费——应交增值税(进项税额转出)　　　　1 600

🔑 **关键词** 待处理财产损溢　原材料　应交税费　意外原因毁损库存材料等

【例6】 库存材料因意外火灾损毁 10 000 元,进项税额转出 1 600 元。应收保险公司赔偿 5 000 元,经批准后进行账务处理。

借:营业外支出　　　　　　　　　　　　　　　　　　6 600
　　其他应收款——保险赔偿　　　　　　　　　　　　5 000
　　贷:待处理财产损溢——待处理流动资产损溢　　　　11 600

🔑 **关键词** 营业外支出　其他应收款　待处理财产损溢　意外原因毁损原材料查明原因进行账务处理

【例7】 企业固定资产盘亏,该固定资产账面价值 1 000 000 元,已计提折旧 600 000 元。

借:待处理财产损溢——待处理非流动资产损溢　　　　400 000
　　累计折旧　　　　　　　　　　　　　　　　　　　600 000
　　贷:固定资产　　　　　　　　　　　　　　　　　1 000 000

🔑 **关键词** 待处理财产损溢　累计折旧　固定资产　盘亏固定资产

【例8】 企业固定资产盘亏,该固定资产账面价值 1 000 000 元,已计提折旧 600 000 元。经查是企业管理不善造成的,报批处理。

借:营业外支出　　　　　　　　　　　　　　　　　　400 000
　　贷:待处理财产损溢——待处理非流动资产损溢　　　400 000

🔑 **关键词** 待处理财产损溢　营业外支出　盘亏固定资产报批处理

负 债 类

2001 短期借款
short-term borrowings

一、本科目核算企业向银行或其他金融机构等借入的期限在 1 年以下（含 1 年）的各种借款。

企业向银行或其他金融机构等借入的期限在 1 年以上的各种借款,在"长期借款"科目核算。

二、本科目应当按照借款种类和贷款人进行明细核算。

三、短期借款的主要账务处理。

（一）企业借入的各种短期借款,借记"银行存款"科目,贷记本科目;归还借款时,做相反的会计分录。

（二）资产负债表日,应按实际利率计算确定的短期借款利息的金额,借记"财务费用""利息支出"等科目,贷记"预提费用""银行存款"等科目。

实际利率与合同约定的名义利率差异不大的,也可以采用合同约定的名义利率计算确定利息费用。

四、本科目期末贷方余额,反映企业尚未偿还的短期借款的本金。

【例1】 从银行借入 1 年期短期借款 200 000 元。

借：银行存款 200 000
　贷：短期借款 200 000

关键词 银行存款　短期借款　借入短期借款

【例2】 企业无法支付银行承兑汇票票据款 585 000 元。

借：应付票据 585 000
　贷：短期借款 585 000

关键词 应付票据　短期借款　无法支付银行承兑汇票票据款转短期借款

【例3】 以银行存款偿还银行借款本金,价款 200 000 元。

借：短期借款 200 000
　贷：银行存款 200 000

🔑 **关键词** 短期借款　银行存款　偿还短期借款

【例4】 以银行存款偿还银行借款本金,同时支付已提到期一次付息应付利息,还款 216 000 元,不考虑相关税费。

　　借：短期借款　　　　　　　　　　　　　　　　200 000
　　　　应付利息　　　　　　　　　　　　　　　　 16 000
　　　贷：银行存款　　　　　　　　　　　　　　　　216 000

🔑 **关键词** 短期借款　应付利息　银行存款　短期借款到期偿付本金和利息

2201 应付票据
notes payable

一、本科目核算企业购买材料、商品和接受劳务供应等而开出、承兑的商业汇票,包括银行承兑汇票和商业承兑汇票。

二、应付票据的主要账务处理。

(一)企业开出、承兑商业汇票或以承兑商业汇票抵付货款、应付账款时,借记"物资采购""库存商品""应付账款""应交税费——应交增值税(进项税额)"等科目,贷记本科目。

(二)支付银行承兑汇票的手续费,借记"财务费用"科目,贷记"银行存款"科目。支付款项时,借记本科目,贷记"银行存款"科目。

(三)应付票据到期,如企业无力支付票款,按应付票据的票面价值,借记本科目,贷记"应付账款"科目。

三、企业应当设置"应付票据备查簿",详细登记每一张商业汇票的种类、号数和出票日期、到期日、票面余额、交易合同号和收款人姓名或单位名称以及付款日期和金额等资料。应付票据到期结清时,应当在备查簿内逐笔注销。

四、本科目期末贷方余额,反映企业尚未到期的商业汇票的票面余额。

【例1】 计划成本法下,开出商业承兑汇票购买原材料,价款 300 000 元,增值税专用发票注明税额 48 000 元。

　　借：材料采购　　　　　　　　　　　　　　　　300 000
　　　　应交税费——应交增值税(进项税额)　　　　 48 000
　　　贷：应付票据　　　　　　　　　　　　　　　　348 000

🔑 **关键词** 材料采购　应交税费　应付票据　计划成本下法购买原材料未入库

【例2】 实际成本法下,开出商业承兑汇票购买原材料,价款 300 000 元,增值税专用发票注明税额 48 000 元。

借：在途物资	300 000
应交税费——应交增值税（进项税额）	48 000
贷：应付票据	348 000

🌀 **关键词** 在途物资　应交税费　应付票据　实际成本法下购买原材料未入库

【例3】 实际成本法下，以应付票据购买原材料直接入库，买价300 000元，增值税专用发票注明税额48 000元。

借：原材料	300 000
应交税费——应交增值税（进项税额）	48 000
贷：应付票据	348 000

🌀 **关键词** 原材料　应付票据　购买原材料直接入库

【例4】 以应付票据购买库存商品直接入库，买价300 000元，增值税专用发票注明税额48 000元。

借：库存商品	300 000
应交税费——应交增值税（进项税额）	48 000
贷：应付票据	348 000

🌀 **关键词** 库存商品　应交税费　应付票据　购买库存商品直接入库

【例5】 以商业汇票抵付前欠货款320 000元。

| 借：应付账款——××公司 | 320 000 |
| 　贷：应付票据 | 320 000 |

🌀 **关键词** 应付账款　应付票据　以商业汇票抵付应付账款

【例6】 开出的带息商业承兑汇票，本期应计提利息1 600元。

| 借：财务费用 | 1 600 |
| 　贷：应付票据 | 1 600 |

🌀 **关键词** 财务费用　应付票据　计提带息商业承兑汇票利息

【例7】 支付到期商业汇票款585 000元。

| 借：应付票据 | 585 000 |
| 　贷：银行存款 | 585 000 |

🌀 **关键词** 应付票据　银行存款　支付到期商业汇票款

【例8】 企业无法支付银行承兑汇票票据款585 000元。

| 借：应付票据 | 585 000 |
| 　贷：短期借款 | 585 000 |

◎ **关键词** 应付票据　短期借款　无法支付银行承兑汇票票据款转短期借款

【例9】 企业无力支付应付票据款 324 800 元,转入应付账款。
借:应付票据　　　　　　　　　　　　　　　　　　　324 800
　贷:应付账款　　　　　　　　　　　　　　　　　　324 800

◎ **关键词** 应付票据　应付账款　无力支付应付票据款转入应付账款

2202 应付账款
accounts payable

一、本科目核算企业因购买材料、商品和接受劳务供应等经营活动应支付的款项。

企业(金融)应支付但尚未支付的手续费和佣金,可将本科目改为"2202应付手续费"科目,并按照对方单位(或个人)进行明细核算。

二、本科目应当按照不同的债权人进行明细核算。

三、应付账款的主要账务处理。

(一)企业购入材料、商品等验收入库,但货款尚未支付,根据有关凭证(发票账单、随货同行发票上记载的实际价款或暂估价值),借记"材料采购""在途物资"等科目,按可抵扣的增值税额,借记"应交税费——应交增值税(进项税额)"等科目,按应付的价款,贷记本科目。

(二)接受供应单位提供劳务而发生的应付未付款项,根据供应单位的发票账单,借记"生产成本""管理费用"等科目,贷记本科目。

支付时,借记本科目,贷记"银行存款"等科目。

(三)采用售后回购方式融资的,在发出商品等资产时,应按实际收到或应收的金额,借记"银行存款""应收账款"等科目,按增值税专用发票上注明的增值税额,贷记"应交税费——应交增值税(销项税额)"科目,按其差额,贷记本科目。回购价格与原销售价格之间的差额,应在售后回购期间内按期计提利息费用,借记"财务费用"科目,贷记本科目。

购回该项商品等时,应按回购商品等的价款,借记本科目,按可抵扣的增值税额,借记"应交税费——应交增值税(进项税额)"科目,按实际支付的金额,贷记"银行存款"科目。

(四)企业与债权人进行债务重组,应当分别债务重组的不同方式进行账务处理。

1. 以低于应付债务账面价值的现金清偿债务的,应按应付账款的账面余额,借记本科目,按实际支付的金额,贷记"银行存款"科目,按其差额,贷记"营业外收入——债务重组利得"科目。

2. 企业以非现金资产清偿债务的,应按应付账款的账面余额,借记本科目,按用于清偿债务的非现金资产的公允价值,贷记"交易性金融资产""其他业务收入""主营业务收入""固定资产清理""无形资产""长期股权投资"等科目,按应支付的相关税费,贷记"应交税费"等科目,按其差额,贷记"营业外收入"等科目或借记"营业外支出"等科目。

3. 以债务转为资本,应按应付账款的账面余额,借记本科目,按债权人因放弃债权而享有的股权的公允价值,贷记"实收资本"或"股本""资本公积——资本溢价(或股本溢价)"科目,按其差额,贷记"营业外收入——债务重组利得"科目。

4. 以修改其他债务条件进行清偿的,应将重组债务的账面余额与重组后债务的公允价值的差额,借记本科目,贷记"营业外收入——债务重组利得"科目。

(五)企业如有将应付账款划转出去或者确实无法支付的应付账款,应按其账面余额,借记本科目,贷记"营业外收入——其他"科目。

四、本科目期末贷方余额,反映企业尚未支付的应付账款。

【例1】 企业无力支付应付票据款 324 800 元,转入应付账款。

借:应付票据   324 800
　　贷:应付账款——××公司   324 800

关键词 应付票据　应付账款　无力偿付应付票据转应付账款

【例2】 企业购买原材料,材料尚未入库(计划成本法),款项尚未支付,买价 100 000 元,进项税额 16 000 元。

借:材料采购   100 000
　　应交税费——应交增值税(进项税额) 16 000
　　贷:应付账款——××公司   116 000

关键词 材料采购　应交税费　应付账款　计划成本法下购买原材料未入库未付款

【例3】 企业购买原材料,材料尚未入库(实际成本法),款项尚未支付,买价 100 000 元,进项税额 16 000 元。

借:在途物资   100 000
　　应交税费——应交增值税(进项税额) 16 000
　　贷:应付账款——××公司   116 000

关键词 材料采购　应交税费　应付账款　实际成本法下购买原材料未入库未付款

【例4】　企业购买原材料,买价100 000元,进项税额16 000元,入库发生费用1 000元,现金支付。

借：原材料　　　　　　　　　　　　　　　　　　　　101 000
　　应交税费——应交增值税（进项税额）　　　　　　 16 000
　贷：应付账款——××公司　　　　　　　　　　　　 116 000
　　　库存现金　　　　　　　　　　　　　　　　　　　 1 000

关键词 原材料　应交税费　应付账款　库存现金　采购材料未付款

【例5】　企业购买一批家电已验收入库,款项尚未支付,价税总计1 160 000元。

借：库存商品　　　　　　　　　　　　　　　　　　 1 000 000
　　应交税费——应交增值税（进项税额）　　　　　　160 000
　贷：应付账款——××公司　　　　　　　　　　　　1 160 000

关键词 库存商品　应付账款　购买库存商品未付款

【例6】　企业各部门耗电48 000元,车间分配32 000元,管理部门分配16 000元,尚未付款。

借：制造费用　　　　　　　　　　　　　　　　　　　 32 000
　　管理费用　　　　　　　　　　　　　　　　　　　 16 000
　贷：应付账款——电力公司　　　　　　　　　　　　 48 000

关键词 制造费用　管理费用　应付账款　分配电费

【例7】　企业以银行存款偿付某公司应付账款118 000元。

借：应付账款——××公司　　　　　　　　　　　　　118 000
　贷：银行存款　　　　　　　　　　　　　　　　　　118 000

关键词 应付账款　银行存款　偿付应付账款

【例8】　企业以银行存款支付某公司应付账款1 158 300元,获得现金折扣11 700元。

借：应付账款——××公司　　　　　　　　　　　　 1 170 000
　贷：银行存款　　　　　　　　　　　　　　　　　 1 158 300
　　　财务费用　　　　　　　　　　　　　　　　　　 11 700

关键词 应付账款　银行存款　财务费用　偿付欠款获得现金折扣

【例9】　企业采购材料验收入库,发票账单未到,合同价值30 000元,暂估入库。

  借：原材料   30 000
   贷：应付账款——暂估料款   30 000

🔑 **关键词** 原材料 应付账款 材料暂估入库

【例10】 月初冲回上月暂估料款应付账款30 000元。

  借：应付账款——暂估料款   30 000
   贷：原材料   30 000

🔑 **关键词** 应付账款 原材料 月初冲回暂估料款

【例11】 以商业汇票抵付前欠货款320 000元。

  借：应付账款——××公司   320 000
   贷：应付票据   320 000

🔑 **关键词** 应付账款 应付票据 以商业汇票抵付应付账款

【例12】 确定一笔无法支付的款项4 000元，进行账务处理。

  借：应付账款——××公司   4 000
   贷：营业外收入   4 000

🔑 **关键词** 应付账款 营业外收入 无法支付的应付账款收账

2205 预收账款
receipts in advance

  一、本科目核算企业按照合同规定向购货单位预收的款项。

  预收账款情况不多的，也可将预收的款项直接记入"应收账款"科目。

  企业（保险）按照原保险合同约定收到的尚未满足保费收入确认条件的保险费，可将本科目改为"2205 预收保费"科目，并按投保人进行明细核算。

  二、本科目应按购货单位进行明细核算。

  三、企业向购货单位预收的款项，借记"银行存款"科目，贷记本科目；销售实现时，按实现的收入和应交的增值税销项税额，借记本科目；按实现的营业收入，贷记"主营业务收入"科目；按增值税专用发票上注明的增值税额，贷记"应交税费——应交增值税（销项税额）"等科目。

  购货单位补付的款项，借记"银行存款"科目，贷记本科目；退回多付的款项，做相反的会计分录。

  四、本科目期末贷方余额，反映企业向购货单位预收的款项；期末如为借方余额，反映企业应由购货单位补付的款项。

【例1】 为乙公司培训一批学员,收到预付的培训费20 000元。

借:银行存款　　　　　　　　　　　　　　　　　　20 000
　　贷:预收账款——乙公司　　　　　　　　　　　　　20 000

关键词 银行存款　预收账款　收到客户预付账款

【例2】 收到甲公司补付尾款50 000元。

借:银行存款　　　　　　　　　　　　　　　　　　50 000
　　贷:预收账款——甲公司　　　　　　　　　　　　　50 000

关键词 银行存款　预收账款　收到客户补付尾款

【例3】 企业销售产品一批,收到预收账款60 000元。

借:银行存款　　　　　　　　　　　　　　　　　　60 000
　　贷:预收账款——××公司　　　　　　　　　　　　60 000

关键词 银行存款　预收账款　收客户预付商品款

【例4】 按合同规定,向客户发出货物,价款116 000元,结转销售收入。

借:预收账款——××公司　　　　　　　　　　　　116 000
　　贷:主营业务收入　　　　　　　　　　　　　　　100 000
　　　　应交税费——应交增值税(销项税额)　　　　　16 000

关键词 预收账款　主营业务收入　应交税费　结转销售收入

【例5】 收到合同客户补付货款57 000元。

借:银行存款　　　　　　　　　　　　　　　　　　57 000
　　贷:预收账款——××公司　　　　　　　　　　　　57 000

关键词 银行存款　预收账款　客户补付货款

【例6】 为乙公司培训一批学员,确认劳务收入,培训费已经提前预收,加税合计70 000元,其中增值税额3 962.26元。

借:预收账款——乙公司　　　　　　　　　　　　　70 000.00
　　贷:主营业务收入　　　　　　　　　　　　　　　66 037.74
　　　　应交税费——应交增值税(销项税额)　　　　　3 962.26

关键词 预收账款　主营业务收入　应交税费　确认劳务收入

2211 应付职工薪酬
employee benefits payable

一、本科目核算企业根据有关规定应付给职工的各种薪酬。

外商投资企业按规定从净利润中提取的职工奖励及福利基金,也在本科目核算。

二、本科目应当按照"工资""职工福利""社会保险费""住房公积金""工会经费""职工教育经费""解除职工劳动关系补偿"等应付职工薪酬项目进行明细核算。

三、应付职工薪酬的主要账务处理。

（一）企业按照有关规定向职工支付工资、奖金、津贴等，借记本科目，贷记"银行存款""库存现金"等科目。

企业从应付职工薪酬中扣还的各种款项（代垫的家属药费、个人所得税等），借记本科目，贷记"其他应收款""应交税费——应交个人所得税"等科目。

企业向职工支付职工福利费，借记本科目，贷记"银行存款""库存现金"科目。

企业支付工会经费和职工教育经费用于工会运作和职工培训，借记本科目，贷记"银行存款"等科目。

企业按照国家有关规定缴纳社会保险费和住房公积金，借记本科目，贷记"银行存款"科目。

企业因解除与职工的劳动关系向职工给予的补偿，借记本科目，贷记"银行存款""库存现金"等科目。

（二）企业应当根据职工提供服务的受益对象，对发生的职工薪酬分别按以下情况进行处理：

生产部门人员的职工薪酬，借记"生产成本""制造费用""劳务成本"科目，贷记本科目。

管理部门人员的职工薪酬，借记"管理费用"科目，贷记本科目。

销售人员的职工薪酬，借记"销售费用"科目，贷记本科目。

应由在建工程、研发支出负担的职工薪酬，借记"在建工程""研发支出"科目，贷记本科目。

因解除与职工的劳动关系给予的补偿，借记"管理费用"科目，贷记本科目。

外商投资企业按规定从净利润中提取的职工奖励及福利基金，借记"利润分配——提取的职工奖励及福利基金"科目，贷记本科目。

四、本科目期末贷方余额，反映企业应付职工薪酬的结余。

* 本节根据修订后的《企业会计准则第9号——职工薪酬》补充了部分内容。

【例1】 分配本月发生工资费用 462 000 元。其中：生产车间工人工资 320 000 元，车间管理人员工资 70 000 元，厂部管理人员工资 60 400 元，销售人员工资 116 000 元。

借：生产成本——基本生产成本　　　　　　　　　　　　　320 000
　　　制造费用　　　　　　　　　　　　　　　　　　　　70 000
　　　管理费用　　　　　　　　　　　　　　　　　　　　60 400
　　　销售费用　　　　　　　　　　　　　　　　　　　　11 600
　　贷：应付职工薪酬——工资　　　　　　　　　　　　　462 000

💫 **关键词**　生产成本　制造费用　管理费用　销售费用　应付职工薪酬　分配工资费用

【例2】　按规定分配各部门职工五险一金费用76 680元。
借：生产成本——基本生产成本　　　　　　　　　　　　　44 800
　　　制造费用　　　　　　　　　　　　　　　　　　　　9 800
　　　管理费用　　　　　　　　　　　　　　　　　　　　10 080
　　　销售费用　　　　　　　　　　　　　　　　　　　　12 000
　　贷：应付职工薪酬——五险一金　　　　　　　　　　　76 680

💫 **关键词**　生产成本　制造费用　管理费用　销售费用　应付职工薪酬　分配五险一金费用

【例3】　企业对以经营租赁的方式新租入的办公楼进行装修，确认工程人员职工薪酬435 000元。
借：长期待摊费用　　　　　　　　　　　　　　　　　　435 000
　　贷：应付职工薪酬　　　　　　　　　　　　　　　　　435 000

💫 **关键词**　长期待摊费用　应付职工薪酬　发生工程人员薪酬

【例4】　企业研发部门本期应当负担员工工资费用640 000元。
借：研发支出　　　　　　　　　　　　　　　　　　　　640 000
　　贷：应付职工薪酬　　　　　　　　　　　　　　　　　640 000

💫 **关键词**　研发支出　应付职工薪酬　发生工程人员薪酬

【例5】　企业购进需安装固定资产，应当负担员工工资费用46 000元。
借：在建工程　　　　　　　　　　　　　　　　　　　　46 000
　　贷：应付职工薪酬　　　　　　　　　　　　　　　　　46 000

💫 **关键词**　在建工程　应付职工薪酬　发生工程人员薪酬

【例6】　企业对外承接劳务，本期应负担员工工资费用350 000元。
借：劳务成本　　　　　　　　　　　　　　　　　　　　350 000
　　贷：应付职工薪酬　　　　　　　　　　　　　　　　　350 000

💫 **关键词**　劳务成本　应付职工薪酬　发生工程人员薪酬

【例7】 销售部门8月份发生销售人员工资104 600元。
　　借：销售费用　　　　　　　　　　　　　　　　　　104 600
　　　贷：应付职工薪酬　　　　　　　　　　　　　　　　　104 600

🌀 关键词　销售费用　应付职工薪酬　销售部门发生人员工资

【例8】 行政部门9月份发生行政人员工资150 000元。
　　借：管理费用　　　　　　　　　　　　　　　　　　150 000
　　　贷：应付职工薪酬　　　　　　　　　　　　　　　　　150 000

🌀 关键词　管理费用　应付职工薪酬　行政部门发生的工资费用

【例9】 企业购买公寓以优惠价格向管理部门员工出售。假定公寓购买价格共1 000 000元，向员工出售价格800 000元，售房协议规定购买住房的员工需在公司服务10年，不考虑相关税费。售房后每年确认费用并摊销购房补贴。
　　借：管理费用　　　　　　　　　　　　　　　　　　20 000
　　　贷：应付职工薪酬——非货币性福利　　　　　　　　　20 000

🌀 关键词　管理费用　应付职工薪酬　确认有条件购房补贴费用

【例10】 企业与员工有偿解除劳动合同，需支付补偿费用58 700元。
　　借：管理费用　　　　　　　　　　　　　　　　　　58 700
　　　贷：应付职工薪酬——辞退福利　　　　　　　　　　　58 700

🌀 关键词　管理费用　应付职工薪酬　发生员工有偿解除劳动合同费用

【例11】 外商投资企业按规定从净利润中提取职工奖励及福利基金500 000元。
　　借：利润分配——提取的职工奖励及福利基金　　　　　500 000
　　　贷：应付职工薪酬——职工奖励及福利基金　　　　　　500 000

🌀 关键词　利润分配　应付职工薪酬　提取职工奖励及福利基金

【例12】 企业根据过去经验预计2015年12月31日员工累计未使用带薪年假导致的工资负债22 500元。
　　借：管理费用　　　　　　　　　　　　　　　　　　22 500
　　　贷：应付职工薪酬——累积带薪缺勤　　　　　　　　　22 500

🌀 关键词　管理费用　应付职工薪酬　预计员工累积带薪缺勤

【例13】 企业根据员工利润分享计划于2015年12月31日确认应计入管理费用的利润分享计划金额150 000元，计入生产成本的员工利润分享计划金额100 000元。

借：管理费用 150 000
　　　生产成本 100 000
　　贷：应付职工薪酬——利润分享计划 250 000

关键词 管理费用　生产成本　应付职工薪酬　计提员工利润分享计划金额

【例14】 企业发放员工工资420 000元，以银行存款/库存现金支付。
借：应付职工薪酬——工资薪金 420 000
　　贷：银行存款（库存现金） 420 000

关键词 应付职工薪酬　银行存款/库存现金　发放员工工资

【例15】 企业上缴代扣员工个人所得税145 320元。
借：应付职工薪酬——个人所得税 145 320
　　贷：应交税费——应交个人所得税 145 320

关键词 应付职工薪酬　库存现金　上缴个人所得税

【例16】 企业扣回代垫家属医疗费5 000元。
借：应付职工薪酬——代垫款项 5 000
　　贷：其他应收款——垫付医药费 5 000

关键词 应付职工薪酬　其他应收款　扣除垫付医疗费

【例17】 企业支付12 000元补贴给食堂。
借：应付职工薪酬——职工福利费 12 000
　　贷：库存现金 12 000

关键词 应付职工薪酬　库存现金　补贴食堂经费

【例18】 企业以银行存款缴纳五险一金40 000元。
借：应付职工薪酬——社会保险费 40 000
　　贷：银行存款 40 000

关键词 应付职工薪酬　银行存款　缴纳职工五险一金

【例19】 支付高级管理人员住房租金40 000元。
借：应付职工薪酬——非货币性福利 40 000
　　贷：银行存款 40 000

关键词 应付职工薪酬　银行存款　支付管理人员住房租金

【例20】 企业支付工会经费56 400元和职工教育经费46 200元。
借：应付职工薪酬——工会经费 56 400
　　　　　　　　　——职工教育费 46 200
　　贷：银行存款 102 600

🌀**关键词**　应付职工薪酬　银行存款　支付工会经费和职工教育费

【例21】　计提企业福利设施折旧费20 000元。

借：应付职工薪酬——非货币性福利　　　　　　　20 000
　　贷：累计折旧——福利设施　　　　　　　　　　　　20 000

🌀**关键词**　应付职工薪酬　累计折旧　职工福利设施计提折旧

【例22】　企业用自产产品发放非货币性福利212 000元,该产品账面成本180 000元,对外售价200 000元。

借：应付职工薪酬——非货币性福利　　　　　　　212 000
　　贷：库存商品　　　　　　　　　　　　　　　　　180 000
　　　　应交税费——应交增值税(销项税额)　　　　　32 000

🌀**关键词**　应付职工薪酬　库存商品　应交税费　以自产产品发放非货币性福利

* 视同销售应缴纳企业所得税在期末纳税汇算调整中体现。

【例23】　企业与员工有偿解除劳动合同,支付补偿费用58 700元。

借：应付职工薪酬——辞退福利　　　　　　　　　58 700
　　贷：银行存款　　　　　　　　　　　　　　　　　58 700

🌀**关键词**　应付职工薪酬　银行存款　员工有偿解除劳动合同

【例24】　企业根据过去经验,预计2018年12月31日员工累计未使用带薪年假导致的工资负债22 500元,2017年年末未使用,年末冲回。

借：应付职工薪酬——累积带薪缺勤　　　　　　　22 500
　　贷：管理费用　　　　　　　　　　　　　　　　　22 500

🌀**关键词**　应付职工薪酬　管理费用　冲回上年度预计员工累积带薪缺勤

【例25】　企业2017年度员工享受上年年末确认累积带薪缺勤15 600元。

借：应付职工薪酬——累积带薪缺勤　　　　　　　15 600
　　贷：银行存款　　　　　　　　　　　　　　　　　15 600

🌀**关键词**　应付职工薪酬　银行存款　员工享受上年度累积带薪缺勤

【例26】　企业发放员工利润分享计划金额250 000元。

借：应付职工薪酬——利润分享计划　　　　　　　250 000
　　贷：银行存款　　　　　　　　　　　　　　　　　250 000

🌀**关键词**　应付职工薪酬　银行存款　发放员工利润分享计划金额

【例27】　企业购买公寓以优惠价格向员工出售。假定公寓购买价格共1 000 000元,向员工出售价格700 000元,售房协议规定购买住房的员工需在公司服务10年,不考虑相关税费。售房后每月用直线法摊销购房补贴。

  借:应付职工薪酬——非货币性福利   2 500
    贷:长期待摊费用——非货币性福利   2 500

关键词 应付职工薪酬 长期待摊费用 摊销员工有条件购房补贴

2221 应交税费
taxes payable

  一、本科目核算企业按照税法规定计算应缴纳的各种税费,包括增值税、消费税、所得税、资源税、土地增值税、城市维护建设税、房产税、城镇土地使用税、车船税、教育费附加、矿产资源补偿费等。

  企业(保险)按规定应缴纳的保险保障基金,也通过本科目核算。

  企业代扣代交的个人所得税,也通过本科目核算。

  企业不需要预计应交数所缴纳的税金,如印花税、耕地占用税等,不在本科目核算。

  二、本科目应当按照应交税费的税种进行明细核算。

  增值税一般纳税人应当在"应交税费"科目下设置"应交增值税""未交增值税""预交增值税""待抵扣进项税额""待认证进项税额""待转销项税额""增值税留抵税额""简易计税""转让金融商品应交增值税""代扣代交增值税"等明细科目。

  1."应交增值税"明细科目,核算一般纳税人尚未缴纳的税费、多交或尚未抵扣的税费。

  增值税一般纳税人应在"应交增值税"明细账内设置"进项税额""销项税额抵减""已交税金""转出未交增值税""减免税款""出口抵减内销产品应纳税额""销项税额""出口退税""进项税额转出""转出多交增值税"等专栏进行明细核算。

  (1)"进项税额"专栏,记录一般纳税人购进货物、加工修理修配劳务、服务、无形资产或不动产而支付或负担的、准予从当期销项税额中抵扣的增值税额。

  (2)"销项税额抵减"专栏,记录一般纳税人按照现行增值税制度规定因扣减销售额而减少的销项税额。

  (3)"已交税金"专栏,记录一般纳税人当月已缴纳的应交增值税额。

  (4)"转出未交增值税"和"转出多交增值税"专栏,分别记录一般纳税人月度终了转出当月应交未交或多交的增值税额。

  (5)"减免税款"专栏,记录一般纳税人按现行增值税制度规定准予减免的增值税额。

（6）"出口抵减内销产品应纳税额"专栏，记录实行"免、抵、退"办法的一般纳税人按规定计算的出口货物的进项税抵减内销产品的应纳税额。

（7）"销项税额"专栏，记录一般纳税人销售货物、加工修理修配劳务、服务、无形资产或不动产应收取的增值税额。

（8）"出口退税"专栏，记录一般纳税人出口货物、加工修理修配劳务、服务、无形资产按规定退回的增值税额。

（9）"进项税额转出"专栏，记录一般纳税人购进货物、加工修理修配劳务、服务、无形资产或不动产等发生非正常损失，以及其他原因而不应从销项税额中抵扣、按规定转出的进项税额。

2."未交增值税"明细科目，核算一般纳税人月度终了从"应交增值税"或"预交增值税"明细科目转入当月应交未交、多交或预缴的增值税额，以及当月缴纳以前期间未交的增值税额。

3."预交增值税"明细科目，核算一般纳税人转让不动产、提供不动产经营租赁服务、提供建筑服务、采用预收款方式销售自行开发的房地产项目等，以及其他按现行增值税制度规定应预缴的增值税额。

4."待抵扣进项税额"明细科目，核算一般纳税人已取得增值税扣税凭证并经税务机关认证，按照现行增值税制度规定准予以后期间从销项税额中抵扣的进项税额。包括：一般纳税人自2016年5月1日后取得并按固定资产核算的不动产或者2016年5月1日后取得的不动产在建工程，按现行增值税制度规定准予以后期间从销项税额中抵扣的进项税额；实行纳税辅导期管理的一般纳税人取得的尚未交叉稽核比对的增值税扣税凭证上注明或计算的进项税额。

5."待认证进项税额"明细科目，核算一般纳税人由于未经税务机关认证而不得从当期销项税额中抵扣的进项税额。包括：一般纳税人已取得增值税扣税凭证、按照现行增值税制度规定准予从销项税额中抵扣，但尚未经税务机关认证的进项税额；一般纳税人已申请稽核但尚未取得稽核相符结果的海关缴款书进项税额。

6."待转销项税额"明细科目，核算一般纳税人销售货物、加工修理修配劳务、服务、无形资产或不动产，已确认相关收入（或利得）但尚未发生增值税纳税义务而需于以后期间确认为销项税额的增值税额。

7."增值税留抵税额"明细科目，核算兼有销售服务、无形资产或者不动产的原增值税一般纳税人，截至纳入营改增试点之日前的增值税期末留抵税额按照现行增值税制度规定不得从销售服务、无形资产或不动产的销项税额中抵扣的增值税留抵税额。

8."简易计税"明细科目,核算一般纳税人采用简易计税方法发生的增值税计提、扣减、预缴、缴纳等业务。

9."转让金融商品应交增值税"明细科目,核算增值税纳税人转让金融商品发生的增值税额。

10."代扣代交增值税"明细科目,核算纳税人购进在境内未设经营机构的境外单位或个人在境内的应税行为代扣代缴的增值税。

小规模纳税人只需在"应交税费"科目下设置"应交增值税"明细科目,不需要设置上述专栏及除"转让金融商品应交增值税""代扣代交增值税"外的明细科目。

三、应交税费的主要账务处理。

(一)应交增值税。

1. 取得资产或接受劳务等业务的账务处理。

(1)采购等业务进项税额允许抵扣的账务处理。一般纳税人购进货物、加工修理修配劳务、服务、无形资产或不动产,按应计入相关成本费用或资产的金额,借记"在途物资"或"原材料""库存商品""生产成本""无形资产""固定资产""管理费用"等科目,按当月已认证的可抵扣增值税额,借记"应交税费——应交增值税(进项税额)"科目,按当月未认证的可抵扣增值税额,借记"应交税费——待认证进项税额"科目,按应付或实际支付的金额,贷记"应付账款""应付票据""银行存款"等科目。发生退货的,如原增值税专用发票已做认证,应根据税务机关开具的红字增值税专用发票做相反的会计分录;如原增值税专用发票未做认证,应将发票退回并做相反的会计分录。

(2)采购等业务进项税额不得抵扣的账务处理。一般纳税人购进货物、加工修理修配劳务、服务、无形资产或不动产,用于简易计税方法计税项目、免征增值税项目、集体福利或个人消费等,其进项税额按照现行增值税制度规定不得从销项税额中抵扣的,取得增值税专用发票时,应借记相关成本费用或资产科目,借记"应交税费——待认证进项税额"科目,贷记"银行存款""应付账款"等科目,经税务机关认证后,应借记相关成本费用或资产科目,贷记"应交税费——应交增值税(进项税额转出)"科目。

(3)购进不动产或不动产在建工程按规定进项税额分年抵扣的账务处理。一般纳税人自2016年5月1日后取得并按固定资产核算的不动产或者2016年5月1日后取得的不动产在建工程,其进项税额按现行增值税制度规定自取得之日起分2年从销项税额中抵扣的,应当按取得成本,借记"固定资产""在建工程"等科目,按当期可抵扣的增值税额,借记"应交税费——应交增值税(进项税额)"科目,按以后期间可抵扣的增值税额,借记"应交税费——待抵扣进项税额"科目,按应付或实际支付的金额,贷记"应付账款""应付票据""银行存款"等科目。尚未抵扣的进项税额待以后期间允许抵扣时,按允许抵扣的金额,借记"应交税费——应交增值税(进项税额)"科目,贷记"应交税费——待抵扣进项税额"科目。

(4) 货物等已验收入库但尚未取得增值税扣税凭证的账务处理。一般纳税人购进的货物等已到达并验收入库,但尚未收到增值税扣税凭证并未付款的,应在月末按货物清单或相关合同协议上的价格暂估入账,不需要将增值税的进项税额暂估入账。下月月初,用红字冲销原暂估入账金额,待取得相关增值税扣税凭证并经认证后,按应计入相关成本费用或资产的金额,借记"原材料""库存商品""固定资产""无形资产"等科目,按可抵扣的增值税额,借记"应交税费——应交增值税(进项税额)"科目,按应付金额,贷记"应付账款"等科目。

(5) 小规模纳税人采购等业务的账务处理。小规模纳税人购买物资、服务、无形资产或不动产,取得增值税专用发票上注明的增值税应计入相关成本费用或资产,不通过"应交税费——应交增值税"科目核算。

(6) 购买方作为扣缴义务人的账务处理。按照现行增值税制度规定,境外单位或个人在境内发生应税行为,在境内未设有经营机构的,以购买方为增值税扣缴义务人。境内一般纳税人购进服务、无形资产或不动产,按应计入相关成本费用或资产的金额,借记"生产成本""无形资产""固定资产""管理费用"等科目,按可抵扣的增值税额,借记"应交税费——进项税额"科目(小规模纳税人应借记相关成本费用或资产科目),按应付或实际支付的金额,贷记"应付账款"等科目,按应代扣代交的增值税额,贷记"应交税费——代扣代交增值税"科目。实际缴纳代扣代交增值税时,按代扣代交的增值税额,借记"应交税费——代扣代交增值税"科目,贷记"银行存款"科目。

2. 销售等业务的账务处理。

(1) 销售业务的账务处理。企业销售货物、加工修理修配劳务、服务、无形资产或不动产,应当按应收或已收的金额,借记"应收账款""应收票据""银行存款"等科目,按取得的收入金额,贷记"主营业务收入""其他业务收入""固定资产清理""工程结算"等科目,按现行增值税制度规定计算的销项税额(或采用简易计税方法计算的应纳增值税额),贷记"应交税费——应交增值税(销项税额)"或"应交税费——简易计税"科目(小规模纳税人应贷记"应交税费——应交增值税"科目)。发生销售退回的,应根据按规定开具的红字增值税专用发票做相反的会计分录。

按照国家统一的会计制度确认收入或利得的时点早于按照增值税制度确认增值税纳税义务发生时点的,应将相关销项税额记入"应交税费——待转销项税额"科目,待实际发生纳税义务时再转入"应交税费——应交增值税(销项税额)"或"应交税费——简易计税"科目。

按照增值税制度确认增值税纳税义务发生时点早于按照国家统一的会计制度确认收入或利得的时点的,应将应纳增值税额,借记"应收账款"科目,贷记"应交税费——应交增值税(销项税额)"或"应交税费——简易计税"科目,按照国家统一的会计制度确认收入或利得时,应按扣除增值税销项税额后的金额确认收入。

(2) 视同销售的账务处理。企业发生税法上视同销售的行为,应当按照企业会计准则制度相关规定进行相应的会计处理,并按照现行增值税制度规定计算的销项税额(或采用简易计税方法计算的应纳增值税额),借记"应付职工薪酬""利润分配"等科目,贷记"应交税费——应交增值税(销项税额)"或"应交税费——简易计税"科目(小规模纳税人应记入"应交税费——应交增值税"科目)。

(3) 全面试行营业税改征增值税前已确认收入,此后产生增值税纳税义务的账务处理。企业营业税改征增值税前已确认收入,但因未产生营业税纳税义务而未计提营业税的,在达到增值税纳税义务时点时,企业应在确认应交增值税销项税额的同时冲减当期收入;已经计提营业税且未缴纳的,在达到增值税纳税义务时点时,应借记"应交税费——应交营业税""应交税费——应交城市维护建设税""应交税费——应交教育费附加"等科目,贷记"主营业务收入"科目,并根据调整后的收入计算确定记入"应交税费——待转销项税额"科目的金额,同时冲减收入。

全面试行营业税改征增值税后,"营业税金及附加"科目名称调整为"税金及附加"科目,该科目核算企业经营活动发生的消费税、城市维护建设税、资源税、教育费附加及房产税、城镇土地使用税、车船税、印花税等相关税费;利润表中的"营业税金及附加"项目调整为"税金及附加"项目。

3. 差额征税的账务处理。

(1) 企业发生相关成本费用允许扣减销售额的账务处理。按现行增值税制度规定,企业发生相关成本费用允许扣减销售额的,发生成本费用时,按应付或实际支付的金额,借记"主营业务成本""存货""工程施工"等科目,贷记"应付账款""应付票据""银行存款"等科目。待取得合规增值税扣税凭证且纳税义务发生时,按照允许抵扣的税额,借记"应交税费——应交增值税(销项税额抵减)"或"应交税费——简易计税"科目(小规模纳税人,应借记"应交税费——应交增值税"科目),贷记"主营业务成本""存货""工程施工"等科目。

(2)金融商品转让按规定以盈亏相抵后的余额作为销售额的账务处理。金融商品实际转让月末,如产生转让收益,则按应纳税额借记"投资收益"等科目,贷记"应交税费——转让金融商品应交增值税"科目;如产生转让损失,则按可结转下月抵扣税额,借记"应交税费——转让金融商品应交增值税"科目,贷记"投资收益"等科目。缴纳增值税时,应借记"应交税费——转让金融商品应交增值税"科目,贷记"银行存款"科目。年末,本科目如有借方余额,则借记"投资收益"等科目,贷记"应交税费——转让金融商品应交增值税"科目。

4. 出口退税的账务处理。

为核算纳税人出口货物应收取的出口退税款,设置"应收出口退税款"科目,该科目借方反映销售出口货物按规定向税务机关申报应退回的增值税、消费税等,贷方反映实际收到的出口货物应退回的增值税、消费税等。期末借方余额,反映尚未收到的应退税额。

(1)未实行"免、抵、退"办法的一般纳税人出口货物按规定退税的,按规定计算的应收出口退税额,借记"应收出口退税款"科目,贷记"应交税费——应交增值税(出口退税)"科目,收到出口退税时,借记"银行存款"科目,贷记"应收出口退税款"科目;退税额低于购进时取得的增值税专用发票上的增值税额的差额,借记"主营业务成本"科目,贷记"应交税费——应交增值税(进项税额转出)"科目。

(2)实行"免、抵、退"办法的一般纳税人出口货物,在货物出口销售后结转产品销售成本时,按规定计算的退税额低于购进时取得的增值税专用发票上的增值税额的差额,借记"主营业务成本"科目,贷记"应交税费——应交增值税(进项税额转出)"科目;按规定计算的当期出口货物的进项税抵减内销产品的应纳税额,借记"应交税费——应交增值税(出口抵减内销产品应纳税额)"科目,贷记"应交税费——应交增值税(出口退税)"科目。在规定期限内,内销产品的应纳税额不足以抵减出口货物的进项税额,不足部分按有关税法规定给予退税的,应在实际收到退税款时,借记"银行存款"科目,贷记"应交税费——应交增值税(出口退税)"科目。

5. 进项税额抵扣情况发生改变的账务处理。

因发生非正常损失或改变用途等,原已计入进项税额、待抵扣进项税额或待认证进项税额,但按现行增值税制度规定不得从销项税额中抵扣的,借记"待处理财产损溢""应付职工薪酬""固定资产""无形资产"等科目,贷记"应交税费——应交增值税(进项税额转出)""应交税费——待抵扣进项税额"或"应交税费——待认证进项税额"科目;原不得抵扣且未抵扣进项税额的固定资产、无形资产等,因改变用途等用于允许抵扣进项税额的应税项目的,应按允许抵扣的进项税额,借记"应交税费——应交增值税(进项税额)"科目,贷记"固定资产""无形资产"等科目。固定资产、无形资产等经上述调整后,应按调整后的账面价值在剩余尚可使用寿命内计提折旧或摊销。

一般纳税人购进时已全额计提进项税额的货物或服务等转用于不动产在建工程的,对于结转以后期间的进项税额,应借记"应交税费——待抵扣进项税额"科目,贷记"应交税费——应交增值税(进项税额转出)"科目。

6. 月末转出多交增值税和未交增值税的账务处理。

月度终了,企业应当将当月应交未交或多交的增值税自"应交增值税"明细科目转入"未交增值税"明细科目。对于当月应交未交的增值税,借记"应交税费——应交增值税(转出未交增值税)"科目,贷记"应交税费——未交增值税"科目;对于当月多交的增值税,借记"应交税费——未交增值税"科目,贷记"应交税费——应交增值税(转出多交增值税)"科目。

7. 缴纳增值税的账务处理。

(1) 缴纳当月应交增值税的账务处理。企业缴纳当月应交的增值税,借记"应交税费——应交增值税(已交税金)"科目(小规模纳税人应借记"应交税费——应交增值税"科目),贷记"银行存款"科目。

(2) 缴纳以前期间未交增值税的账务处理。企业缴纳以前期间未交的增值税,借记"应交税费——未交增值税"科目,贷记"银行存款"科目。

(3) 预交增值税的账务处理。企业预交增值税时,借记"应交税费——预交增值税"科目,贷记"银行存款"科目。月末,企业应将"预交增值税"明细科目余额转入"未交增值税"明细科目,借记"应交税费——未交增值税"科目,贷记"应交税费——预交增值税"科目。房地产开发企业等在预交增值税后,应直至纳税义务发生时方可从"应交税费——预交增值税"科目结转至"应交税费——未交增值税"科目。

(4) 减免增值税的账务处理。对于当期直接减免的增值税,借记"应交税费——应交增值税(减免税款)"科目,贷记损益类相关科目。

8. 增值税期末留抵税额的账务处理。

纳入营业税改征增值税试点当月月初,原增值税一般纳税人应按不得从销售服务、无形资产或不动产的销项税额中抵扣的增值税留抵税额,借记"应交税费——增值税留抵税额"科目,贷记"应交税费——应交增值税(进项税额转出)"科目。待以后期间允许抵扣时,按允许抵扣的金额,借记"应交税费——应交增值税(进项税额)"科目,贷记"应交税费——增值税留抵税额"科目。

9. 增值税税控系统专用设备和技术维护费用抵减增值税额的账务处理。

按现行增值税制度规定,企业初次购买增值税税控系统专用设备支付的费用,以及缴纳的技术维护费允许在增值税应纳税额中全额抵减的,按规定抵减的增值税应纳税额,借记"应交税费——应交增值税(减免税款)"科目(小规模纳税人应借记"应交税费——应交增值税"科目),贷记"管理费用"等科目。

10. 关于小微企业免征增值税的会计处理规定。

小微企业在取得销售收入时,应当按照税法的规定计算应交增值税,并确认为应交税费,在达到增值税制度规定的免征增值税条件时,将有关应交增值税转入当期损益。

*以上为增值税最新核算规定。

(二) 应交消费税、资源税和城市维护建设税。

1. 企业按规定计算应交的消费税、资源税、城市维护建设税,借记"税金及附加"等科目,贷记本科目(应交消费税、资源税、城市维护建设税)。

2. 出售不动产,计算应交的增值税,借记"固定资产清理"等科目,贷记本科目(应交增值税)。

3. 缴纳的消费税、资源税、城市维护建设税,借记本科目(应交消费税、资源税、城市维护建设税),贷记"银行存款"等科目。

(三) 应交所得税。

1. 企业按照税法规定计算应交的所得税,借记"所得税费用"等科目,贷记本科目(应交所得税)。

2. 缴纳的所得税,借记本科目(应交所得税),贷记"银行存款"等科目。

(四) 应交土地增值税。

1. 企业转让的国有土地使用权连同地上建筑物及其附着物一并在"固定资产"或"在建工程"等科目核算的,转让时应交的土地增值税,借记"固定资产清理"科目,贷记本科目(应交土地增值税)。

2. 缴纳的土地增值税,借记本科目(应交土地增值税),贷记"银行存款"等科目。

(五) 应交房产税、城镇土地使用税和车船税。

1. 企业按规定计算应交的房产税、城镇土地使用税、车船税,借记"管理费用"科目,贷记本科目(应交房产税、应交城镇土地使用税、应交车船税)。

2. 缴纳的房产税、城镇土地使用税、车船税,借记本科目(应交房产税、应交城镇土地使用税、应交车船税),贷记"银行存款"等科目。

(六) 应交个人所得税。

1. 企业按规定计算的应代扣代交的职工个人所得税,借记"应付职工薪酬"科目,贷记本科目(应交个人所得税)。

2. 缴纳的个人所得税,借记本科目(应交个人所得税),贷记"银行存款"等科目。

(七) 应交的教育费附加、矿产资源补偿费。

1. 企业按规定计算应交的教育费附加、矿产资源补偿费,借记"税金及附加""其他业务成本""管理费用"等科目,贷记本科目(应交教育费附加、应交矿产资源补偿费)。

2. 缴纳的教育费附加、矿产资源补偿费,借记本科目(应交教育费附加、应交矿产资源补偿费),贷记"银行存款"等科目。

(八) 应交的保险保障基金

1. 企业按规定应交的保险保障基金,借记"管理费用"科目,贷记本科目(应交保险保障基金)。

2. 缴纳的保险保障基金,借记本科目(应交保险保障基金),贷记"银行存款"科目。

四、本科目期末贷方余额,反映企业尚未缴纳的税费;期末如为借方余额,反映企业多交或尚未抵扣的税金。

* 本次修订补充应交环境保护税。

【例1】 企业购买原材料,材料尚未入库(计划成本法),款项尚未支付,买价 100 000 元,进项税额 16 000 元,已认证。

借:材料采购	100 000
应交税费——应交增值税(进项税额)	16 000
贷:应付账款——××公司	116 000

💡 关键词 材料采购 应交税费 应付账款 计划成本法下购买原材料未入库未付款

【例2】 企业购买原材料,材料尚未入库(实际成本法),款项尚未支付,买价 100 000 元,进项税额 16 000 元,未认证。

借:在途物资	100 000
应交税费——待认证进项税额	16 000
贷:应付账款——××公司	116 000

🌀 **关键词** 在途物资　应交税费　应付账款　实际成本法下购买原材料未入库未付款　进项税额可抵扣未认证

【例3】 企业购买库存商品已入库,假定该商品用于简易计税方法计税项目、免征增值税项目、集体福利或个人消费等,进项税额不得抵扣,开出商业汇票,买价 100 000 元,进项税额 16 000 元,未认证。

借:库存商品　　　　　　　　　　　　　　　　　　　100 000
　　应交税费——待认证进项税额　　　　　　　　　　　16 000
　　贷:应付票据　　　　　　　　　　　　　　　　　　116 000

🌀 **关键词** 库存商品　应交税费　应付票据　开商业汇票　购买库存商品用于增值税简易计税项目、免税项目等　进项税额未认证

【例4】 企业购买库存商品已入库,假定该商品用于简易计税方法计税项目、免征增值税项目、集体福利或个人消费等,进项税额不得抵扣,进项税额 16 000 元,已认证。

借:库存商品　　　　　　　　　　　　　　　　　　　16 000
　　贷:应交税费——进项税额转出　　　　　　　　　　16 000

🌀 **关键词** 库存商品　应交税费　购买库存商品用于增值税简易计税项目、免税项目等　进项税额已认证

【例5】 企业购进不动产或不动产在建工程按规定进项税额分年抵扣。企业购进房产成本为价款 3 000 000 元,增值税额 300 000 元,当期可抵扣的增值税额 180 000 元,以后期间可抵扣的增值税额 120 000 元,以银行存款支付。

借:固定资产　　　　　　　　　　　　　　　　　　　3 000 000
　　应交税费——应交增值税(进项税额)　　　　　　　180 000
　　应交税费——待抵扣进项税额　　　　　　　　　　120 000
　　贷:银行存款　　　　　　　　　　　　　　　　　　3 300 000

*一般纳税人企业自 2016 年 5 月 1 日后取得并按固定资产核算的不动产或者 2016 年 5 月 1 日后取得的不动产在建工程,其进项税额按现行增值税制度规定,自取得之日起分 2 年从销项税额中抵扣,第一年抵扣 60%,第二年抵扣 40%。

🌀 **关键词** 固定资产　应交税费　银行存款　购买不动产　增值税额分期抵扣

【例6】 境内一般纳税人进口固定资产买价 2 000 000 元,可抵扣的增值税额 320 000 元,应代扣代交的增值税额 320 000 元。

借：固定资产 2 000 000
　　　应交税费——应交增值税(进项税额) 320 000
　　贷：银行存款 2 000 000
　　　　应交税费——代扣代交增值税 320 000
实际缴纳代扣代交增值税时：
　　借：应交税费——代扣代交增值税 320 000
　　贷：银行存款 320 000

🌀**关键词** 固定资产　应交税费　银行存款　代扣代交增值税额

* **按照现行增值税制度规定，境外单位或个人在境内发生应税行为，在境内未设有经营机构的，以购买方为增值税扣缴义务人。**

【例7】 小规模纳税人企业支付委托加工物资加工费12 000元，应交增值税进项税额1 920元，不可抵扣。

　　借：委托加工物资 13 920
　　贷：银行存款 13 920

🌀**关键词** 委托加工物资　银行存款　小规模纳税人支付委托加工费

【例8】 企业购买原材料发生退货，材料尚未入库(计划成本法)，款项尚未支付，买价100 000元，进项税额16 000元，已认证，根据税务机关开具红字增值税专用发票进行账务处理。

　　借：材料采购 100 000
　　　　应交税费——应交增值税(进项税额) 16 000
　　贷：应付账款——××公司 116 000

🌀**关键词** 材料采购　应交税费　应付账款　购买原材料未入库发生退货　取得红字增值税专用发票

【例9】 企业购买原材料，材料尚未入库发生退货，款项尚未支付，买价100 000元，进项税额16 000元，未认证，发票退回。

　　借：在途物资 100 000
　　　　应交税费——待认证进项税额 16 000
　　贷：应付账款——××公司 116 000

🌀**关键词** 在途物资　应交税费　应付账款　购买原材料未入库退货　进项税额未认证

【例10】 甲公司向乙公司销售一批商品，售价300 000元，收到价税合计金额348 000元。

```
借：银行存款                                    348 000
    贷：主营业务收入                            300 000
        应交税费——应交增值税（销项税额）      48 000
```

🌀 **关键词** 银行存款 主营业务收入 应交税费 销售商品收到货款

【例11】 甲公司向乙公司销售一批商品,售价300 000元,收到价税合计金额348 000元。后发生销售退回,按规定取得红字增值税专用发票。

```
借：银行存款                                    348 000
    贷：主营业务收入                            300 000
        应交税费——应交增值税（销项税额）      48 000
```

🌀 **关键词** 银行存款 主营业务收入 应交税费 销售商品退货

【例12】 企业销售原材料,售价100 000元,收到商业承兑汇票价税合计金额116 000元。

```
借：应收票据                                    116 000
    贷：其他业务收入                            100 000
        应交税费——应交增值税（销项税额）      16 000
```

🌀 **关键词** 应收票据 其他业务收入 应交税费 销售原材料收到商业承兑汇票

【例13】 企业销售单独计价包装物,售价20 000元,价税合计金额23 200元,款项尚未收到。

```
借：应收账款                                    23 200
    贷：其他业务收入                            20 000
        应交税费——应交增值税（销项税额）      3 200
```

🌀 **关键词** 应收账款 其他业务收入 应交税费 销售单独计价包装物款未收到

【例14】 房地产企业采用简易计税方式缴纳出租不动产增值税。本期收到房屋租金100 000元,增值税额5 000元。

```
借：银行存款                                    105 000
    贷：其他业务收入                            100 000
        应交税费——简易计税                    5 000
```

🌀 **关键词** 银行存款 其他业务收入 应交税费 收到房屋租金 采用简易计税方式缴纳增值税

【例15】 甲公司于2017年1月1日在公开市场按照面值购入A股份公

司发行的 2 年期债券 1 000 张,每张债券面值 1 000 元。债券约定年利率 10%,不计复利,到期一次还本付息。甲公司准备持有至到期。假定甲公司为一般纳税人。

* 按照国家统一的会计制度,确认收入或利得的时点早于按照增值税制度确认增值税纳税义务发生时点,会计处理按照权责发生制原则应分年度确认投资收益,而增值税纳税义务却是在约定的付息时产生。

甲公司 2017 年 12 月 31 日会计分录:
借:持有至到期投资——应计利息　　　　　　　　　100 000.00
　　贷:投资收益(100 000÷1.06)　　　　　　　　　　94 339.62
　　　　应交税费——待转销项税额(100 000×6%÷1.06) 5 660.38

2018 年 12 月 31 日,收回本金和利息时结转销项税额:
借:应交税费——待转销项税额　　　　　　　　　　5 660.38
　　贷:应交税费——应交增值税(销项税额)　　　　5 660.38

关键词 持有至到期投资　投资收益　应交税费　年底确认债券投资收益　未产生增值税纳税义务

【例 16】 丙公司将一幢 2016 年 4 月 30 日前取得的房产对外进行经营出租,选择简易征收方式。于 2016 年 12 月 25 日收到 2017 年上半年房租 105 000.00 元,并给承租方开具了增值税专用发票。

2016 年 12 月会计分录:
借:银行存款　　　　　　　　　　　　　　　　　　105 000.00
　　贷:预收账款　　　　　　　　　　　　　　　　100 000.00
　　　　应交税费——简易计税　　　　　　　　　　　5 000.00

2017 年确认租赁收入:
借:预收账款　　　　　　　　　　　　　　　　　　100 000.00
　　贷:其他业务收入　　　　　　　　　　　　　　100 000.00

关键词 银行存款　预收账款　应交税费　收到预付房屋租金

【例 17】 企业用自产产品发放非货币性福利,该产品账面成本 180 000 元,市场售价 200 000 元。

借:应付职工薪酬——非货币性福利　　　　　　　　212 000
　　贷:库存商品　　　　　　　　　　　　　　　　180 000
　　　　应交税费——应交增值税(销项税额)　　　　32 000

关键词 应付职工薪酬　库存商品　应交税费　自产产品发放非货币性福利

【例18】 旅游企业取得合规增值税扣税凭证且纳税义务发生时按照法律规定允许从主营业务成本中抵扣 15 000 元。

借：应交税费——应交增值税（销项税额抵减） 15 000
　　贷：主营业务成本 15 000

关键词 应交税费　主营业务成本　旅游企业取得抵扣销售额凭证抵减增值税

【例19】 金融商品转让按规定以盈亏相抵后的余额作为销售额。企业出售交易性金融资产，股票成本 25 500 000 元，"公允价值变动"明细科目借方余额 100 000 元，收到银行存款 25 650 000 元。同时计算转让收益应缴纳的增值税。

借：投资收益(150 000×0.06÷1.06) 8 490.57
　　贷：应交税费——转让金融商品应交增值税 8 490.57

销售收款时：

借：银行存款 25 650 000
　　贷：交易性金融资产——成本 25 500 000
　　　　交易性金融资产——公允价值变动 100 000
　　　　投资收益 50 000

同时，结转公允价值变动损益：

借：公允价值变动损益 100 000
　　贷：投资收益 100 000

关键词 投资收益　应交税费　出售交易性金融资产获得投资收益计算缴纳增值税

【例20】 金融商品转让按规定以盈亏相抵后的余额作为销售额。企业出售交易性金融资产，股票成本 25 500 000 元，明细科目公允价值变动借方余额 100 000 元，收到银行存款 25 650 000 元。同时计算转让收益应缴纳增值税。

借：应交税费——转让金融商品应交增值税(50 000×0.06÷1.06)
　　　　　　 2 830.19
　　贷：投资收益 2 830.19

销售收款时：

借：银行存款 25 450 000
　　投资收益 150 000
　　贷：交易性金融资产——成本 25 500 000
　　　　交易性金融资产——公允价值变动 100 000

同时,结转公允价值变动损益:

  借:公允价值变动损益   100 000
   贷:投资收益   100 000

🌀**关键词** 应交税费 投资收益 出售交易性金融资产投资亏损计算缴纳增值税

【例21】 年末企业"应交税费——转让金融商品应交增值税"科目借方有余额12 300元,结转至投资收益。

  借:投资收益   12 300
   贷:应交税费——转让金融商品应交增值税   12 300

🌀**关键词** 投资收益 应交税费 期末结转应交税费——转让金融商品应交增值税借方余额

【例22】 未实行免抵退企业出口产品报关后按规定应收出口退税款511 000元。

  借:应收出口退税款   511 000
   贷:应交税费——应交增值税(出口退税)   511 000

🌀**关键词** 应收出口退税款 应交税费 未实行免抵退企业应收出口退税款

【例23】 一般纳税人外贸企业出口货物按规定退税,退税额低于购进时取得的增值税专用发票上的增值税额的差额为560 000元。

  借:主营业务成本   560 000
   贷:应交税费——应交增值税(进项税额转出)   560 000

🌀**关键词** 主营业务成本 应交税费 退税额低于购进时增值税额

【例24】 实行免抵退企业出口产品按规定计算的当期出口货物的进项税抵减内销产品的应纳税额513 000元。

  借:应交税费——应交增值税(出口抵减内销产品应纳税额)
                  513 000
   贷:应交税费——应交增值税(出口退税)   513 000

🌀**关键词** 应交税费 免抵退企业计算当期出口货物进项税抵减内销产品应纳税额

【例25】 实行免抵退企业出口产品,在规定期限内,内销产品的应纳税额不足以抵减出口货物的进项税额,不足部分按有关税法规定给予退税320 000元。

借：银行存款　　　　　　　　　　　　　　　　　　　320 000
　　　　贷：应交税费——应交增值税（出口退税）　　　　　320 000

🌀**关键词**　银行存款　应交税费　免抵退企业收到出口退税

【例26】　存货原材料发生非正常损失10 000元，原已计入进项税额1 600元。

　　借：待处理财产损溢　　　　　　　　　　　　　　　　11 600
　　　　贷：原材料　　　　　　　　　　　　　　　　　　10 000
　　　　　　应交税费——应交增值税（进项税额转出）　　　1 600

🌀**关键词**　待处理财产损溢　原材料　应交税费　存货发生非正常损失进项税额转出

【例27】　固定资产改变用途，按现行增值税制度规定不得从销项税额中抵扣的进项税额，购买该固定资产，原已计入进项税额66 000元、待抵扣进项税额44 000元。

　　借：固定资产　　　　　　　　　　　　　　　　　　　110 000
　　　　贷：应交税费——应交增值税（进项税额转出）　　　66 000
　　　　　　应交税费——待抵扣进项税额　　　　　　　　44 000

🌀**关键词**　固定资产　应交税费　固定资产改变用途用于非应税项目

【例28】　因固定资产改变用途，按现行增值税制度规定可以从销项税额中抵扣进项税额，购买该固定资产进项税额66 000元。

　　借：应交税费——应交增值税（进项税额）　　　　　　　66 000
　　　　贷：固定资产　　　　　　　　　　　　　　　　　66 000

🌀**关键词**　应交税费　固定资产　固定资产因改变用途允许抵扣进项税额

【例29】　因无形资产改变用途，按现行增值税制度规定可以从销项税额中抵扣进项税额，购买该无形资产进项税额66 000元。

　　借：应交税费——应交增值税（进项税额）　　　　　　　66 000
　　　　贷：无形资产　　　　　　　　　　　　　　　　　66 000

🌀**关键词**　应交税费　无形资产　无形资产因改变用途允许抵扣进项税额

【例30】　月度终了，企业将当月应交未交的增值税268 000元自"应交增值税"明细科目转入"未交增值税"明细科目。

　　借：应交税费——应交增值税（转出未交增值税）　　　　268 000
　　　　贷：应交税费——未交增值税　　　　　　　　　　268 000

🌀**关键词**　应交税费　月末结转未交增值税

【例31】 月度终了,企业将当月多交的增值税84 000元自"应交增值税"明细科目转入"转出多交增值税"明细科目。

借:应交税费——未交增值税　　　　　　　　　　　　84 000
　　贷:应交税费——应交增值税(转出多交增值税)　　　84 000

🔑 **关键词** 应交税费　月末结转多交增值税

【例32】 企业缴纳当月应交的增值税84 000元。

借:应交税费——应交增值税(已交税金)　　　　　　84 000
　　贷:银行存款　　　　　　　　　　　　　　　　　84 000

🔑 **关键词** 应交税费　银行存款　企业缴纳当月应交增值税

【例33】 企业缴纳以前期间未交的增值税19 100元。

借:应交税费——未交增值税　　　　　　　　　　　　19 100
　　贷:银行存款　　　　　　　　　　　　　　　　　19 100

🔑 **关键词** 应交税费　银行存款　企业缴纳增值税

* **小规模纳税人的会计分录:**

借:应交税费——应交增值税　　　　　　　　　　　　19 100
　　贷:银行存款　　　　　　　　　　　　　　　　　19 100

🔑 **关键词** 银行存款　应交税费　企业缴纳前期未交增值税

【例34】 企业当期应当预交增值税200 000元。

借:应交税费——预交增值税　　　　　　　　　　　　200 000
　　贷:银行存款　　　　　　　　　　　　　　　　　200 000

🔑 **关键词** 应交税费　银行存款　企业预交增值税

【例35】 企业月末将"预交增值税"明细科目余额200 000元转入"未交增值税"明细科目。

借:应交税费——未交增值税　　　　　　　　　　　　200 000
　　贷:应交税费——预交增值税　　　　　　　　　　　200 000

🔑 **关键词** 应交税费　银行存款　月末企业结转预交增值税

【例36】 房地产开发企业"预交增值税"明细科目余额200 000元,在预交增值税后,纳税义务发生结转至未交增值税。

借:应交税费——未交增值税　　　　　　　　　　　　200 000
　　贷:应交税费——预交增值税　　　　　　　　　　　200 000

🔑 **关键词** 应交税费　房地产企业发生纳税义务结转预交增值税

【例37】 企业当期被直接减免增值税20 000元。

借：应交税费——应交增值税（减免税款）　　　　　　　　20 000
　　贷：营业外收入——政府补助　　　　　　　　　　　　　　20 000

🔑 **关键词**　应交税费　营业外收入　企业当期直接被减免增值税

【例38】 一般纳税人企业营业税改征增值税试点当月月初不得从销售服务、无形资产或不动产的销项税额中抵扣的增值税留抵税额350 000元。

借：应交税费——增值税留抵税额　　　　　　　　　　　　350 000
　　贷：应交税费——应交增值税（进项税额转出）　　　　　　350 000

后期允许抵扣时：

借：应交税费——应交增值税（进项税额）
　　贷：应交税费——增值税留抵税额

🔑 **关键词**　应交税费　结转企业留抵税额

【例39】 一般纳税人企业初次购买增值税税控系统专用设备支付的费用，以及缴纳的技术维护费允许在增值税应纳税额中全额抵减，企业按规定抵减的增值税额为1 000元。

借：应交税费——应交增值税（减免税款）　　　　　　　　1 000
　　贷：管理费用　　　　　　　　　　　　　　　　　　　　1 000

🔑 **关键词**　应交税费　管理费用　购买增值税税控系统专用设备税款减免

【例40】 企业本月期末计算应交消费税（或土地增值税、资源税和城市维护建设税等）200 000元。

借：税金及附加　　　　　　　　　　　　　　　　　　　200 000
　　贷：应交税费——消费税等　　　　　　　　　　　　　　200 000

🔑 **关键词**　税金及附加　应交税费　消费税（或土地增值税、资源税和城市维护建设税）　计算应缴纳税款

【例41】 企业出售一栋旧办公楼，需缴纳增值税300 000元及城市维护建设税21 000元，教育费附加9 000元。

借：固定资产清理　　　　　　　　　　　　　　　　　　330 000
　　贷：应交税费——应交增值税（销项税额）　　　　　　　300 000
　　　　应交税费——应交城市维护建设税　　　　　　　　　21 000
　　　　应交税费——应交教育费附加　　　　　　　　　　　9 000

🔑 **关键词**　固定资产清理　应交税费（增值税、城市维护建设税、教育费附加）　计算销售旧不动产应缴纳税款

【例42】 期末企业确认当期所得税费用300 000元。

借：所得税费用　　　　　　　　　　　　　　　　　　300 000
　　贷：应交税费——应交企业所得税　　　　　　　　　　300 000

🌀 关键词　所得税费用　应交税费　确认当期应交企业所得税

【例43】 企业出售旧办公楼，计算应缴纳土地增值税350 000元。

借：固定资产清理　　　　　　　　　　　　　　　　　350 000
　　贷：应交税费——应交土地增值税　　　　　　　　　　350 000

🌀 关键词　固定资产清理　应交税费　计算应交土地增值税

【例44】 房地产企业出售开发商品房，计算当期应缴纳土地增值税1 560 000元。

借：税金及附加　　　　　　　　　　　　　　　　　1 560 000
　　贷：应交税费——应交土地增值税　　　　　　　　　1 560 000

🌀 关键词　税金及附加　应交税费　房地产企业计算当期应缴纳土地增值税

【例45】 房地产企业为持有的未售出商品房缴纳土地增值税120 000元和房产税580 000元。

借：税金及附加　　　　　　　　　　　　　　　　　　700 000
　　贷：应交税费——应交土地增值税　　　　　　　　　　120 000
　　　　应交税费——应交房产税　　　　　　　　　　　　580 000

🌀 关键词　税金及附加　应交税费　房地产企业缴纳已开发商品房土地增值税和房产税

【例46】 企业按规定计算应交的房产税56 000元，城镇土地使用税2 000元，车船税3 000元。

借：税金及附加　　　　　　　　　　　　　　　　　　 61 000
　　贷：应交税费——应交房产税　　　　　　　　　　　　 56 000
　　　　应交税费——应交城镇土地使用税　　　　　　　　 2 000
　　　　应交税费——应交车船税　　　　　　　　　　　　　3 000

🌀 关键词　税金及附加　应交税费（房产税、城镇土地使用税、车船税）　企业按规定计算应交各项税费

* 按财会〔2016〕22号文规定处理，原相关规定直接计入管理费用。

【例47】 企业计算上交代扣员工个人所得税145 320元。

借：应付职工薪酬——个人所得税　　　　　　　　　　145 320
　　贷：应交税费——应交个人所得税　　　　　　　　　　145 320

🌀 **关键词** 应付职工薪酬　应交税费　应交个人所得税

【例48】 企业按规定计算当期应交的保险保障基金30 000元。

借：管理费用　　　　　　　　　　　　　　　　　　　30 000
　　贷：应交税费——应交保险保障基金　　　　　　　　　　　30 000

🌀 **关键词** 管理费用　应交税费　应交保险保障基金

【例49】 企业按规定计算当期应交的环境保护税16 220元。

借：税金及附加　　　　　　　　　　　　　　　　　　16 220
　　贷：应交税费——应交环境保护税　　　　　　　　　　　　16 220

🌀 **关键词** 税金及附加　应交税费　应交环境保护税

【例50】 企业按规定缴纳本期应交的各项税费,增值税600 000元,简易计税10 000元,代扣代交增值税320 000元,转让金融商品增值税40 000元,消费税200 000元,企业所得税300 000元,个人所得税145 320元,城市维护建设税70 000元,教育费附加30 000元,房产税56 000元,城镇土地使用税2 000元,车船税3 000元,资源税200 000元,土地增值税350 000元,环境保护税16 220元,保险保障基金30 000元。

借：应交税费——应交增值税(已交税金)　　　　　　　600 000
　　应交税费——简易计税　　　　　　　　　　　　　　 10 000
　　应交税费——转让金融商品应交增值税　　　　　　　 40 000
　　应交税费——代扣代交增值税　　　　　　　　　　　320 000
　　应交税费——应交消费税　　　　　　　　　　　　　200 000
　　应交税费——应交城市维护建设税　　　　　　　　　 70 000
　　应交税费——应交教育费附加　　　　　　　　　　　 30 000
　　应交税费——应交房产税　　　　　　　　　　　　　 56 000
　　应交税费——应交城镇土地使用税　　　　　　　　　 2 000
　　应交税费——应交车船税　　　　　　　　　　　　　 3 000
　　应交税费——应交资源税　　　　　　　　　　　　　200 000
　　应交税费——应交土地增值税　　　　　　　　　　　350 000
　　应交税费——应交环境保护税　　　　　　　　　　　 16 220
　　应交税费——应交保险保障基金　　　　　　　　　　 30 000
　　应交税费——应交企业所得税　　　　　　　　　　　300 000
　　应交税费——应交个人所得税　　　　　　　　　　　145 320
　　贷：银行存款　　　　　　　　　　　　　　　　　2 372 540

🔑 **关键词** 应交税费(增值税 简易计税 转让金融商品应交增值税 代扣代交增值税 消费税 城市维护建设税 教育费附加 房产税 城镇土地使用税 车船税 资源税 土地增值税 环境保护税 保险保障基金 企业所得税 个人所得税) 银行存款 企业缴纳各项税费

2231 应付利息
interest payable

一、本科目核算企业按照合同约定应支付的利息,包括吸收存款、分期付息到期还本的长期借款、企业债券等应支付的利息。

二、本科目应当按照存款人或债权人进行明细核算。

三、应付利息的主要账务处理。

（一）企业采用合同约定的名义利率计算确定利息费用时,应按合同约定的名义利率计算确定的应付利息的金额,借记"利息支出""在建工程""财务费用""研发支出"等科目,贷记本科目。

（二）采用实际利率计算确定利息费用时,应按摊余成本和实际利率计算确定的利息费用,借记"利息支出""在建工程""制造费用""财务费用""研发支出"科目,按合同约定的名义利率计算确定的应付利息的金额,贷记本科目,按本期应摊销的交易费用金额,借记或贷记"长期借款——交易费用""吸收存款——交易费用"科目,按其差额,借记或贷记"长期借款——利息调整""吸收存款"等科目。

（三）实际支付利息时,借记本科目,贷记"银行存款"等科目。

四、本科目期末贷方余额,反映企业按照合同约定应支付但尚未支付的利息。

【例1】 企业按短期借款合同计算当期应付中国工商银行短期借款利息6 300元。

借：财务费用　　　　　　　　　　　　　　　6 300
　　贷：应付利息——工行　　　　　　　　　　　　6 300

🔑 **关键词** 财务费用 应付利息 计提短期借款利息

【例2】 企业按长期借款合同计算当期应付中国建设银行建造固定资产长期借款利息50 000元,该借款符合资本化条件。

借：在建工程　　　　　　　　　　　　　　　50 000
　　贷：应付利息——建行　　　　　　　　　　　　50 000

🔑 **关键词** 在建工程 应付利息 计提建造固定资产借款利息

【例3】 企业按借款合同计算当期应付中国银行研发项目借款利息80 000元。

  借：研发支出   80 000
   贷：应付利息——中行   80 000

🌀 **关键词** 研发支出 应付利息 计提研发支出借款利息

【例4】 企业实际支付银行借款利息158 000元。

  借：应付利息   158 000
   贷：银行存款   158 000

🌀 **关键词** 应付利息 银行存款 支付借款利息

2232 应付股利
dividends payable

一、本科目核算企业分配的现金股利或利润。

企业分配的股票股利，不通过本科目核算。

二、本科目应当按照投资者进行明细核算。

三、企业应根据股东大会或类似机构通过的利润分配方案，按应支付的现金股利或利润，借记"利润分配"科目，贷记本科目。

实际支付现金股利或利润，借记本科目，贷记"银行存款""库存现金"等科目。

四、企业董事会或类似机构通过的利润分配方案中拟分配的现金股利或利润，不做账务处理，但应在附注中披露。

五、本科目期末贷方余额，反映企业尚未支付的现金股利或利润。

【例1】 企业股东大会通过年度利润分配方案拟分配现金股利8 000万元。

  借：利润分配   80 000 000
   贷：应付股利   80 000 000

🌀 **关键词** 利润分配 应付股利 股东大会通过现金股利分配方案

【例2】 企业实际支付应付股利8 000万元。

  借：应付股利   80 000 000
   贷：银行存款   80 000 000

🌀 **关键词** 应付股利 银行存款 支付股东现金股利

2241 其他应付款
other payable

一、本科目核算企业除应付票据、应付账款、预收账款、应付职工薪酬、应付股利、应付利息、应交税费、长期应付款等经营活动以外的其他各项应付、暂收的款项。

二、本科目应当按照其他应付款的项目和对方单位(或个人)进行明细核算。

三、企业发生其他各种应付、暂收款项时,借记"银行存款""管理费用"等科目,贷记本科目;支付的其他各种应付、暂收款项,借记本科目,贷记"银行存款"等科目。

四、本科目期末贷方余额,反映企业尚未支付的其他应付款项。

【例1】 企业收到某公司交来的包装物押金 10 000 元。

借:银行存款　　　　　　　　　　　　　　　　　　10 000
　　贷:其他应付款——押金　　　　　　　　　　　　　　10 000

关键词　银行存款　其他应付款　收到押金

【例2】 企业收到某员工垫付公司周转款 50 000 元。

借:银行存款　　　　　　　　　　　　　　　　　　50 000
　　贷:其他应付款——×××　　　　　　　　　　　　　50 000

关键词　银行存款　其他应付款　收到个人垫付资金

【例3】 企业收到政府专项补助 1 000 000 元。

借:银行存款　　　　　　　　　　　　　　　　　1 000 000
　　贷:其他应付款——政府补助　　　　　　　　　　　1 000 000

关键词　银行存款　其他应付款　收到政府补助

【例4】 企业归还员工代垫款 50 000 元。

借:其他应付款——×××　　　　　　　　　　　　　50 000
　　贷:银行存款　　　　　　　　　　　　　　　　　　50 000

关键词　其他应付款　银行存款　归还员工代垫款项

【例5】 企业返还某企业包装物押金 10 000 元。

借:其他应付款——押金　　　　　　　　　　　　　　10 000
　　贷:银行存款　　　　　　　　　　　　　　　　　　10 000

关键词　其他应付款　银行存款　返还押金

【例6】 企业返还政府补助 320 000 元。
　　借：其他应付款——政府补助　　　　　　　　　　320 000
　　　贷：银行存款　　　　　　　　　　　　　　　　　　320 000

🔑 关键词　其他应付款　银行存款　返还政府补助

2401 预提费用
withholding expenses

一、本科目核算企业按照规定从成本费用中预先提取但尚未支付的费用，如预提的租金、保险费、短期借款利息等。

二、本科目应当按照费用项目进行明细核算。

三、企业按规定预提计入本期成本费用的各项费用，借记"制造费用""销售费用""管理费用""财务费用"等科目，贷记本科目。

实际支出时，借记本科目，贷记"银行存款"等科目。实际发生的支出大于已预提的金额，应当视同待摊费用。

四、本科目期末贷方余额，反映企业已预提但尚未支付的各项费用；如为借方余额，反映企业实际支出的费用大于预提金额的差额。

【例1】 企业预提生产用租入固定资产租金 80 000 元。
　　借：制造费用　　　　　　　　　　　　　　　　　80 000
　　　贷：预提费用——固定资产租赁费　　　　　　　　　80 000

🔑 关键词　制造费用　预提费用　预提固定资产租赁费

【例2】 企业预提销售部门用租入固定资产租金 80 000 元。
　　借：销售费用　　　　　　　　　　　　　　　　　80 000
　　　贷：预提费用——固定资产租赁费　　　　　　　　　80 000

🔑 关键词　销售费用　预提费用　预提固定资产租赁费

【例3】 企业预提管理用租入固定资产租金 80 000 元。
　　借：管理费用　　　　　　　　　　　　　　　　　80 000
　　　贷：预提费用——固定资产租赁费　　　　　　　　　80 000

🔑 关键词　管理费用　预提费用　预提固定资产租赁费

【例4】 企业预提的短期借款利息 24 300 元。
　　借：财务费用　　　　　　　　　　　　　　　　　24 300
　　　贷：预提费用——利息费用　　　　　　　　　　　　24 300

🔑 关键词　财务费用　预提费用　预提利息费用

【例5】 企业支付已经预提的经营租入固定资产租金80 000元。
借：预提费用——固定资产租赁费　　　　　　　80 000
　　贷：银行存款　　　　　　　　　　　　　　　　80 000

🌀 关键词　预提费用　银行存款　支付预提固定资产租赁费

【例6】 企业支付已经预提的短期借款利息24 300元。
借：预提费用——利息费用　　　　　　　　　　24 300
　　贷：银行存款　　　　　　　　　　　　　　　　24 300

🌀 关键词　预提费用　银行存款　支付预提的利息费用

2411 预计负债
estimated liabilities

一、本科目核算企业根据《企业会计准则第13号——或有事项》等相关准则确认的各项预计负债，包括对外提供担保、未决诉讼、产品质量保证、重组义务，以及固定资产和矿区权益弃置义务等产生的预计负债。

二、本科目应当按照预计负债项目进行明细核算。

三、预计负债的主要账务处理。

（一）企业根据《企业会计准则第13号——或有事项》确认的由对外提供担保、未决诉讼、重组义务产生的预计负债，应按确定的金额，借记"营业外支出"科目，贷记本科目（预计担保损失、预计未决诉讼损失、预计重组损失）。

根据《企业会计准则第13号——或有事项》确认的由产品质量保证产生的预计负债，应按确定的金额，借记"销售费用"科目，贷记本科目（预计产品质量保证损失）。

根据《企业会计准则第4号——固定资产》或《企业会计准则第27号——石油天然气开采》确认的由弃置义务产生的预计负债，应按确定的金额，借记"固定资产"或"油气资产"科目，贷记本科目（预计弃置费用）。在固定资产或油气资产的使用寿命内，按弃置费用计算确定各期应负担的利息费用，借记"财务费用"科目，贷记本科目（预计弃置费用）。

根据《企业会计准则第20号——企业合并》确认的预计负债，应按确定的金额，借记有关科目，贷记本科目。

投资合同或协议中约定在被投资单位出现超额亏损，投资企业需要承担额外损失的，企业应在"长期股权投资"科目，以及其他实质上构成投资的长期权益账面价值均减记至零的情况下，对于按照投资合同或协议规定仍然需要承担的损失金额，借记"投资收益"科目，贷记本科目。

（二）企业实际清偿预计负债时，借记本科目，贷记"银行存款"等科目。

（三）企业根据确凿证据需要对已确认的预计负债进行调整的，调整增加的预计负债，借记有关科目，贷记本科目；调整减少的预计负债，做相反的会计分录。

属于会计差错的，应当根据《企业会计准则第28号——会计政策、会计估计变更和差错更正》的规定进行处理。

四、本科目期末贷方余额，反映企业已预计尚未清偿的债务。

【例1】 企业预提对外担保损失赔偿金2 000 000元。

借：营业外支出　　　　　　　　　　　　　　　2 000 000
　　贷：预计负债——预计担保损失　　　　　　　　　2 000 000

关键词　营业外支出　预计负债　预提对外担保损失

【例2】 企业预提对外预计未决诉讼赔偿金1 400 000元。

借：营业外支出　　　　　　　　　　　　　　　1 400 000
　　贷：预计负债——预计未决诉讼损失　　　　　　　1 400 000

关键词　营业外支出　预计负债　预提预计未决诉讼损失

【例3】 企业预提预计产品质量保证损失940 000元。

借：销售费用　　　　　　　　　　　　　　　　940 000
　　贷：预计负债——预计产品质量保证损失　　　　　940 000

关键词　销售费用　预计负债　预提产品质量保证损失

【例4】 企业预提矿区弃置费65 000 000元。

借：油气资产　　　　　　　　　　　　　　　65 000 000
　　贷：预计负债——预计弃置费用　　　　　　　　65 000 000

关键词　油气资产　预计负债　预提矿区弃置费

＊"油气资产"科目为油气资源企业专用科目。

【例5】 企业预提对外投资损失赔偿金740 000元。

借：投资收益　　　　　　　　　　　　　　　　740 000
　　贷：预计负债——预计投资损失　　　　　　　　　740 000

关键词　投资收益　预计负债　预提对外投资损失

【例6】 企业支付已经预提的对外担保损失赔偿金2 000 000元。

借：预计负债——预计担保损失　　　　　　　　2 000 000
　　贷：银行存款　　　　　　　　　　　　　　　　2 000 000

关键词　预计负债　银行存款　支付对外担保损失

【例7】 企业支付已经预提的对外预计未决诉讼赔偿金 1 400 000 元。
  借：预计负债——预计未决诉讼损失   1 400 000
    贷：银行存款   1 400 000

🔑 关键词 预计负债 银行存款 支付预计未决诉讼损失

【例8】 企业支付已经预提的预计产品质量保证损失 940 000 元。
  借：预计负债——预计产品质量保证损失   940 000
    贷：银行存款   940 000

🔑 关键词 预计负债 银行存款 支付产品质量保证损失

【例9】 企业支付已经预提的矿区弃置费 65 000 000 元。
  借：预计负债——预计弃置费用   65 000 000
    贷：银行存款   65 000 000

🔑 关键词 预计负债 银行存款 支付矿区弃置费

【例10】 企业支付已经预提的对外投资损失赔偿金 740 000 元。
  借：预计负债——预计投资损失   740 000
    贷：银行存款   740 000

🔑 关键词 预计负债 银行存款 支付对外投资损失赔偿金

2501 递延收益
deferred income

一、本科目核算企业根据《企业会计准则第16号——政府补助》确认的应在以后期间计入当期损益的政府补助金额。

企业在当期损益中确认的政府补助，在"营业外收入"科目核算，不在本科目核算。

二、本科目应当按照政府补助的种类进行明细核算。

三、递延收益的主要账务处理。

（一）企业与资产相关的政府补助，按应收或收到的金额，借记"其他应收款""银行存款"科目，贷记本科目。在相关的资产的使用寿命内分配递延收益时，借记本科目，贷记"营业外收入"科目。

（二）与收益相关的政府补助，按应收或收到的金额，借记"其他应收款""银行存款"等科目，贷记本科目。

在以后期间确认相关费用时，按应予以补偿的金额，借记本科目，贷记"营业外收入"科目；用于补偿已发生的相关费用或损失的，借记本科目，贷记

"营业外收入"科目。

（三）返还政府补助时，按应返还的金额，借记本科目或"营业外支出"科目，贷记"银行存款""其他应付款"等科目。

四、本科目期末贷方余额，反映企业应在以后期间计入当期损益的政府补助金额。

【例1】 粮食企业收到政府粮食存储资产专项补助3年期1 500 000元。

借：银行存款　　　　　　　　　　　　　　　　　1 500 000
　　贷：递延收益——政府补助　　　　　　　　　　　1 500 000

关键词　银行存款　递延收益　收到政府专项补助款

【例2】 粮食储备企业按照轮换量确认其他应收款2 400 000元。

借：其他应收款——政府补助　　　　　　　　　　　2 400 000
　　贷：递延收益　　　　　　　　　　　　　　　　　2 400 000

关键词　其他应收款　递延收益　确认应收政府专项补助款

【例3】 企业因违反资金使用政策被要求返还政府补助300 000元，其中未分配递延收益150 000元，已分配结转营业外收入150 000元。

借：递延收益——政府补助　　　　　　　　　　　　150 000
　　营业外支出　　　　　　　　　　　　　　　　　150 000
　　贷：银行存款　　　　　　　　　　　　　　　　　300 000

关键词　递延收益　营业外支出　银行存款　返还政府补助款

【例4】 企业返还尚未使用的政府补助150 000元。

借：递延收益——政府补助　　　　　　　　　　　　150 000
　　贷：银行存款　　　　　　　　　　　　　　　　　150 000

关键词　递延收益　银行存款　返还未使用政府补助

【例5】 企业分配当年的政府补助递延收益300 000元。

借：递延收益——政府补助　　　　　　　　　　　　300 000
　　贷：营业外收入　　　　　　　　　　　　　　　　300 000

关键词　递延收益　营业外收入　分配递延收益

2601 长期借款
long-term borrowings

一、本科目核算企业向银行或其他金融机构借入的期限在1年以上（不含1年）的各项借款。

二、本科目应当按照贷款单位和贷款种类,分别"本金""利息调整""交易费用"等进行明细核算。

三、长期借款的主要账务处理。

(一)企业借入长期借款,借记"银行存款"科目,贷记本科目(本金),按发生的交易费用,借记本科目(交易费用),按其差额,贷记或借记本科目(利息调整)。

(二)资产负债表日,应按摊余成本和实际利率计算确定的长期借款的利息费用,借记"在建工程""制造费用""财务费用""研发支出"科目,贷记"应付利息"科目。

实际利率与合同约定的名义利率差异不大的,也可以采用合同约定的名义利率计算确定利息费用。

资产负债表日,应按实际利率法计算确定的长期借款折价和交易费用摊销金额,借记"在建工程""制造费用""财务费用""研发支出"科目,贷记本科目(利息调整、交易费用);摊销的溢价,做相反的会计分录。

(三)归还长期借款本金时,借记本科目,贷记"银行存款"科目。

同时,应转销该项长期借款的利息调整和交易费用的金额,借记"在建工程""制造费用""财务费用""研发支出"科目,贷记本科目(利息调整、交易费用);转销的溢价余额,做相反的会计分录。

(四)企业与贷款人进行债务重组,应当比照"应付账款"科目的相关规定进行处理。

四、本科目期末贷方余额,反映企业尚未偿还的长期借款的摊余成本。

【例1】 从银行借入3年期借款,本金4 000 000元,未发生其他交易费用。

借:银行存款　　　　　　　　　　　　　　　　　　4 000 000
　　贷:长期借款——本金　　　　　　　　　　　　　　4 000 000

关键词 银行存款　长期借款　取得长期借款　无交易费用

【例2】 从银行借入3年期借款,本金4 000 000元,发生其他借款交易费用100 000元。

借:银行存款　　　　　　　　　　　　　　　　　　3 900 000
　　长期借款——利息调整　　　　　　　　　　　　　　100 000
　　贷:长期借款——本金　　　　　　　　　　　　　　4 000 000

关键词 银行存款　长期借款　取得长期借款发生交易费用

【例3】 从金融机构借入3年期借款,本金100 000 000元,发生其他借款交易费用 2 000 000 元,约定按实际借款金额九五折给付。

  借:银行存款   93 000 000
    长期借款——利息调整   7 000 000
   贷:长期借款——本金   100 000 000

  关键词 银行存款 长期借款 发生交易费用未足额给付

  【例4】 企业期末结转摊销本季度借款费用和借款利息调整 500 000 元,该借款用于购建固定资产。

  借:在建工程等   500 000
   贷:长期借款——利息调整   500 000

  关键词 在建工程 长期借款 摊销利息调整

  【例5】 企业期末结转摊销本季度借款费用和借款利息调整 500 000 元,假定该借款用于租入生产性固定资产。

  借:制造费用   500 000
   贷:长期借款——利息调整   500 000

  关键词 制造费用 长期借款 摊销利息调整

  【例6】 企业期末结转摊销本季度借款费用和借款利息调整 500 000 元,假定该借款用于购买管理用固定资产。

  借:财务费用   500 000
   贷:长期借款——利息调整   500 000

  关键词 财务费用 长期借款 摊销利息调整

  【例7】 企业期末结转摊销本季度借款费用和借款利息调整 500 000 元,假定用于购买研发资产。

  借:研发支出   500 000
   贷:长期借款——利息调整   500 000

  关键词 研发支出 长期借款 摊销利息调整

  【例8】 企业偿还长期借款本金 94 000 000 元。

  借:长期借款——本金   94 000 000
   贷:银行存款   94 000 000

  关键词 长期借款 银行存款 偿还长期借款本金

2602 应付债券
bonds payable

  一、本科目核算企业为筹集长期资金而发行的债券本金和利息。

发行1年期及1年期以内的短期债券,在"交易性金融负债"科目核算,不在本科目核算。

二、本科目应当按照"面值""利息调整""应计利息""交易费用"进行明细核算。

企业发行的可转换公司债券,应在本科目设置"可转换公司债券"明细科目进行核算。

三、应付债券的主要账务处理。

(一)企业发行债券,应按实际收到的金额,借记"银行存款""库存现金"等科目,按债券票面金额,贷记本科目(面值);溢价或折价发行的债券,还应按发行价格与票面金额之间的差额,借记或贷记本科目(利息调整)。

企业发行债券所发生的交易费用,借记本科目(交易费用),贷记"银行存款"等科目。

(二)资产负债表日,应按摊余成本和实际利率计算确定的应付债券的利息费用,借记"在建工程""制造费用""财务费用""研发支出"科目,贷记本科目(应计利息)。

对于分期付息、到期一次还本的应付债券,资产负债表日,应按摊余成本和实际利率计算确定的应付债券的利息费用,借记"在建工程""制造费用""财务费用""研发支出"科目,应按票面利率计算确定的应付利息金额,贷记"应付利息"科目,按其差额,借记或贷记本科目(利息调整)。

实际利率与合同约定的名义利率差异不大的,也可以采用合同约定的名义利率计算确定利息费用。

资产负债表日,应按实际利率法计算确定的债券折价和交易费用摊销金额,借记"在建工程""制造费用""财务费用""研发支出"科目,贷记本科目(利息调整、交易费用);摊销的溢价,做相反的会计分录。

(三)应付债券到期,支付债券本息,借记本科目(面值、应计利息),贷记"银行存款"等科目。

同时,应转销该项应付债券的利息调整和交易费用的金额,借记"在建工程""制造费用""财务费用""研发支出"科目,贷记本科目(利息调整、交易费用);转销的溢价余额,做相反的会计分录。

(四)发行可转换公司债券时,应按实际收到的金额,借记"银行存款"等科目,应按该项可转换公司债券包含的负债成分的公允价值,贷记本科目(可转换公司债券),按其差额,贷记"资本公积——其他资本公积"科目。可转换公司债券在转换为股票之前,其所包含的负债成分,应当比照上述规定进行处理。

发行可转换公司债券时,企业直接将该项可转换公司债券指定为以公允价值计量且其变动计入当期损益的金融负债的,其账务处理应当比照"交易性金融负债"进行处理。

当可转换公司债券持有人行使转换权利,将其持有的债券转换为股票,按本科目(可转换公司债券)的余额,借记本科目(可转换公司债券),按"资本公积——其他资本公积"科目中属于该项可转换公司债券的权益成分的金额,借记"资本公积——其他资本公积"科目,按股票面值和转换的股数计算的股票面值总额,贷记"股本"科目,按实际用现金支付的不可转换股票的部分,贷记"库存现金"等科目,按其差额,贷记"资本公积——股本溢价"科目。

未转换股份的可转换公司债券到期还本付息,应当比照上述一般应付债券进行处理。

四、企业应当设置"企业债券备查簿",详细登记每一企业债券的票面金额、债券票面利率、还本付息期限与方式、发行总额、发行日期和编号、委托代售单位、转换股份等资料。企业债券到期结清时,应当在备查簿内逐笔注销。

五、本科目期末贷方余额,反映企业尚未偿还的企业长期债券的摊余成本。

【例1】 企业通过银行发行3年期债券,本金100 000 000元,票面利率10%,溢价2.8%发行。应收银行存款102 800 000元,发生其他发行费用2 000 000元,实际收到银行存款100 800 000元。

借:银行存款 100 800 000
　　贷:应付债券——本金 100 000 000
　　　　应付债券——利息调整 800 000

关键词 银行存款　应付债券　溢价发行债券　发生交易费用

【例2】 企业通过银行发行3年期债券,本金100 000 000元,票面利率6%,折价0.8%发行。应收银行存款99 200 000元,发生其他发行费用2 000 000元,实际收到银行存款97 200 000元。

借:银行存款 97 200 000
　　应付债券——利息调整 2 800 000
　　贷:应付债券——本金 100 000 000

关键词 银行存款　应付债券　折价发行债券　发生交易费用

【例3】 企业会计期末结转摊销本期债券利息调整250 000元,用于购建固定资产。

借:在建工程 250 000
　　贷:应付债券——利息调整 250 000

🔑 **关键词** 在建工程　应付债券　摊销债券利息调整

【例4】 企业偿还债券本金 4 000 000 元。

借：应付债券——本金　　　　　　　　　　　　　4 000 000
　　贷：银行存款　　　　　　　　　　　　　　　　　　4 000 000

🔑 **关键词** 应付债券　银行存款　偿还债券本金

2801 长期应付款
long-term account payable

一、本科目核算企业除长期借款和企业债券以外的其他各种长期应付款项，包括以分期付款方式购入固定资产和无形资产发生的应付账款、应付融资租入固定资产的租赁费等。

二、本科目应当按照长期应付款的种类和债权人进行明细核算。

三、长期应付款的主要账务处理。

（一）企业购入有关资产超过正常信用条件延期支付价款、实质上具有融资性质的，应按购买价款的现值，借记"固定资产""在建工程""无形资产""研发支出"等科目，按应支付的金额，贷记本科目，按其差额，借记"未确认融资费用"科目。

按期支付价款时，借记本科目，贷记"银行存款"科目。

（二）融资租入固定资产，在租赁期开始日，应按《企业会计准则第21号——租赁》确定的应计入固定资产成本的金额，借记"在建工程"或"固定资产"科目，按最低租赁付款额，贷记本科目，按发生的初始直接费用，贷记"银行存款"等科目，按其差额，借记"未确认融资费用"科目。

按期支付租金时，借记本科目，贷记"银行存款"等科目。

四、本科目期末贷方余额，反映企业尚未支付的各种长期应付款。

【例1】 企业购入具有融资性质的延期支付需要安装的固定资产 16 000 000 元，评估现值为 15 600 000 元，未确认融资费用 400 000 元。

借：在建工程　　　　　　　　　　　　　　　　15 600 000
　　未确认融资费用　　　　　　　　　　　　　　　400 000
　　贷：长期应付款——××固定资产　　　　　　　16 000 000

🔑 **关键词** 在建工程　未确认融资费用　长期应付款　融资性质购入延期付款需安装固定资产

【例2】 企业购入具有融资性质的延期支付无形资产 16 000 000 元，评估现值为 15 600 000 元，未确认融资费用 400 000 元。

借：无形资产　　　　　　　　　　　　　　　　　　　　15 600 000
　　未确认融资费用　　　　　　　　　　　　　　　　　　　400 000
　　贷：长期应付款——无形资产　　　　　　　　　　　　16 000 000

🔑 **关键词**　无形资产　未确认融资费用　长期应付款　融资性质购入延期付款无形资产

【例3】　企业购入具有融资性质的延期支付用于研发专有技术使用费 16 000 000元，评估现值为 15 600 000元，未确认融资费用 400 000元。

借：研发支出　　　　　　　　　　　　　　　　　　　　15 600 000
　　未确认融资费用　　　　　　　　　　　　　　　　　　　400 000
　　贷：长期应付款——专有技术使用费　　　　　　　　　16 000 000

🔑 **关键词**　研发支出　未确认融资费用　长期应付款　融资性质购入专有技术使用权

【例4】　企业融资租入不需安装固定资产最低租赁付款额 330 000 000元，初始直接费用 300 000元，以银行存款支付，按准则确定应计入固定资产金额 300 000 000元，未确认融资费用 33 000 000元，不考虑相关费用。

借：固定资产　　　　　　　　　　　　　　　　　　　　300 000 000
　　未确认融资费用　　　　　　　　　　　　　　　　　　33 000 000
　　贷：长期应付款——融资租入固定资产　　　　　　　330 000 000
　　　　银行存款　　　　　　　　　　　　　　　　　　　3 000 000

🔑 **关键词**　固定资产　未确认融资费用　长期应付款　银行存款　支付融资租入不需安装固定资产

【例5】　企业偿付本期具有融资性质的延期支付固定资产租赁款 156 000元。

借：长期应付款——××固定资产　　　　　　　　　　　　156 000
　　贷：银行存款　　　　　　　　　　　　　　　　　　　156 000

🔑 **关键词**　长期应付款　银行存款　支付具有融资性质固定资产租赁款

【例6】　企业支付本期融资租入固定资产租金 350 000元。

借：长期应付款——融资租入固定资产　　　　　　　　　　350 000
　　贷：银行存款　　　　　　　　　　　　　　　　　　　350 000

🔑 **关键词**　长期应付款　银行存款　支付融资租入固定资产租金

2802 未确认融资费用
unacknowledged financial charges

一、本科目核算企业应当分期计入利息费用的未确认融资费用。

二、本科目应当按照未确认融资费用项目进行明细核算。

三、未确认融资费用的主要账务处理。

（一）企业购入有关资产超过正常信用条件延期支付价款、实质上具有融资性质的，应按购买价款的现值，借记"固定资产""在建工程""无形资产""研发支出"等科目，按应支付的金额，贷记"长期应付款"科目，按其差额，借记本科目。

采用实际利率法计算确定当期的利息费用，借记"财务费用""在建工程""研发支出"科目，贷记本科目。

（二）融资租入固定资产，在租赁期开始日，应按《企业会计准则第21号——租赁》确定的应计入固定资产成本的金额，借记"在建工程"或"固定资产"科目，按最低租赁付款额，贷记本科目，按发生的初始直接费用，贷记"银行存款"等科目，按其差额，借记本科目。

采用实际利率法计算确定的当期利息费用，借记"财务费用"或"在建工程"科目，贷记本科目。

四、本科目期末借方余额，反映企业未确认融资费用的摊余价值。

【例1】 企业购入具有融资性质的延期支付需要安装固定资产 16 000 000 元，评估现值为 15 600 000 元，未确认融资费用 400 000 元。

借：在建工程 15 600 000
　　未确认融资费用 400 000
　贷：长期应付款——××固定资产 16 000 000

关键词 在建工程　未确认融资费用　长期应付款　融资性质购入延期付款需安装固定资产

【例2】 企业融资租入不需安装固定资产最低租赁付款额 330 000 000 元，初始直接费用 3 000 000 元，按准则确定应计入固定资产金额 300 000 000 元，未确认融资费用 33 000 000 元。

借：固定资产 300 000 000
　　未确认融资费用 33 000 000
　贷：长期应付款——融资租入固定资产 330 000 000
　　　银行存款 3 000 000

关键词 固定资产　未确认融资费用　长期应付款　银行存款　支付融

资租入不需安装固定资产

【例3】 企业会计期末按照实际利率摊销未确认融资租赁费用10 000元,假定该项资产投入使用,用于企业研发。

  借:研发支出   10 000
   贷:未确认融资费用   10 000

🔆 关键词 研发支出 未确认融资费用 研发固定资产摊销未确认融资费用

【例4】 企业会计期末按照实际利率摊销未确认融资租赁费用10 000元,假定该项资产投入使用,用于生产经营。

  借:财务费用   300 000
   贷:未确认融资费用   300 000

🔆 关键词 财务费用 未确认融资费用 经营固定资产摊销未确认融资费用

2811 专项应付款
special accounts payable

一、本科目核算企业取得的国家指定为资本性投入的具有专项或特定用途的款项,如属于工程项目的资本性拨款等。

二、本科目应当按照拨入资本性投资项目的种类进行明细核算。

三、企业收到资本性拨款时,借记"银行存款"科目,贷记本科目。

将专项或特定用途的拨款用于工程项目,借记"在建工程""公益性生物资产"等科目,贷记"银行存款""应付职工薪酬"等科目。

工程项目完工,形成固定资产或公益性生物资产的部分,借记本科目,贷记"资本公积——其他资本公积"科目;对未形成固定资产需要核销的部分,借记本科目,贷记"在建工程"等科目;拨款结余需要返还的,借记本科目,贷记"银行存款"科目。

四、本科目期末贷方余额,反映企业尚未转销的专项应付款。

【例1】 粮食企业收到政府部门拨付的国家粮食储备库建设资金30 000 000元。

  借:银行存款   30 000 000
   贷:专项应付款   30 000 000

🔆 关键词 银行存款 专项应付款 政府拨付专项建设资金

【例2】 粮食企业用政府部门拨付的国家粮食储备库建设资金30 000 000元,建设粮库并验收合格。

借：专项应付款　　　　　　　　　　　　　　　　　30 000 000
　　贷：资本公积——其他资本公积　　　　　　　　　　30 000 000

关键词　专项应付款　资本公积　专项建设资金建造固定资产

【例3】　粮食企业用政府部门拨付的国家粮食储备库建设资金建设粮库并验收合格，其中2 000 000元未形成固定资产，需核销。

借：专项应付款　　　　　　　　　　　　　　　　　2 000 000
　　贷：在建工程　　　　　　　　　　　　　　　　　　2 000 000

关键词　专项应付款　在建工程　专项建设资金未形成固定资产核销

【例4】　粮食企业用政府部门拨付的国家粮食储备库建设资金建设粮库并验收合格，其中2 000 000元结余返还财政。

借：专项应付款　　　　　　　　　　　　　　　　　2 000 000
　　贷：银行存款　　　　　　　　　　　　　　　　　　2 000 000

关键词　专项应付款　银行存款　专项建设资金结余返还

2901　递延所得税负债
deferred income tax liabilities

一、本科目核算企业根据《企业会计准则第18号——所得税》确认的应纳税暂时性差异产生的所得税负债。

二、本科目应当按照应纳税暂时性差异项目进行明细核算。

三、递延所得税负债的主要账务处理。

（一）企业在确认相关资产、负债时，根据《企业会计准则第18号——所得税》应予确认的递延所得税负债，借记"所得税费用——递延所得税费用""资本公积——其他资本公积"等科目，贷记本科目。

（二）资产负债表日，企业根据《企业会计准则第18号——所得税》应予确认的递延所得税负债大于本科目余额的，借记"所得税费用——递延所得税费用""资本公积——其他资本公积"等科目，贷记本科目；应予确认的递延所得税负债小于本科目余额的，做相反的会计分录。

四、本科目期末贷方余额，反映企业已确认的递延所得税负债的余额。

【例1】　会计期末，企业根据相关准则确认（应纳税所得调整减少项目时间性差异）递延所得税负债65 000元。

借：所得税费用——递延所得税费用　　　　　　　　65 000
　　贷：递延所得税负债　　　　　　　　　　　　　　　65 000

关键词 所得税费用　递延所得税负债　期末确认递延所得税负债

【例2】 会计期末,企业根据相关准则确认递延所得税负债大于本科目余额,应予调回递延所得税负债30 000元。

借:递延所得税负债　　　　　　　　　　　　　　30 000
　　贷:所得税费用——递延所得税费用　　　　　　　　30 000

关键词 递延所得税负债　所得税费用　期末确认调整递延所得税负债

所有者权益类

4001 实收资本(股本)
paid-in capital(equity)

一、本科目核算企业接受投资者投入企业的实收资本。

股份有限公司应将本科目改为"4001 股本"。

企业收到投资者超过其在注册资本或股本中所占份额的部分,作为资本溢价或股本溢价,在"资本公积"科目核算。

二、本科目应当按照投资者进行明细核算。

企业(中外合作经营)在合作期间归还投资者的投资,应在本科目设置"已归还投资"明细科目进行核算。

三、实收资本的主要账务处理。

(一)企业收到投资者投入的资本,借记"银行存款""其他应收款""固定资产""无形资产"等科目,按其在注册资本或股本中所占份额,贷记本科目,按其差额,贷记"资本公积——资本溢价或股本溢价"科目。

(二)股东大会批准的利润分配方案中分配的股票股利,应在办理增资手续后,借记"利润分配"科目,贷记本科目。

(三)公司发行的可转换公司债券按规定转为股本时,应按"长期债券——可转换公司债券"科目余额,借记"长期债券——可转换公司债券"科目,按"资本公积——其他资本公积"科目中属于该项可转换公司债券的权益成分的金额,借记"资本公积——其他资本公积"科目,按股票面值和转换的股数计算股票面值总额,贷记本科目,按实际用现金支付的不可转换为股票的部分,贷记"库存现金"等科目,按其差额,贷记"资本公积——股本溢价"科目。

企业将重组债务转为资本的,应按重组债务的账面价值,借记"应付账款"等科目,按债权人放弃债权而享有本企业股份的面值总额,贷记本科目,按股份的公允价值总额与相应的实收资本或股本之间的差额,贷记或借记"资本公积——资本溢价或股本溢价"科目,按重组债务的账面价值与股份的公允价值总额之间的差额,贷记"营业外收入——债务重组利得"科目。

（四）企业以权益结算的股份支付换取职工或其他方提供服务的，应在行权日，按实际行权的权益工具数量计算确定的金额，借记"资本公积——其他资本公积"科目，按应计入实收资本或股本的金额，贷记本科目，按其差额，贷记"资本公积——资本溢价或股本溢价"科目。

四、企业按法定程序报经批准减少注册资本的，借记本科目，贷记"库存现金""银行存款"等科目。

股份有限公司采用收购本企业股票方式减资的，按注销股票的面值总额减少股本，购回股票支付的价款超过面值总额的部分，应依次冲减资本公积和留存收益，借记本科目、"资本公积""盈余公积""利润分配——未分配利润"科目，贷记"银行存款""库存现金"科目；购回股票支付的价款低于面值总额的，应按股票面值总额，借记本科目，按实际支付的金额，贷记"银行存款""库存现金"科目，按其差额，贷记"资本公积——股本溢价"科目。

五、中外合作经营企业根据合同规定在合作期间归还投资者的投资时，借记本科目，贷记"银行存款"等科目；同时，借记"利润分配——利润归还投资"科目，贷记"盈余公积——利润归还投资"科目。

中外合作经营企业清算时，借记本科目、"资本公积""盈余公积""利润分配——未分配利润"等科目，贷记本科目（已归还投资）"银行存款"等科目。

六、本科目期末贷方余额，反映企业实收资本或股本总额。

【例1】　甲、乙共同投资设立有限责任公司，实收资本 2 000 000 元，其中甲投资 1 200 000 元，乙投资 800 000 元。

　　借：银行存款　　　　　　　　　　　　　　　　2 000 000
　　　　贷：实收资本——甲　　　　　　　　　　　1 200 000
　　　　　　实收资本——乙　　　　　　　　　　　　800 000

关键词　银行存款　实收资本　股东投入资本金

【例2】　企业吸收新投资者加入，缴纳股本 3 000 000 元，多缴纳 300 000 元，形成资本溢价。

　　借：银行存款　　　　　　　　　　　　　　　　3 300 000
　　　　贷：实收资本　　　　　　　　　　　　　　3 000 000
　　　　　　资本公积——资本溢价　　　　　　　　　300 000

关键词　银行存款　实收资本　资本公积　资本溢价

【例3】　企业发行普通股 100 000 000 股，每股面值 1 元中，每股发行价 5 元，股本已收到（假定没有发行费用）。

借：银行存款　　　　　　　　　　　　　　　500 000 000
　　贷：股本　　　　　　　　　　　　　　　　100 000 000
　　　　资本公积——股本溢价　　　　　　　　400 000 000

关键词　银行存款　股本　资本公积　发行普通股　股本溢价

【例4】　甲、乙、丙共同投资设立有限责任公司，实收资本 2 000 000 元，其中甲以固定资产投资 1 200 000 元，乙以无形资产投资 400 000 元，均已办完资产转移手续，丙以银行存款投资，投资款尚未收到。

借：固定资产　　　　　　　　　　　　　　　1 200 000
　　无形资产　　　　　　　　　　　　　　　　 400 000
　　其他应收款　　　　　　　　　　　　　　　 400 000
　　贷：实收资本——甲　　　　　　　　　　 1 200 000
　　　　实收资本——乙　　　　　　　　　　　 400 000
　　　　实收资本——丙　　　　　　　　　　　 400 000

关键词　固定资产　无形资产　其他应收款　实收资本　股东投入资本金

【例5】　企业发行可转换 3 年期债券 200 000 000 元，年利率 8%，平价发行，假定无发行费用。债券到期日部分债券持有人按照约定条件转换股份 15 000 000 股，每股 1 元，资本公积 171 000 000 元。对未转股持有人支付债券本息 62 000 000 元。

借：应付债券——可转换公司债券　　　　　　248 000 000
　　贷：股本　　　　　　　　　　　　　　　　15 000 000
　　　　资本公积——股本溢价　　　　　　　　171 000 000
　　　　银行存款　　　　　　　　　　　　　　62 000 000

关键词　应付债券　股本　资本公积　银行存款　可转换债券到期转股

【例6】　企业进行债务重组。应付账款账面价值 20 000 000 元。债权人放弃债权而享有本企业股份的面值总额 10 000 000 元，股份的公允价值总额与相应的实收资本之间的差额为 8 000 000 元，重组债务的账面价值与股份的公允价值总额之间的差额为 2 000 000 元。

借：应付账款　　　　　　　　　　　　　　　20 000 000
　　贷：实收资本　　　　　　　　　　　　　　10 000 000
　　　　资本公积——股本溢价　　　　　　　　 8 000 000
　　　　营业外收入——债务重组利得　　　　　 2 000 000

🔑 **关键词** 应付账款　实收资本　资本公积　营业外收入　债务重组债转股

【例7】 公司将盈余公积转增资本2 000 000元,不考虑相关税费。

借：盈余公积　　　　　　　　　　　　　　　　　2 000 000
　　贷：实收资本　　　　　　　　　　　　　　　　　2 000 000

🔑 **关键词** 盈余公积　实收资本　盈余公积转增资本

【例8】 经股东大会决议,公司用盈余公积派送新股,派送新股金额200 000 000元,股票面值和派送新股总数计算的股票面值总额为120 000 000元。

借：盈余公积　　　　　　　　　　　　　　　　200 000 000
　　贷：股本　　　　　　　　　　　　　　　　　120 000 000
　　　　资本公积　　　　　　　　　　　　　　　　80 000 000

🔑 **关键词** 盈余公积　股本　资本公积　盈余公积发放股票股利

【例9】 企业按法定程序报经批准减少注册资本,实收资本退给股东10 000 000元,以银行存款支付。

借：实收资本　　　　　　　　　　　　　　　　　10 000 000
　　贷：银行存款　　　　　　　　　　　　　　　　10 000 000

🔑 **关键词** 实收资本　银行存款　法定减资

【例10】 股份有限公司采用收购本企业股票方式减资,注销股票的面值总额200 000 000元,购回股票支付1 200 000 000元,超过面值总额部分冲减资本公积700 000 000元(假定不足冲减),冲减盈余公积300 000 000元。以银行存款支付。

借：股本　　　　　　　　　　　　　　　　　　200 000 000
　　资本公积——股本溢价　　　　　　　　　　700 000 000
　　盈余公积　　　　　　　　　　　　　　　　300 000 000
　　贷：银行存款　　　　　　　　　　　　　　1 200 000 000

🔑 **关键词** 股本　资本公积　盈余公积　银行存款　股份回购

【例11】 股份有限公司采用收购本企业股票方式减资,注销股票的面值总额200 000 000元,购回股票支付190 000 000元,低于面值总额部分计入资本公积10 000 000元。

借：股本　　　　　　　　　　　　　　　　　　200 000 000
　　贷：资本公积——股本溢价　　　　　　　　　10 000 000
　　　　银行存款　　　　　　　　　　　　　　190 000 000

关键词 股本　资本公积　银行存款　（低于面值）股份回购

【例12】 中外合作经营企业根据合同规定在合作期间归还投资者的投资款10 000 000元。

　　借：实收资本——归还投资款　　　　　　　10 000 000
　　　　贷：银行存款　　　　　　　　　　　　　　10 000 000

同时，

　　借：利润分配——利润归还投资　　　　　　10 000 000
　　　　贷：盈余公积——利润归还投资　　　　　　10 000 000

关键词 实收资本　银行存款　中外合作企业归还投资

4201 库存股
treasury shares

一、本科目核算企业收购的尚未转让或注销的本公司股份金额。

二、库存股的主要账务处理。

（一）企业为奖励本公司职工而收购本公司股份，应按实际支付的金额，借记本科目，贷记"银行存款"等科目。同时，在备查簿中，按实际支付的金额，借记"利润分配——未分配利润"科目，贷记"资本公积——其他资本公积"科目。

将收购的股份奖励给本公司职工时，借记"资本公积——其他资本公积"科目，贷记本科目。

（二）股东因对股东大会作出的公司合并、分立决议持有异议而要求公司收购其股份的，企业应按实际支付的金额，借记本科目，贷记"银行存款"等科目。

（三）企业与持有本公司股份的其他公司合并而导致股份回购，属于同一控制下企业合并的，应按其他公司持有本公司股份的原账面价值，借记本科目，贷记有关科目。

属于非同一控制下企业合并的，应按其他公司持有本公司股份的公允价值，借记本科目，贷记有关科目。

（四）企业转让库存股，应按实际收到的金额，借记"银行存款"等科目，按转让库存股的账面余额，贷记本科目，按其差额，贷记"资本公积——股本溢价"科目；如为借方差额的，借记"资本公积——股本溢价"科目，股本溢价不足冲减的，应依次冲减盈余公积、未分配利润，借记"盈余公积""利润分配——未分配利润"科目。

（五）企业注销库存股，应按股票面值和注销股数计算的股票面值总额，借记"股本"科目，按注销库存股的账面余额，贷记本科目，按其差额，借记"资本公积——股本溢价"科目，股本溢价不足冲减的，应依次冲减盈余公积、未分配利润，借记"盈余公积""利润分配——未分配利润"科目。

三、本科目期末借方余额，反映企业持有本公司股份的金额。

【例1】 企业为奖励本公司职工而收购本公司股份，实际支付金额40 000 000元，同时，在备查簿中记账备查。

借：库存股　　　　　　　　　　　　　　　40 000 000
　　贷：银行存款　　　　　　　　　　　　　　40 000 000

同时，备查簿记录：

借：利润分配——未分配利润　　　　　　　40 000 000
　　贷：资本公积——其他资本公积　　　　　　40 000 000

关键词　库存股　银行存款　回购股份用于职工奖励

【例2】 企业将已回购股份奖励本公司职工，实际支付金额40 000 000元。

借：资本公积——其他资本公积　　　　　　40 000 000
　　贷：库存股　　　　　　　　　　　　　　40 000 000

关键词　资本公积　库存股　用回购股份奖励职工

【例3】 企业将已回购股份出售50 000 000元，库存股回购价40 000 000元。

借：银行存款　　　　　　　　　　　　　　50 000 000
　　贷：资本公积——股本溢价　　　　　　　10 000 000
　　　　库存股　　　　　　　　　　　　　　40 000 000

关键词　银行存款　资本公积　库存股　溢价出售库存股

【例4】 企业将已回购股份出售30 000 000元，库存股回购价40 000 000元。

借：银行存款　　　　　　　　　　　　　　30 000 000
　　资本公积——股本溢价　　　　　　　　10 000 000
　　贷：库存股　　　　　　　　　　　　　　40 000 000

关键词　银行存款　资本公积　库存股　出售库存股亏损

【例5】 股份有限公司采用注销库存股方式减资，库存股价值1 200 000 000元，库存股面值200 000 000元，冲减资本公积700 000 000元（假定不足冲减），冲减盈余公积300 000 000元。

借：股本   200 000 000
　　资本公积——股本溢价   700 000 000
　　盈余公积   300 000 000
　贷：库存股   1 200 000 000

关键词 股本　资本公积　盈余公积　库存股　注销库存股

4002 资本公积
capital reserve

　　一、本科目核算企业收到投资者出资超出其在注册资本或股本中所占的份额，以及直接计入所有者权益的利得和损失等。

　　二、本科目应当分别"资本溢价"或"股本溢价""其他资本公积"进行明细核算。

　　三、资本公积的主要账务处理。

　　（一）企业收到投资者投入的资本，借记"银行存款""其他应收款""固定资产""无形资产"等科目，按其在注册资本或股本中所占份额，贷记"实收资本"或"股本"科目，按其差额，贷记本科目（"资本溢价"或"股本溢价"）。

　　与发行权益性证券直接相关的手续费、佣金等交易费用，借记本科目（"股本溢价"），贷记"银行存款"等科目。

　　公司发行的可转换公司债券按规定转为股本时，应按"长期债券——可转换公司债券"科目余额，借记"长期债券——可转换公司债券"科目，按本科目（"其他资本公积"）中属于该项可转换公司债券的权益成分的金额，借记本科目（"其他资本公积"），按股票面值和转换的股数计算的股票面值总额，贷记"股本"科目，按实际用现金支付的不可转换为股票的部分，贷记"库存现金"等科目，按其差额，贷记本科目（"股本溢价"）。

　　企业将重组债务转为资本的，应按重组债务的账面价值，借记"应付账款"等科目，按债权人放弃债权而享有本企业股份的面值总额，贷记"股本"科目，按股份的公允价值总额与相应的实收资本或股本之间的差额，贷记或借记本科目（"资本溢价"或"股本溢价"），按重组债务的账面价值与股份的公允价值总额之间的差额，贷记"营业外收入——债务重组利得"科目。

　　企业经股东大会或类似机构决议，用资本公积转增资本，借记本科目（"资本溢价"或"股本溢价"），贷记"实收资本"或"股本"科目。

　　（二）企业的长期股权投资采用权益法核算的，在持股比例不变的情况下，被投资单位除净损益以外所有者权益的其他变动，企业按持股比例计算应享有的份额,借记"长期股权投资——所有者权益其他变动"科目,贷记本科目("其他资本公积")。

(三)企业以权益结算的股份支付换取职工或其他方提供服务的,应按权益工具授予日的公允价值,借记"管理费用"等相关成本费用科目,贷记本科目("其他资本公积")。

在行权日,应按实际行权的权益工具数量计算确定的金额,借记本科目("其他资本公积"),按计入实收资本或股本的金额,贷记"实收资本"或"股本"科目,按其差额,贷记本科目("资本溢价"或"股本溢价")。

(四)企业自用房地产或存货转换为采用公允价值模式计量的投资性房地产时,应按转换日的公允价值,借记"投资性房地产"科目,按其账面价值,借记或贷记有关科目,转换当日的公允价值大于原账面价值的差额,贷记本科目("其他资本公积")。

处置该项投资性房地产时,应转销与其相关的其他资本公积。

(五)企业根据《企业会计准则第22号——金融工具确认和计量》将持有至到期投资重分类为可供出售金融资产的,应在重分类日按该项持有至到期投资的公允价值,借记"可供出售金融资产"科目,已计提减值准备的,借记"持有至到期投资减值准备"科目,按其账面余额,贷记"持有至到期投资——投资成本(或利息调整、应计利息)"科目,按其差额,贷记或借记本科目("其他资本公积")。

根据《企业会计准则第22号——金融工具确认和计量》规定,将可供出售金融资产重分类为采用成本或摊余成本计量的金融资产,应在重分类日按可供出售金融资产的公允价值,借记"持有至到期投资"等科目,贷记"可供出售金融资产"科目。对于有固定到期日的,与其相关的原记入本科目("其他资本公积")的余额,应在该项金融资产的剩余期限内,在资产负债表日,按采用实际利率法计算确定的摊销金额,借记或贷记本科目("其他资本公积"),贷记或借记"投资收益"科目。对于没有固定到期日的,与其相关的原记入本科目("其他资本公积")的金额,应在处置该项金融资产时,借记或贷记本科目("其他资本公积"),贷记或借记"投资收益"科目。

(六)资产负债表日,可供出售金融资产的公允价值高于其账面余额的差额,借记"可供出售金融资产"科目,贷记本科目("其他资本公积");公允价值低于其账面余额的差额,做相反的会计分录。

根据《企业会计准则第22号——金融工具确认和计量》确定可供出售金融资产发生减值的,按应减记的金额,借记"资产减值损失"科目,贷记"可供出售金融资产"科目。同时,按应从所有者权益中转出的累计损失,借记"资产减值损失"科目,贷记本科目("其他资本公积")。

已确认减值损失的可供出售权益工具在随后的会计期间公允价值上升的,应在原已计提的减值准备金额内,按恢复增加的金额,借记"可供出售金融资产"科目,贷记本科目("其他资本公积")。

如转销后的损失资金以后又收回,按实际收回的金额,借记本科目("其他资本公积"),贷记"资产减值损失"科目;同时,借记"银行存款""存放中央银行款项"等科目,贷记本科目("其他资本公积")。

(七)资产负债表日,满足运用套期会计方法条件的现金流量套期和境外经营净投资套期产生的利得或损失,属于有效套期的,借记或贷记有关科目,贷记或借记本科目("其他资本公积");属于无效套期的,借记或贷记有关科目,贷记或借记"公允价值变动损益"科目。

转出现金流量套期和境外经营净投资套期产生的利得或损失中属于有效套期的部分,借记或贷记本科目("其他资本公积"),贷记或借记相关资产、负债科目或"公允价值变动损益"科目。

(八)股份有限公司采用收购本企业股票方式减资的,按注销股票的面值总额减少股本,购回股票支付的价款超过面值总额的部分,应依次冲减资本公积和留存收益,借记"股本""资本公积""盈余公积""利润分配——未分配利润"科目,贷记"银行存款""库存现金"科目;购回股票支付的价款低于面值总额的,应按股票面值总额,借记"股本"科目,按实际支付的金额,贷记"银行存款""库存现金"科目,按其差额,贷记本科目("股本溢价")。

四、本科目期末贷方余额,反映企业资本公积的余额。

* 原记入"资本公积——其他资本公积"科目的内容已被修订,多记入"其他综合收益"科目。

【例1】 企业吸收新投资者加入,缴纳股本 3 000 000 元,多缴纳 300 000 元,形成资本溢价。

借:银行存款　　　　　　　　　　　　　　　　3 300 000
　　贷:实收资本　　　　　　　　　　　　　　　　3 000 000
　　　　资本公积——资本溢价　　　　　　　　　　300 000

关键词　银行存款　实收资本　资本公积　资本溢价

【例2】 企业发行普通股 100 000 000 股,每股面值 1 元中,每股发行价 5 元,股本已收到(假定没有发行费用)。

借：银行存款　　　　　　　　　　　　　　　　500 000 000
　　贷：股本　　　　　　　　　　　　　　　　　　100 000 000
　　　　资本公积——股本溢价　　　　　　　　　　400 000 000

🔑 **关键词**　银行存款　股本　资本公积　发行普通股　股本溢价

【例3】 企业发行可转换3年期债券200 000 000元,年利率8%,平价发行,假定无发行费用。债券到期日部分债券持有人按照约定条件转换股份15 000 000股,每股1元,资本公积171 000 000元。对未转股持有人支付债券本息62 000 000元。

借：应付债券——可转换公司债券　　　　　　　248 000 000
　　贷：股本　　　　　　　　　　　　　　　　　　15 000 000
　　　　资本公积——股本溢价　　　　　　　　　　171 000 000
　　　　银行存款　　　　　　　　　　　　　　　　62 000 000

🔑 **关键词**　应付债券　股本　资本公积　银行存款　可转换债券到期转股

【例4】 企业进行债务重组。应付账款账面价值20 000 000元。债权人放弃债权而享有本企业股份的面值总额10 000 000元,股份的公允价值总额与相应的实收资本之间的差额为8 000 000元,重组债务的账面价值与股份的公允价值总额之间的差额为2 000 000元。

借：应付账款　　　　　　　　　　　　　　　　　20 000 000
　　贷：实收资本　　　　　　　　　　　　　　　　10 000 000
　　　　资本公积——股本溢价　　　　　　　　　　8 000 000
　　　　营业外收入——债务重组利得　　　　　　　2 000 000

🔑 **关键词**　应付账款　实收资本　资本公积　营业外收入　债转股债务重组

【例5】 企业投资者退股3 000 000元,享有资本公积300 000元,退回银行存款3 300 000元。

借：实收资本　　　　　　　　　　　　　　　　　3 000 000
　　资本公积——资本溢价　　　　　　　　　　　　300 000
　　贷：银行存款　　　　　　　　　　　　　　　　3 300 000

🔑 **关键词**　实收资本　资本公积　银行存款　企业投资者退股减资

【例6】 股份有限公司采用收购本企业股份方式减资,回购股份的价值总额200 000 000元,购回股份支付190 000 000元,低于面值总额部分计入资本公积10 000 000元。

借：股本　　　　　　　　　　　　　　　　　　　200 000 000
　　贷：资本公积——股本溢价　　　　　　　　　　 10 000 000
　　　　银行存款　　　　　　　　　　　　　　　　190 000 000

🌀 关键词　股本　资本公积　银行存款　（低于面值）股份回购

【例7】　股份有限公司采用收购本企业股票方式减资,注销股票的面值总额200 000 000元,购回股票支付1 200 000 000元,超过面值总额部分冲减资本公积700 000 000元(假定不足冲减),冲减盈余公积300 000 000元,以银行存款支付。

借：股本　　　　　　　　　　　　　　　　　　　200 000 000
　　资本公积——股本溢价　　　　　　　　　　　 700 000 000
　　盈余公积　　　　　　　　　　　　　　　　　 300 000 000
　　贷：银行存款　　　　　　　　　　　　　　　1 200 000 000

🌀 关键词　股本　资本公积　盈余公积　银行存款　股份回购

【例8】　经股东大会决议,公司用盈余公积派送新股,派送新股金额200 000 000元,股票面值和派送新股总数计算的股票面值总额为120 000 000元。

借：盈余公积　　　　　　　　　　　　　　　　　200 000 000
　　贷：股本　　　　　　　　　　　　　　　　　 120 000 000
　　　　资本公积　　　　　　　　　　　　　　　　80 000 000

🌀 关键词　盈余公积　股本　资本公积　盈余公积发放股票股利

【例9】　企业将已回购股份奖励本公司职工实际支付金额40 000 000元。

借：资本公积——其他资本公积　　　　　　　　　　40 000 000
　　贷：库存股　　　　　　　　　　　　　　　　　40 000 000

🌀 关键词　库存股　银行存款　回购股份用于职工奖励

4101　盈余公积

surplus reserve

一、本科目核算企业从净利润中提取的盈余公积。

二、本科目应当分别"法定盈余公积""任意盈余公积"进行明细核算。

企业（外商投资）还应分别"储备基金""企业发展基金"进行明细核算。

企业（中外合作经营）在合作期间归还投资者的投资,应在本科目设置"利润归还投资"明细科目进行核算。

三、盈余公积的主要账务处理。

（一）企业按规定提取的盈余公积，借记"利润分配——提取法定盈余公积（或提取任意盈余公积）"科目，贷记本科目（"法定盈余公积""任意盈余公积"）。

企业（外商投资）按规定提取的储备基金、企业发展基金、职工奖励及福利基金，借记"利润分配——提取储备基金（或提取企业发展基金、提取职工奖励及福利基金）"科目，贷记本科目（"储备基金""企业发展基金"）、"应付职工薪酬"科目。

（二）企业经股东大会或类似机构决议，用盈余公积弥补亏损或转增资本，借记本科目，贷记"利润分配——盈余公积补亏""实收资本"或"股本"科目。

企业经股东大会决议，用盈余公积派送新股，按派送新股计算的金额，借记本科目，按股票面值和派送新股总数计算的股票面值总额，贷记"股本"科目，按其差额，贷记"资本公积——股本溢价"科目。

企业（中外合作经营）在经营期间用利润归还投资，应按实际归还投资的金额，借记"实收资本——已归还投资"科目，贷记"银行存款"等科目；同时，借记"利润分配——利润归还投资"科目，贷记本科目（"利润归还投资"）。

四、本科目期末贷方余额，反映企业按规定提取的盈余公积余额。

【例1】 企业会计期末按照规定提取法定盈余公积 2 000 000 元，提取任意盈余公积 1 000 000 元。

借：利润分配　　　　　　　　　　　　　　　3 000 000
　贷：盈余公积——法定盈余公积　　　　　　　　2 000 000
　　　盈余公积——任意盈余公积　　　　　　　　1 000 000

关键词　利润分配　盈余公积　提取盈余公积

【例2】 公司用以前年度提取的盈余公积弥补当年亏损 1 000 000 元。

借：盈余公积——盈余公积补亏　　　　　　　　1 000 000
　贷：利润分配　　　　　　　　　　　　　　　1 000 000

关键词　盈余公积　利润分配　盈余公积补亏

【例3】 公司将盈余公积转增资本（股本）2 000 000 元。

借：盈余公积　　　　　　　　　　　　　　　　2 000 000
　贷：实收资本（股本）　　　　　　　　　　　　2 000 000

关键词　盈余公积　实收资本/股本　盈余公积转增资本

【例4】 股份有限公司采用收购本企业股票方式减资，注销股票的面值总额 200 000 000 元，购回股票支付 1 200 000 000 元，超过面值总额部分冲减资本公积 700 000 000 元（假定不足冲减），冲减盈余公积 300 000 000 元，以银行存款支付。

```
借：股本                                    200 000 000
    资本公积——股本溢价                      700 000 000
    盈余公积                                300 000 000
  贷：银行存款                              1 200 000 000
```

关键词 股本　资本公积　盈余公积　银行存款　股份回购

【例5】 公司需要分派现金股利10 000 000元,其中动用可供投资者分配的利润5 000 000元,盈余公积5 000 000元,发放现金股利。

```
借：利润分配                                  5 000 000
    盈余公积                                  5 000 000
  贷：应付股利                                10 000 000
```

关键词 利润分配　盈余公积　应付股利　盈余公积发放现金股利

【例6】 经股东大会决议,公司用盈余公积派送新股,派送新股金额200 000 000元,股票面值和派送新股总数计算的股票面值总额为120 000 000元。

```
借：盈余公积                                200 000 000
  贷：股本                                  120 000 000
      资本公积                               80 000 000
```

关键词 盈余公积　股本　资本公积　盈余公积发放股票股利

【例7】 中外合作经营企业根据合同规定在合作期间归还投资者的投资款10 000 000元。同时,借记"利润分配——利润归还投资"科目,贷记"盈余公积——利润归还投资"科目。

```
借：实收资本——归还投资款                    10 000 000
  贷：银行存款                               10 000 000
```

同时,

```
借：利润分配——利润归还投资                   10 000 000
  贷：盈余公积——利润归还投资                 10 000 000
```

关键词 实收资本　银行存款　利润分配　盈余公积　中外合作企业归还投资

4103 本年利润

profit for the year

一、本科目核算企业当年实现的净利润(或发生的净亏损)。

二、期末结转利润时,应将"主营业务收入""利息收入""手续费收入""保费收入""租赁收入""其他业务收入""摊回保险责任准备金""营业外收入"等科目的期末余额分别转入本科目,借记"主营业务收入""利息收入""手续费收入""保费收入""租赁收入""其他业务收入""摊回保险责任准备金""营业外收入"等科目,贷记本科目。

将"主营业务成本""利息支出""手续费支出""税金及附加""提取未到期责任准备金""提取保险责任准备金""赔付支出""分出保费""分保费用""其他业务成本""销售费用""管理费用""财务费用""勘探费用""资产减值损失""营业外支出""所得税费用"等科目的期末余额分别转入本科目,借记本科目,贷记"主营业务成本""利息支出""手续费支出""税金及附加""提取未到期责任准备金""提取保险责任准备金""赔付支出""分出保费""分保费用""其他业务成本""销售费用""管理费用""财务费用""勘探费用""资产减值损失""营业外支出""所得税费用"等科目。

将"公允价值变动损益""投资收益"科目的净收益,转入本科目,借记"公允价值变动损益""投资收益"科目,贷记本科目;如为净损失,做相反的会计分录。

三、年度终了,应将本年收入和支出相抵后结出的本年实现的净利润,转入"利润分配"科目,借记本科目,贷记"利润分配——未分配利润"科目;如为净亏损,做相反的会计分录。结转后本科目应无余额。

【例1】 企业将本期主营业务收入6 000 000元,其他业务收入700 000元,公允价值变动损益贷方余额150 000元,投资收益贷方余额600 000元,营业外收入50 000元,各项收入结转入本年利润。

借:主营业务收入	6 000 000
其他业务收入	700 000
公允价值变动损益	150 000
投资收益	600 000
营业外收入	50 000
贷:本年利润	7 500 000

🔑 关键词 主营业务收入　其他业务收入　公允价值变动损益　投资收益　营业外收入　本年利润　各项收入结转本年利润

【例2】 企业将本期各项成本费用、损失结转入本年利润。其中,主营业务成本4 000 000元,其他业务成本400 000元,税金及附加80 000元,销售费用500 000元,管理费用770 000元,财务费用200 000元,资产减值损失100 000元,营业外支出250 000元。

借：本年利润 6 300 000
  贷：主营业务成本 4 000 000
   其他业务成本 400 000
   税金及附加 80 000
   销售费用 500 000
   管理费用 770 000
   财务费用 200 000
   资产减值损失 100 000
   营业外支出 250 000

🔑 **关键词** 本年利润　主营业务成本　其他业务成本　税金及附加　销售费用　管理费用　财务费用　资产减值损失　营业外支出　本期成本费用损失结转本年利润

【例3】 结转本期所得税费用300 000元。
借：本年利润 300 000
  贷：所得税费用 300 000

🔑 **关键词** 本年利润　所得税费用　结转所得税费用

【例4】 企业期末将本年利润900 000元转入未分配利润。
借：本年利润 900 000
  贷：利润分配——未分配利润 900 000

🔑 **关键词** 本年利润　利润分配　本年利润转入未分配利润

＊本科目前［例1］至［例4］数据具有会计关联关系。本年利润贷方发生额减去借方发生额后,本年利润1 200 000元,减所得税费用300 000元（本年利润×25%,假定无纳税调整项目）,本期净利润900 000元转入"利润分配——未分配利润"科目。

【例5】 企业期末将本年利润亏损额1 000 000元转入未分配利润。
借：利润分配——未分配利润 1 000 000
  贷：本年利润 1 000 000

🔑 **关键词** 利润分配　本年利润　本年利润亏损额转入未分配利润

4104 利润分配
profit distribution

一、本科目核算企业利润的分配（或亏损的弥补）和历年分配（或弥补）后的积存余额。

二、本科目应当分别"提取法定盈余公积""提取任意盈余公积""应付现金股利或利润""转作股本的股利""盈余公积补亏"和"未分配利润"等进行明细核算。

企业(外商投资)还应分别"提取储备基金""提取企业发展基金""提取职工奖励及福利基金"进行明细核算。

企业(中外合作经营)在合作期间归还投资者的投资,应在本科目设置"利润归还投资"明细科目进行核算。

企业(金融)按规定提取的一般风险准备,应在本科目设置"提取一般风险准备"明细科目进行核算。

三、利润分配的主要账务处理。

(一)企业按规定提取的盈余公积,借记本科目(提取法定盈余公积、提取任意盈余公积),贷记"盈余公积——法定盈余公积(或任意盈余公积)"科目。

企业(外商投资)按规定提取的储备基金、企业发展基金、职工奖励及福利基金,借记本科目(提取储备基金、提取企业发展基金、提取职工奖励及福利基金),贷记"盈余公积——储备基金(或企业发展基金)""应付职工薪酬"科目。

企业(金融)按规定提取的一般风险准备,借记本科目(提取一般风险准备),贷记"一般风险准备"科目。

(二)企业经股东大会或类似机构决议,分配给股东或投资者的现金股利或利润,借记本科目(应付现金股利或利润),贷记"应付股利"科目。

经股东大会或类似机构决议,分配给股东的股票股利,应在办理增资手续后,借记本科目(转作股本的股利),贷记"股本"科目。如其差额,贷记"资本公积——股本溢价"科目。

企业用盈余公积弥补亏损,借记"盈余公积——盈余公积补亏"科目,贷记本科目(盈余公积补亏)。

企业(金融)用一般风险准备弥补亏损,借记"一般风险准备"科目,贷记本科目(一般风险准备补亏)科目。

企业(中外合作经营企业)在经营期间用利润归还的投资,应按实际归还投资的金额,借记本科目(利润归还投资),贷记"盈余公积——利润归还投资"科目。

四、年度终了,企业应将全年实现的净利润,自"本年利润"科目转入本科目,借记"本年利润"科目,贷记本科目(未分配利润),为净亏损的,做相反的会计分录;同时,将"利润分配"科目所属其他明细科目的余额转入本科目的"未分配利润"明细科目。结转后,本科目除"未分配利润"明细科目外,其他明细科目应无余额。

五、本科目年末余额,反映企业历年积存的未分配利润(或未弥补亏损)。

【例1】 企业期末将本年利润 900 000 元转入未分配利润。

借:本年利润　　　　　　　　　　　　　　　900 000
　　贷:利润分配——未分配利润　　　　　　　　　　900 000

🔑 **关键词** 本年利润　利润分配　本年利润转入未分配利润

【例2】 公司用以前年度提取的盈余公积弥补当年亏损 1 000 000 元。

借:盈余公积——盈余公积补亏　　　　　　　1 000 000
　　贷:利润分配——盈余公积补亏　　　　　　　　　1 000 000

🔑 **关键词** 利润分配　盈余公积　盈余公积补亏

【例3】 企业会计期末按照规定提取法定盈余公积 2 000 000 元,提取任意盈余公积 1 000 000 元。

借:利润分配——提取法定盈余公积　　　　　2 000 000
　　　利润分配——提取任意盈余公积　　　　　1 000 000
　　贷:盈余公积——法定盈余公积　　　　　　　　　2 000 000
　　　　盈余公积——任意盈余公积　　　　　　　　　1 000 000

🔑 **关键词** 利润分配　盈余公积　提取盈余公积

【例4】 公司董事会决议本年分派现金红利 10 000 000 元。

借:利润分配——应付股利　　　　　　　　　10 000 000
　　贷:应付股利　　　　　　　　　　　　　　　　10 000 000

🔑 **关键词** 利润分配　应付股利　拟发放现金红利

【例5】 企业期末将本年利润亏损额 1 000 000 元转入未分配利润。

借:利润分配——未分配利润　　　　　　　　1 000 000
　　贷:本年利润　　　　　　　　　　　　　　　　1 000 000

🔑 **关键词** 利润分配　本年利润　本年利润亏损额转入未分配利润

【例6】 公司需要分派现金股利 10 000 000 元,其中动用可供投资者分配的利润 5 000 000 元,盈余公积 5 000 000 元,发放现金股利。

借:利润分配——应付现金股利　　　　　　　5 000 000
　　　盈余公积　　　　　　　　　　　　　　5 000 000
　　贷:应付股利　　　　　　　　　　　　　　　　10 000 000

🌀 **关键词** 利润分配　盈余公积　应付股利　盈余公积发放现金股利

【例7】 经股东大会决议,公司派送股票股利,派送新股金额200 000 000元,股票面值和派送新股总数计算的股票面值总额为120 000 000元。

借:利润分配——转作股本股利　　　　　　　200 000 000
　贷:股本　　　　　　　　　　　　　　　　120 000 000
　　　资本公积　　　　　　　　　　　　　　 80 000 000

🌀 **关键词** 利润分配　股本　资本公积　发放股票股利

【例8】 外商投资企业按规定提取的储备基金2 000 000元,企业发展基金3 000 000元,职工奖励及福利基金3 000 000元。

借:利润分配——提取储备基金　　　　　　　　2 000 000
　　利润分配——提取企业发展基金　　　　　　3 000 000
　　利润分配——提取职工奖励及福利基金　　　3 000 000
　贷:盈余公积——储备基金　　　　　　　　　2 000 000
　　　盈余公积——企业发展基金　　　　　　　3 000 000
　　　应付职工薪酬　　　　　　　　　　　　　3 000 000

🌀 **关键词** 利润分配　盈余公积　应付职工薪酬　外商投资企业提取各项基金

【例9】 中外合作经营企业根据合同规定在合作期间归还投资者的投资款10 000 000元。

借:利润分配——利润归还投资　　　　　　　 10 000 000
　贷:盈余公积——利润归还投资　　　　　　　10 000 000

同时,

借:实收资本——归还投资款　　　　　　　　 10 000 000
　贷:银行存款　　　　　　　　　　　　　　　10 000 000

🌀 **关键词** 利润分配　盈余公积　中外合作企业归还投资

【例10】 企业期末将利润分配所属明细科目余额结转"利润分配——未分配利润"科目,结转后其他明细科目无余额。

借:利润分配——未分配利润　　　　　　　　　4 000 000
　贷:利润分配——提取法定盈余公积　　　　　2 000 000
　　　利润分配——提取任意盈余公积　　　　　1 000 000
　　　利润分配——应付股利　　　　　　　　　1 000 000

🌀 **关键词** 利润分配　利润分配各明细科目余额转入"利润分配——未分配利润"明细科目

4301 其他综合收益
other comprehensive income

一、其他综合收益反映企业根据企业会计准则规定未在损益中确认的各项利得和损失扣除所得税影响后的净额,也是可以直接计入所有者权益的利得和损失等。

二、本科目应当分别"可供出售金融资产"或"长期股权投资""投资性房地产"进行明细核算。

三、其他综合收益的主要账务处理

(一)资产负债表日,可供出售金融资产的公允价值发生变动,公允价值上升的,按变动金额借记"可供出售金融资产(公允价值变动)"科目,贷记本科目,公允价值下降的,做相反的分录。

(二)企业根据《企业会计准则第22号——金融工具确认和计量》规定,将持有至到期投资重分类为可供出售金融资产的,应在重分类日按该项持有至到期投资的公允价值,借记"可供出售金融资产"科目,已计提减值准备的,借记"持有至到期投资减值准备"科目,按其账面余额,贷记"持有至到期投资——投资成本(或利息调整、应计利息)"科目,按其差额,贷记或借记本科目。

(三)资产负债表日,可供出售金融资产的公允价值高于其账面余额的差额,借记"可供出售金融资产"科目,贷记本科目;公允价值低于其账面余额的差额,做相反的会计分录。

根据《企业会计准则第22号——金融工具确认和计量》确定可供出售金融资产发生减值的,按应减计的金额,借记"资产减值损失"科目,贷记"可供出售金融资产"科目。同时,按应从所有者权益中转出的累计损失,贷记"资产减值损失"科目,借记本科目。

已确认减值损失的可供出售权益工具在随后的会计期间公允价值上升的,应在原已计提的减值准备金额内,按恢复增加的金额,借记"可供出售金融资产"科目,贷记本科目。

(四)出售可供出售金融资产时,应按实际收到的金额,借记"银行存款"等科目,按可供出售金融资产的账面余额,贷记"可供出售金融资产"科目,按其差额,贷记或借记"投资收益"科目。按原记入本科目的金额,借记或贷记本科目,贷记或借记"投资收益"科目。

(五)长期股权投资在持股比例不变的情况下,被投资单位除净损益以外所有者权益的其他变动增加时,企业按持股比例计算应享有的份额,借记"长期股权投资"科目,贷记本科目。如其他所有者权益变动减少,则做相反的会计分录。

(六)出售长期股权投资时,应按实际收到的金额,借记"银行存款"等科目,原已计提减值准备的,借记"长期股权投资减值准备"科目,按其账面余额,贷记本科目,按尚未领取的现金股利或利润,贷记"应收股利"科目,按其差额,贷记或借记"投资收益"科目。

出售采用权益法核算的长期股权投资时,还应按处置长期股权投资的投资成本比例结转原记入"其他综合收益"科目的金额,借记或贷记本科目,贷记或借记"投资收益"科目。

(七)将作为存货的房地产转换为采用公允价值模式计量的投资性房地产,应按该项房地产在转换日的公允价值,借记本科目(成本),原已计提跌价准备的,借记"存货跌价准备"科目,按其账面余额,贷记"库存商品"科目,按其差额,贷记本科目或借记"营业外支出"科目。

将自用土地使用权或建筑物转换为采用公允价值模式计量的投资性房地产,应按该项土地使用权或建筑物在转换日的公允价值,借记本科目(成本),按已计提的累计摊销或累计折旧,借记"累计摊销""累计折旧"科目,原已计提减值准备的,借记"无形资产减值准备""固定资产减值准备"科目,按其账面余额,贷记"无形资产""固定资产"科目,按其差额,贷记本科目或借记"营业外支出"科目。

(八)出售采用公允计量模式核算的投资性房地产时,还应按该投资性房地产结转原记入"其他综合收益"科目的金额,借记或贷记"投资收益"科目,贷记或借记本科目。

四、本科目期末贷方余额,反映企业其他综合收益的余额。

【例1】 资产负债表日,可供出售金融资产的公允价值高于其账面价值的差额10 000元。

  借:可供出售金融资产——公允价值变动   10 000
    贷:其他综合收益   10 000

关键词 可供出售金融资产 其他综合收益 可供出售金融资产的公允价值高于其账面价值

【例2】 资产负债表日,可供出售金融资产的公允价值低于其账面价值的差额10 000元。

借：其他综合收益   10 000
　　贷：可供出售金融资产——公允价值变动   10 000

🔹**关键词** 其他综合收益　可供出售金融资产　可供出售金融资产的公允价值低于其账面价值

【例3】 企业根据《企业会计准则第22号——金融工具确认和计量》规定，将持有至到期投资重分类为可供出售金融资产，在重分类日该项持有至到期投资的公允价值9 350 000元，未计提减值准备。投资成本8 730 000元，应计利息530 000元，利息调整借方110 000元。

借：可供出售金融资产——成本   9 350 000
　　其他综合收益   20 000
　　贷：持有至到期投资——投资成本   8 730 000
　　　　持有至到期投资——公允价值变动   530 000
　　　　持有至到期投资——利息调整   110 000

🔹**关键词** 可供出售金融资产　其他综合收益　持有至到期投资　持有至到期投资重分类为可供出售金融资产

【例4】 出售可供出售金融资产收到银行存款9 350 000元，明细科目成本8 730 000元，公允价值变动借方500 000元，减值准备贷方30 000元，记入"其他综合收益"科目的金额假定为贷方470 000元。

借：其他综合收益   470 000
　　贷：投资收益   470 000

同时，还需做出售金融资产结转分录：

借：银行存款   9 350 000
　　可供出售金融资产——减值准备   30 000
　　贷：可供出售金融资产——成本   8 730 000
　　　　可供出售金融资产——公允价值变动   500 000
　　　　投资收益   150 000

🔹**关键词** 其他综合收益　投资收益　处置可供出售金融资产结转其他综合收益

【例5】 出售可供出售金融资产收到银行存款9 150 000元，明细科目成本8 730 000元，公允价值变动借方30 000元，减值准备500 000元，记入"其他综合收益"科目金额假定为借方470 000元。

借：投资收益   470 000
　　贷：其他综合收益   470 000

同时,还需做出售金融资产结转分录:

　　　借:银行存款　　　　　　　　　　　　　　　　　9 150 000
　　　　可供出售金融资产——减值准备　　　　　　　　　500 000
　　　贷:可供出售金融资产——成本　　　　　　　　　　8 730 000
　　　　　可供出售金融资产——公允价值变动　　　　　　　30 000
　　　　　投资收益　　　　　　　　　　　　　　　　　　890 000

🔑**关键词**　投资收益　其他综合收益　处置可供出售金融资产结转其他综合收益

【例6】　权益法下,长期股权投资在持股比例不变的情况下,被投资单位发生净损益以外所有者权益的其他变动增加,企业按持股比例计算应享有的份额为200 000元。

　　　借:长期股权投资——所有者权益其他变动　　　　　200 000
　　　　贷:其他综合收益　　　　　　　　　　　　　　　200 000

🔑**关键词**　长期股权投资　其他综合收益　被投资单位发生净损益以外所有者权益的其他变动增加

【例7】　权益法下,长期股权投资在持股比例不变的情况下,被投资单位发生净损益以外所有者权益的其他变动减少,企业按持股比例计算应分担的份额为200 000元。

　　　借:其他综合收益　　　　　　　　　　　　　　　　200 000
　　　　贷:长期股权投资——所有者权益其他变动　　　　　200 000

🔑**关键词**　长期股权投资　其他综合收益　被投资单位发生净损益以外所有者权益的其他变动减少

【例8】　企业处置长期股权投资,把原转入"其他综合收益"科目贷方的所有者权益其他变动额200 000元,转回投资收益。

　　　借:其他综合收益　　　　　　　　　　　　　　　　200 000
　　　　贷:投资收益　　　　　　　　　　　　　　　　　200 000

🔑**关键词**　其他综合收益　投资收益　处置长期股权投资将转入其他综合收益的所有者权益其他变动转回投资收益

【例9】　企业处置长期股权投资,把原转入"其他综合收益"科目借方的所有者权益其他变动额200 000元,转回投资收益。

　　　借:投资收益　　　　　　　　　　　　　　　　　　200 000
　　　　贷:其他综合收益　　　　　　　　　　　　　　　200 000

🌀 **关键词** 投资收益 其他综合收益 处置长期股权投资将转入其他综合收益的所有者权益其他变动转回投资收益

【例10】 将作为存货的房地产转换为采用公允价值模式计量的投资性房地产，该项房地产在转换日的公允价值56 000 000元，该房地产账面价值55 000 000元。

借：投资性房地产——成本　　　　　　　　56 000 000
　贷：开发产品(库存商品)　　　　　　　　55 000 000
　　　其他综合收益　　　　　　　　　　　 1 000 000

🌀 **关键词** 投资性房地产 库存商品 其他综合收益 作为存货房地产转换为投资性房地产 公允价值大于账面价值

【例11】 将作为存货的房地产转换为采用公允价值模式计量的投资性房地产，该项房地产在转换日确认其他综合收益1 000 000元。处置该项投资性房地产时，一并结转损益。

借：其他综合收益　　　　　　　　　　　　1 000 000
　贷：投资收益　　　　　　　　　　　　　1 000 000

🌀 **关键词** 其他综合收益 投资收益 处置投资性房地产结转其他综合收益

成 本 类

5001 生产成本
(cost of production)

一、本科目核算企业进行工业性生产发生的各项生产费用,包括生产各种产品(包括产成品、自制半成品等)、自制材料、自制工具、自制设备等。

企业(农业)进行农业生产发生的各项生产费用,可将本科目改为"5002 农业生产成本"科目,并分别种植业、畜牧养殖业、水产业和林业确定成本核算对象(消耗性生物资产、生产性生物资产、公益性生物资产和农产品)和成本项目,进行费用的归集和分配。

二、本科目应当按照基本生产成本和辅助生产成本进行明细核算。

基本生产成本应当分别按照基本生产车间和成本核算对象(如产品的品种、类别、定单、批别、生产阶段等)设置明细账(或成本计算单,下同),并按照规定的成本项目设置专栏。

三、生产成本的主要账务处理。

(一)企业发生的各项直接生产费用,借记本科目(基本生产成本、辅助生产成本),贷记"原材料""库存现金""银行存款""应付职工薪酬"等科目。

企业各生产车间应负担的制造费用,借记本科目(基本生产成本、辅助生产成本),贷记"制造费用"科目。

企业辅助生产车间为基本生产车间、企业管理部门和其他部门提供的劳务和产品,月末按照一定的分配标准分配给各受益对象,借记本科目(基本生产成本)、"管理费用""销售费用""其他业务成本""在建工程"等科目,贷记本科目(辅助生产成本)。

企业已经生产完成并已验收入库的产成品以及入库的自制半成品,应于月末,借记"库存商品"等科目,贷记本科目(基本生产成本)。

(二)生产性生物资产产出农产品过程中发生的各项费用,借记本科目,贷记"库存现金""银行存款""原材料""应付职工薪酬""生产性生物资产累计折旧"等科目。

农业生产过程中发生的应由农产品、消耗性生物资产、生产性生物资产和公益性生物资产共同负担的费用,借记本科目(共同费用),贷记"库存现金""银行存款""原材料""应付职工薪酬""生产成本——辅助生产成本""制造费用"等科目。

会计期末,应当按照一定的分配标准对上述共同负担的费用进行分配,借记本科目(农产品)、"消耗性生物资产""生产性生物资产"或"公益性生物资产"科目,贷记本科目(共同费用)。

应由生产性生物资产收获的农产品负担的费用,应当采用合理的方法在农产品各品种之间进行分配;如有尚未收获的农产品,还应当在已收获和尚未收获的农产品之间进行分配。

生产性生物资产收获的农产品验收入库时,按其实际成本,借记"库存商品"科目,贷记本科目。

四、本科目期末借方余额,反映企业尚未加工完成的在产品的成本或生产性生物资产尚未收获的农产品成本。

【例1】 生产车间发生直接生产费用 2 300 元,不考虑相关费用。

  借:生产成本——基本生产成本   2 300
    贷:银行存款   2 3000

🌀 关键词 生产成本 银行存款 车间发生直接生产费用

【例2】 生产部门领用原材料 500 000 元,其中基本生产车间领用 400 000 元,辅助生产车间领用 100 000 元。

  借:生产成本——基本生产成本   400 000
    生产成本——辅助生产成本   100 000
    贷:原材料   500 000

🌀 关键词 生产成本 原材料 生产部门领用原材料

【例3】 生产部门领用原材料(计划成本法)100 000 元,应转出材料成本差异贷差 3 000 元。

  借:生产成本   97 000
    材料成本差异   3 000
    贷:原材料   100 000

🌀 关键词 生产成本 材料成本差异 原材料 生产领用原材料分担材料成本差异贷差

【例4】 生产部门领用原材料(计划成本法)100 000 元,应转出材料成本差异借差 3 000 元。

借：生产成本　　　　　　　　　　　　　　　　　103 000
　　贷：原材料　　　　　　　　　　　　　　　　100 000
　　　　材料成本差异　　　　　　　　　　　　　　3 000

🔑 **关键词**　生产成本　原材料　材料成本差异　生产领用原材料分担材料成本差异借差

【例5】　企业期末分配本月发生工资费用462 000元。其中,生产部门工资费用320 000元,车间管理人员工资费用70 000元,机关管理人员工资费用60 400元,销售部门工资费用11 600元。

借：生产成本——基本生产成本　　　　　　　　320 000
　　制造费用　　　　　　　　　　　　　　　　70 000
　　管理费用　　　　　　　　　　　　　　　　60 400
　　销售费用　　　　　　　　　　　　　　　　11 600
　　贷：应付职工薪酬——工资　　　　　　　　462 000

🔑 **关键词**　生产成本　制造费用　管理费用　销售费用　应付职工薪酬　分配工资费用

【例6】　企业期末分配职工五险一金费用64 680元。其中生产部门费用44 800元,车间管理人员费用9 800元,机关管理人员费用10 080元。

借：生产成本——基本生产成本　　　　　　　　44 800
　　制造费用　　　　　　　　　　　　　　　　9 800
　　管理费用　　　　　　　　　　　　　　　　10 080
　　贷：应付职工薪酬——五险一金　　　　　　64 680

🔑 **关键词**　生产成本　制造费用　管理费用　应付职工薪酬　分配五险一金费用

【例7】　把电暖器作为春节福利发放给职工,价税合计232 000元。其中生产部门承担197 200元,管理部门承担34 800元。

借：生产成本　　　　　　　　　　　　　　　　197 200
　　管理费用　　　　　　　　　　　　　　　　348 00
　　贷：应付职工薪酬——非货币性福利　　　　232 000

关联业务会计分录：

借：应付职工薪酬　　　　　　　　　　　　　　232 000
　　贷：库存商品　　　　　　　　　　　　　　200 000
　　　　应交税费——应交增值税(销项税额)　　32 000

🌀 **关键词** 生产成本　管理费用　应付职工薪酬　发放非货币性福利

【例8】 将自产的资源税应税原材料用于产品生产,应负担资源税款 2 500 元。

　　借:生产成本　　　　　　　　　　　　　　　　　　2 500
　　　贷:应交税费——应交资源税　　　　　　　　　　　2 500

🌀 **关键词** 生产成本　应交税费　生产领用应交资源税原材料

【例9】 结转本期制造费用 80 000 元。

　　借:生产成本　　　　　　　　　　　　　　　　　　80 000
　　　贷:制造费用　　　　　　　　　　　　　　　　　　80 000

🌀 **关键词** 生产成本　制造费用　结转制造费用

【例10】 实际成本法下,自制原材料验收入库 356 000 元。

　　借:原材料——自制原材料　　　　　　　　　　　　356 000
　　　贷:生产成本　　　　　　　　　　　　　　　　　356 000

🌀 **关键词** 原材料　生产成本　实际成本法下自制原材料入库

【例11】 计划成本法下,自制原材料验收入库 356 000 元,实际成本 355 000 元。

　　借:原材料——自制原材料　　　　　　　　　　　　356 000
　　　贷:生产成本　　　　　　　　　　　　　　　　　355 000
　　　　　材料成本差异　　　　　　　　　　　　　　　1 000

🌀 **关键词** 原材料　生产成本　材料成本差异　计划成本法下自制原材料入库　节约差异

【例12】 计划成本法下,自制原材料验收入库 356 000 元,实际成本 357 000 元。

　　借:原材料——自制原材料　　　　　　　　　　　　356 000
　　　　材料成本差异　　　　　　　　　　　　　　　　1 000
　　　贷:生产成本　　　　　　　　　　　　　　　　　357 000

🌀 **关键词** 原材料　材料成本差异　生产成本　计划成本法下自制原材料入库　超支差异

【例13】 企业对以经营租赁的方式新租入的办公楼进行装修,辅助生产车间为装修工程提供劳务,应当结转装修工程费用 180 000 元。

　　借:长期待摊费用　　　　　　　　　　　　　　　　180 000
　　　贷:生产成本——辅助生产成本　　　　　　　　　180 000

🌀 **关键词** 长期待摊费用　生产成本　辅助生产车间为装修工程提供劳务

【例14】 企业辅助生产车间为购进需安装固定资产提供劳务。本期应当结转工程费用 56 000 元。

　　借：在建工程　　　　　　　　　　　　　　　　　56 000
　　　　贷：生产成本——辅助生产成本　　　　　　　　　　56 000

🌀 **关键词** 在建工程　生产成本　辅助生产车间为固定资产安装工程提供劳务

【例15】 结转产成品入库 5 000 000 元。

　　借：库存商品　　　　　　　　　　　　　　　　　5 000 000
　　　　贷：生产成本——基本生产成本　　　　　　　　　　5 000 000

🌀 **关键词** 库存商品　生产成本　产品验收入库

5101 制造费用
(manufacturing costs)

一、本科目核算企业生产车间、部门为生产产品和提供劳务而发生的各项间接费用。

企业行政管理部门为组织和管理生产经营活动而发生的管理费用,在"管理费用"科目核算。

二、本科目应当按照不同的生产车间、部门和费用项目进行明细核算。

三、制造费用的主要账务处理。

(一)生产车间发生的机物料消耗,借记本科目,贷记"原材料"等科目。

(二)发生的生产车间管理人员的工资等职工薪酬,借记本科目,贷记"应付职工薪酬"科目。

(三)生产车间计提的固定资产折旧,借记本科目,贷记"累计折旧"科目。

(四)生产车间支付的办公费、修理费、水电费等,借记本科目,贷记"银行存款"等科目。

(五)发生季节性的停工损失,借记本科目,贷记"原材料""应付职工薪酬""银行存款"等科目。

(六)将制造费用分配计入有关的成本核算对象,借记"生产成本(基本生产成本、辅助生产成本)""劳务成本"科目,贷记本科目。

(七)季节性生产企业制造费用全年实际发生数与分配数的差额,除其中属于为下一年开工生产作准备的可留待下一年分配外,其余部分实际发生额大于分配额的差额,借记"生产成本——基本生产成本"科目,贷记本科目;实际发生额小于分配额的差额,做相反的会计分录。

四、除季节性的生产性企业外,本科目期末应无余额。

【例1】 生产车间用银行存款支付办公费 45 600 元,非固定资产日常修理费 1 300 元,水电费 4 200 元,不考虑相关税费。

借:制造费用——办公费　　　　　　　　　　　　45 600
　　制造费用——修理费　　　　　　　　　　　　 1 300
　　制造费用——水电费　　　　　　　　　　　　 4 200
　贷:银行存款　　　　　　　　　　　　　　　　　51 100

🌀 关键词　制造费用　银行存款　生产车间支付办公费　非固定资产日常修理费　水电费

【例2】 生产车间领用原材料,车间消耗 500 000 元。

借:制造费用　　　　　　　　　　　　　　　　　500 000
　贷:原材料　　　　　　　　　　　　　　　　　　500 000

🌀 关键词　制造费用　原材料　车间领用一般消耗材料

【例3】 企业期末分配本月发生工资费用 462 000 元。其中,生产部门工资费用 320 000 元,车间管理人员工资费用 70 000 元,机关管理人员工资费用 60 400 元,销售部门工资费用 11 600 元。

借:生产成本——基本生产成本　　　　　　　　　320 000
　　制造费用　　　　　　　　　　　　　　　　　 70 000
　　管理费用　　　　　　　　　　　　　　　　　 60 400
　　销售费用　　　　　　　　　　　　　　　　　 11 600
　贷:应付职工薪酬——工资　　　　　　　　　　 462 000

🌀 关键词　生产成本　制造费用　管理费用　销售费用　应付职工薪酬　分配工资费用

【例4】 本车间本月分配辅助生产车间费用 262 000 元。

借:制造费用　　　　　　　　　　　　　　　　　262 000
　贷:生产成本——辅助生产成本　　　　　　　　 262 000

🌀 关键词　制造费用　生产成本　车间分摊辅助车间费用

【例5】 计提生产车间固定资产累计折旧 800 000 元。

借:制造费用　　　　　　　　　　　　　　　　　800 000
　贷:累计折旧　　　　　　　　　　　　　　　　 800 000

🌀 关键词　制造费用　累计折旧　计提车间固定资产折旧费

【例6】 生产车间本月摊销长期待摊费用租入固定资产改良支出 80 000 元。

借：制造费用　　　　　　　　　　　　　　　　　80 000
　　贷：长期待摊费用——租入固定资产改良支出　　　　80 000

◎关键词　制造费用　长期待摊费用　摊销生产租入固定资产改良支出

【例7】 企业发生季节性停工损失,发生原材料费用 24 000 元,员工工资 35 000 元,其他零星支出 1 000 元。

借：制造费用　　　　　　　　　　　　　　　　　60 000
　　贷：原材料　　　　　　　　　　　　　　　　　24 000
　　　　应付职工薪酬　　　　　　　　　　　　　　35 000
　　　　银行存款　　　　　　　　　　　　　　　　　1 000

◎关键词　制造费用　原材料　应付职工薪酬　银行存款　车间发生季节性停工损失

【例8】 结转本期制造费用 800 000 元。

借：生产成本——基本生产成本　　　　　　　　　800 000
　　贷：制造费用　　　　　　　　　　　　　　　800 000

◎关键词　生产成本　制造费用　结转制造费用

5201 劳务成本

(research and development expenditure)

一、本科目核算企业对外提供劳务发生的成本。

企业(证券)在为上市公司进行承销业务发生的各项相关支出,可将本科目改为"5201 待转承销费用"科目,并按照客户进行明细核算。

二、本科目应当按照提供劳务种类进行明细核算。

三、企业发生的各项劳务成本,借记本科目,贷记"银行存款""应付职工薪酬""原材料"等科目。

企业(建造承包商)对外单位、专项工程等提供机械作业(包括运输设备)的成本,借记本科目,贷记"机械作业"科目。

结转劳务的成本,借记"主营业务成本""其他业务成本"等科目,贷记本科目。

四、本科目期末借方余额,反映企业尚未完成或尚未结转的劳务成本。

【例1】 企业承接的劳务项目领用原材料 500 000 元。

借：劳务成本　　　　　　　　　　　　　　　　500 000
　　贷：原材料　　　　　　　　　　　　　　　　500 000

🔑 **关键词** 劳务成本　原材料　劳务项目领用原材料

【例2】 企业对外承接劳务,本期应负担员工工资费用350 000元。

借:劳务成本　　　　　　　　　　　　　　　　350 000
　　贷:应付职工薪酬　　　　　　　　　　　　　　350 000

🔑 **关键词** 劳务成本　应付职工薪酬　发生工程人员薪酬

【例3】 建造承包商对外单位专项工程等提供机械作业成本230 000元。

借:劳务成本——机械作业费　　　　　　　　　　230 000
　　贷:机械作业　　　　　　　　　　　　　　　　230 000

🔑 **关键词** 劳务成本　机械作业　对外提供机械作业服务

＊"机械作业"科目为建筑行业会计科目。

【例4】 企业期末结转劳务成本30 000元,劳务项目为非主营业务。

借:其他业务成本　　　　　　　　　　　　　　　30 000
　　贷:劳务成本　　　　　　　　　　　　　　　　30 000

🔑 **关键词** 其他业务成本　劳务成本　结转非主营业务劳务成本

【例5】 企业期末结转劳务成本1 080 000元。

借:主营业务成本　　　　　　　　　　　　　　1 080 000
　　贷:劳务成本　　　　　　　　　　　　　　　1 080 000

🔑 **关键词** 主营业务成本　劳务成本　结转劳务成本

5301 研发支出

(research and development expenditure)

一、本科目核算企业进行研究与开发无形资产过程中发生的各项支出。

二、本科目应当按照研究开发项目,分别"费用化支出"与"资本化支出"进行明细核算。

三、研发支出的主要账务处理。

(一)企业自行开发无形资产发生的研发支出,不满足资本化条件的,借记本科目(费用化支出),满足资本化条件的,借记本科目(资本化支出),贷记"原材料""银行存款""应付职工薪酬"等科目。

(二)企业以其他方式取得的正在进行中的研究开发项目,应按确定的金额,借记本科目(资本化支出),贷记"银行存款"等科目。以后发生的研发支出,应当比照上述(一)规定进行处理。

(三)研究开发项目达到预定用途形成无形资产的,应按本科目(资本化支出)的余额,借记"无形资产"科目,贷记本科目(资本化支出)。

期末,企业应将本科目归集的费用化支出金额转入"管理费用"科目,借记"管理费用"科目,贷记本科目(费用化支出)。

四、本科目期末借方余额,反映企业正在进行中的研究开发项目中满足资本化条件的支出。

【例1】 企业自行研究、开发一项技术,开发支出 2 000 000 元(假定开发支出不符合资本化条件)。

  借:研发支出——费用化支出   2 000 000
   贷:银行存款   2 000 000

关键词　研发支出　银行存款　不符合资本化条件

【例2】 企业购买一项技术正在开发的研究项目(假定符合资本化条件),银行存款支付价款 2 000 000 元,不考虑相关费用。

  借:研发支出——资本化支出   2 000 000
   贷:银行存款   2 000 000

关键词　研发支出　银行存款　研发部门领用原材料　符合资本化条件

【例3】 研发部门为某一研发技术项目(假定符合资本化条件)领用原材料 500 000 元。

  借:研发支出——资本化支出   500 000
   贷:原材料   500 000

关键词　研发支出　原材料　研发部门领用原材料　符合资本化条件

【例4】 企业研发部门本期应当负担员工工资费用 640 000 元。

  借:研发支出   640 000
   贷:应付职工薪酬   640 000

关键词　研发支出　应付职工薪酬　研究部门人员工资费用

【例5】 计提研发部门固定资产累计折旧 100 000 元。

  借:研发支出   100 000
   贷:累计折旧   100 000

关键词　研发支出　累计折旧　计提研发部门固定资产折旧费

【例6】 企业自行研究、开发一项技术,该项研发活动完成了研究阶段,开发支出 2 000 000 元(假定开发支出不符合资本化条件)。

  借:管理费用   2 000 000
   贷:研发支出——费用化支出   2 000 000

🌀 **关键词** 管理费用 研发支出 结转研发费用 不符合资本化条件

【例7】 企业自行研发一项技术,该技术研发完成并形成无形资产,该项研发累计支出 300 000 元。

借:无形资产　　　　　　　　　　　　　　　　　　　　　300 000
　　贷:研发支出——资本化支出　　　　　　　　　　　　　300 000

🌀 **关键词** 无形资产 研发支出 技术研发完成形成无形资产

损 益 类

6001 主营业务收入
(main business income)

一、本科目核算企业根据《企业会计准则第14号——收入》确认的销售商品、提供劳务等主营业务的收入。

二、本科目应当按照主营业务的种类进行明细核算。

三、主营业务收入的主要账务处理。

（一）企业销售商品或提供劳务实现的销售收入，应按照实际收到或应收的价款，借记"银行存款""应收账款""应收票据"等科目，按销售收入的金额，贷记本科目，按增值税专用发票上注明的增值税额，贷记"应交税费——应交增值税（销项税额）"科目。

企业采用递延方式分期收款、实质上具有融资性质的销售商品或提供劳务满足收入确认条件的，按应收合同或协议价款，借记"长期应收款"科目，按应收合同或协议价款的公允价值，贷记本科目，按增值税专用发票上注明的增值税额，贷记"应交税费——应交增值税（销项税额）"科目，按其差额，贷记"未实现融资收益"科目。

企业以库存商品进行非货币性资产交换（在非货币性资产交换具有商业实质且公允价值能够可靠计量的情况下）或债务重组，应按照该用于交换或抵债的库存商品的公允价值，借记有关资产科目或"应付账款"等科目，贷记本科目。

（二）企业本期发生的销售退回或销售折让，按应冲减的销售商品收入，借记本科目，按增值税专用发票上注明的应冲减的增值税销项税额，借记"应交税费——应交增值税（销项税额）"科目，按实际支付或应退还的价款，贷记"银行存款""应收账款"等科目。

（三）根据《企业会计准则第15号——建造合同》确认合同收入时，按应确认的合同费用，借记"主营业务成本"科目，按应确认的合同收入，贷记本科目，按其差额，借记或贷记"工程施工——合同毛利"科目。

四、期末，应将本科目的余额转入"本年利润"科目，结转后本科目应无余额。

【例1】 企业收到零星销售收入2 600元,增值税专用发票注明增值税额416元,现金/银行存款收讫。

　　借：库存现金　　　　　　　　　　　　　　　　　3 016
　　　贷：主营业务收入　　　　　　　　　　　　　　　　2 600
　　　　　应交税费——应交增值税(销项税额)　　　　　　416

🔑**关键词**　库存现金/银行存款　主营业务收入　应交税费　销售商品零星收入

【例2】 企业收到销售收入2 600元,增值税专用发票注明增值税额416元,银行存款收讫。

　　借：银行存款　　　　　　　　　　　　　　　　　3 016
　　　贷：主营业务收入　　　　　　　　　　　　　　　　2 600
　　　　　应交税费——应交增值税(销项税额)　　　　　　416

🔑**关键词**　银行存款　主营业务收入　应交税费　销售商品收到货款

【例3】 甲公司向乙公司销售一批商品,售价300 000元,预收价税合计金额348 000元。

　　借：预收账款　　　　　　　　　　　　　　　　　348 000
　　　贷：主营业务收入　　　　　　　　　　　　　　　300 000
　　　　　应交税费——应交增值税(销项税额)　　　　　48 000

🔑**关键词**　预收账款　主营业务收入　应交税费　销售商品预收货款

【例4】 企业对外提供劳务,取得收入320 000元,增值税专用发票注明增值税额19 200元,收到商业承兑汇票。

　　借：应收票据　　　　　　　　　　　　　　　　　339 200
　　　贷：主营业务收入　　　　　　　　　　　　　　　320 000
　　　　　应交税费——应交增值税(销项税额)　　　　　19 200

🔑**关键词**　应收票据　主营业务收入　应交税费　取得劳务收入

【例5】 企业对外提供劳务,取得收入320 000元,增值税专用发票注明增值税额19 200元,款未付。

　　借：应收账款　　　　　　　　　　　　　　　　　339 200
　　　贷：主营业务收入　　　　　　　　　　　　　　　320 000
　　　　　应交税费——应交增值税(销项税额)　　　　　19 200

🔑**关键词**　应收账款　主营业务收入　应交税费　取得劳务收入

【例6】 甲公司向乙公司销售一批商品,售价300 000元,收到价税合计金额348 000元后因故退回。

借:主营业务收入　　　　　　　　　　　　　　　　300 000
　　应交税费——应交增值税(销项税额)　　　　　　 48 000
　　贷:银行存款　　　　　　　　　　　　　　　　348 000

🌀 关键词　主营业务收入　应交税费　银行存款　销售退回

＊**此分录也可做成借贷相反的红字分录**,下同。

【例7】 企业本期发生的销售折让,冲减的销售商品收入3 000 000元,退还银行存款3 480 000元。

借:主营业务收入　　　　　　　　　　　　　　　3 000 000
　　应交税费——应交增值税(销项税额)　　　　　 480 000
　　贷:银行存款　　　　　　　　　　　　　　　3 480 000

🌀 关键词　主营业务收入　应交税费　银行存款　发生销售折让

【例8】 已发生现金折扣的销售退回,减少销售商品收入50 000元,应交税费8 000元,现金折扣1 000元。

借:主营业务收入　　　　　　　　　　　　　　　　 50 000
　　应交税费——应交增值税(销项税额)　　　　　　　8 000
　　贷:银行存款　　　　　　　　　　　　　　　　 57 000
　　　　财务费用　　　　　　　　　　　　　　　　　1 000

🌀 关键词　主营业务收入　应交税费　银行存款　财务费用　已发生现金折扣的销售退回

【例9】 企业将本期主营业务收入6 000 000元结转入本年利润。

借:主营业务收入　　　　　　　　　　　　　　　6 000 000
　　贷:本年利润　　　　　　　　　　　　　　　6 000 000

🌀 关键词　主营业务收入　本年利润　各项收入结转本年利润

＊**损益类科目期末结转本年利润一般是复合分录**,详见"本年利润"科目,本例为单式分录,旨在强调科目间的对应借贷关系,下同。

6051　其他业务收入
(other operating income)

一、本科目核算企业根据收入准则确认的除主营业务以外的其他经营活动实现的收入,包括出租固定资产、出租无形资产、出租包装物和商品、销售材料等实现的收入。

企业(租赁)出租固定资产取得的租赁收入,在"租赁收入"科目核算,不在本科目核算。

采用成本模式计量的投资性房地产取得的租金收入,也通过本科目核算。

二、本科目应当按照其他业务收入种类进行明细核算。

三、企业确认的其他业务收入,借记"银行存款""应收账款"等科目,贷记本科目、"应交税费——应交增值税(销项税额)"等科目。

企业以原材料进行非货币性资产交换(在非货币性资产交换具有商业实质且公允价值能够可靠计量的情况下)或债务重组,应按照该用于交换或抵债的原材料的公允价值,借记有关资产科目或"应付账款"等科目,贷记本科目。

四、期末,应将本科目余额转入"本年利润"科目,结转后本科目应无余额。

【例1】 企业销售原材料,售价 100 000 元,收到价税合计金额 116 000 元。

借:银行存款　　　　　　　　　　　　　　　　　116 000
　　贷:其他业务收入　　　　　　　　　　　　　　100 000
　　　　应交税费——应交增值税(销项税额)　　　　16 000

关键词 银行存款　其他业务收入　应交税费　销售原材料

【例2】 销售单独计价包装物,售价 20 000 元,应收价税合计金额 23 200 元,款未到。

借:应收账款　　　　　　　　　　　　　　　　　23 200
　　贷:其他业务收入　　　　　　　　　　　　　　20 000
　　　　应交税费——应交增值税(销项税额)　　　　3 200

关键词 银行存款　其他业务收入　应交税费　销售单独计价包装物

【例3】 企业出租异地办公楼,确认租金 60 000 元,假定异地缴纳增值税 6 000 元,租金款已预付。

借:预收账款　　　　　　　　　　　　　　　　　66 000
　　贷:其他业务收入　　　　　　　　　　　　　　60 000
　　　　应交税费——预交增值税　　　　　　　　　6 000

关键词 银行存款　其他业务收入　应交税费　出租固定资产

【例4】 企业出租专利权,确认租金收入 180 000 元,假定该项业务免增值税。

借：银行存款　　　　　　　　　　　　　　　　　180 000
　　　　贷：其他业务收入　　　　　　　　　　　　　　　180 000

🌀**关键词**　银行存款　其他业务收入　出租无形资产

【例5】 企业出租包装物，确认租金收入40 000元，应收价税合计46 400元，收到商业承兑汇票。

　　借：应收票据　　　　　　　　　　　　　　　　　 46 400
　　　　贷：其他业务收入　　　　　　　　　　　　　　　 40 000
　　　　　　应交税费——应交增值税（销项税额）　　　　　6 400

🌀**关键词**　应收票据　其他业务收入　应交税费　出租包装物

【例6】 成本模式下，出租本地投资性房地产，确认租金260 000元，假定增值税13 000元，租金尚未支付。

　　借：其他应收款　　　　　　　　　　　　　　　　 273 000
　　　　贷：其他业务收入　　　　　　　　　　　　　　　260 000
　　　　　　应交税费——应交增值税（销项税额）　　　　 13 000

🌀**关键词**　其他应收款　其他业务收入　应交税费　出租投资性房地产

【例7】 企业将本期其他业务收入700 000元结转入本年利润。

　　借：其他业务收入　　　　　　　　　　　　　　　 700 000
　　　　贷：本年利润　　　　　　　　　　　　　　　　 700 000

🌀**关键词**　其他业务收入　本年利润　结转本年利润

6101 公允价值变动损益
（changes in fair value）

　　一、本科目核算企业在初始确认时划分为以公允价值计量且其变动计入当期损益的金融资产或金融负债（包括交易性金融资产或金融负债和直接指定为以公允价值计量且其变动计入当期损益的金融资产或金融负债），以及采用公允价值模式计量的投资性房地产、衍生工具、套期业务中公允价值变动形成的应计入当期损益的利得或损失。

　　二、本科目应当按照交易性金融资产、交易性金融负债、投资性房地产等进行明细核算。

　　三、公允价值变动损益的主要账务处理。

　　（一）资产负债表日，企业应按交易性金融资产或采用公允价值模式计量的投资性房地产的公允价值高于其账面余额的差额，借记"交易性金融资产——公允价值变动""投资性房地产"科目,贷记本科目;公允价值低于其账面余额的差额,做相反的会计分录。

出售交易性金融资产或采用公允价值模式计量的投资性房地产时,应按实际收到的金额,借记"银行存款""存放中央银行款项"等科目,按其账面余额,贷记"交易性金融资产——成本(或公允价值变动"科目或"投资性房地产——成本或公允价值变动)"科目,贷记或借记"投资收益"科目。同时,按"交易性金融资产——公允价值变动"科目或"投资性房地产——成本(或公允价值变动)"科目的余额,借记或贷记本科目,贷记或借记"投资收益"科目。

(二)资产负债表日,交易性金融负债的公允价值高于其账面余额的差额,借记本科目,贷记"交易性金融负债"科目;公允价值低于其账面价值的差额,做相反的会计分录。

出售交易性金融负债时,应按其账面余额,借记"交易性金融负债"等科目,按实际支付的金额,贷记"银行存款""存放中央银行款项""结算备付金"等科目,按其差额,贷记或借记"投资收益"科目。

同时,按"交易性金融负债——公允价值变动"科目的余额,借记或贷记本科目(公允价值变动),贷记或借记"投资收益"科目。

四、期末,应将本科目余额转入"本年利润"科目,结转后本科目无余额。

【例1】 资产负债表日,确认交易性金融资产公允价值变动(上升)300 000元。

借:交易性金融资产——公允价值变动　　　　　　300 000
　　贷:公允价值变动损益　　　　　　　　　　　　　　300 000

关键词 交易性金融资产　公允价值变动损益　确认债券公允价值上升

【例2】 资产负债表日,确认交易性金融资产公允价值变动(下降)200 000元。

借:公允价值变动损益　　　　　　　　　　　　　　200 000
　　贷:交易性金融资产——公允价值变动　　　　　　200 000

关键词 公允价值变动损益　交易性金融资产　确认公允价值下降

【例3】 企业出售交易性金融资产,同步结转资产负债表日公允价值变动损益贷方金额650 000元。

借:公允价值变动损益　　　　　　　　　　　　　　650 000
　　贷:投资收益　　　　　　　　　　　　　　　　　　650 000

关键词 公允价值变动损益　投资收益　出售交易性金融资产结转公允价值变动损益

【例4】 资产负债表日,投资性房地产的公允价值高于其账面余额 1 000 000 元。

借:投资性房地产——公允价值变动 　　　　1 000 000
　　贷:公允价值变动损益 　　　　　　　　　　　　1 000 000

🌀 关键词　投资性房地产　公允价值变动损益　投资性房地产公允价值上升

【例5】 资产负债表日,投资性房地产的公允价值低于其账面余额 1 000 000 元。

借:公允价值变动损益 　　　　　　　　　　　　1 000 000
　　贷:投资性房地产——公允价值变动 　　　　　1 000 000

🌀 关键词　公允价值变动损益　投资性房地产　投资性房地产公允价值低于账面金额

【例6】 将采用公允价值模式计量的投资性房地产转为自用。该项投资性房地产在转换日的公允价值 5 100 000 元,明细科目投资性房地产的成本 4 800 000 元,公允价值变动借方 200 000 元。

借:固定资产 　　　　　　　　　　　　　　　　5 100 000
　　贷:投资性房地产——成本 　　　　　　　　　4 800 000
　　　　投资性房地产——公允价值变动 　　　　　　200 000
　　　　公允价值变动损益 　　　　　　　　　　　　100 000

🌀 关键词　固定资产　投资性房地产　公允价值变动损益　将采用公允价值模式计量的投资性房地产转为自用

【例7】 将采用公允价值模式计量的投资性房地产土地使用权转为自用。该项土地使用权在转换日的公允价值 4 900 000 元,明细科目投资性房地产的成本 4 800 000 元,公允价值变动借方 200 000 元。

借:无形资产 　　　　　　　　　　　　　　　　4 900 000
　　公允价值变动损益 　　　　　　　　　　　　　100 000
　　贷:投资性房地产——成本 　　　　　　　　　4 800 000
　　　　投资性房地产——公允价值变动 　　　　　　200 000

🌀 关键词　无形资产　公允价值变动损益　投资性房地产　将采用公允价值模式计量的土地使用权转为自用

【例8】 企业出售采用公允价值模式计量的投资性房地产。该项投资性房地产售价 5 100 000 元,明细科目投资性房地产的成本 4 800 000 元,公允价值变动借方 200 000 元。

  借：公允价值变动损益   200 000
   贷：投资收益   200 000

同时，

  借：银行存款   5 100 000
   贷：投资性房地产——成本   4 800 000
    投资性房地产——公允价值变动   200 000
    投资收益   100 000

关键词 公允价值变动损益 投资收益 出售投资性房地产结转投资收益

【例9】 企业出售采用公允价值模式计量的投资性房地产。该项投资性房地产售价 4 500 000 元，明细科目投资性房地产的成本 4 800 000 元，公允价值变动贷方 200 000 元。

  借：投资收益   200 000
   贷：公允价值变动损益   200 000

同时，

  借：银行存款   4 500 000
   投资性房地产——公允价值变动   200 000
   投资收益   100 000
   贷：投资性房地产——成本   4 800 000

关键词 投资收益 公允价值变动损益 出售投资性房地产结转投资收益

【例10】 企业将本期"公允价值变动损益"科目贷方余额 150 000 元结转入本年利润。

  借：公允价值变动损益   150 000
   贷：本年利润   150 000

关键词 公允价值变动损益 本年利润 结转本年利润

【例11】 企业将本期"公允价值变动损益"科目借方余额 150 000 元结转入本年利润。

  借：本年利润   150 000
   贷：公允价值变动损益   150 000

关键词 本年利润 公允价值变动损益 结转本年利润

6111 投资收益
(investment income)

一、本科目核算企业根据《企业会计准则第 2 号——长期股权投资》确认的投资收益或投资损失。

企业根据《企业会计准则第 3 号——投资性房地产》确认的采用公允价值模式计量的投资性房地产的租金收入和处置损益,也通过本科目核算。

企业处置交易性金融资产、交易性金融负债、可供出售金融资产实现的损益,也在本科目核算。

企业的持有至到期投资和买入返售金融资产在持有期间取得的投资收益和处置损益,也在本科目核算。

证券公司自营证券所取得的买卖价差收入,也在本科目核算。

二、本科目应当按照投资项目进行明细核算。

三、投资收益的主要账务处理。

(一)长期股权投资采用成本法核算的,企业应按被投资单位宣告发放的现金股利或利润中属于本企业的部分,借记"应收股利"科目,贷记本科目;属于被投资单位在取得投资前实现净利润的分配额,应作为投资成本的收回,贷记"长期股权投资"科目。

(二)长期股权投资采用权益法核算的,资产负债表日,应按根据被投资单位实现的净利润或经调整的净利润计算应享有的份额,借记"长期股权投资——损益调整"科目,贷记本科目。

被投资单位发生亏损、分担亏损份额超过长期股权投资而冲减长期权益账面价值的,借记"投资收益"科目,贷记本科目(损益调整)科目。发生亏损的被投资单位以后实现净利润的,企业计算的应享有的份额,如有未确认投资损失的,应先弥补未确认的投资损失,弥补损失后仍有余额的,借记"长期股权投资——损益调整"科目,贷记本科目。

(三)出售长期股权投资时,应按实际收到的金额,借记"银行存款"等科目,原已计提减值准备的,借记"长期股权投资减值准备"科目,按其账面余额,贷记"长期股权投资"科目,按尚未领取的现金股利或利润,贷记"应收股利"科目,按其差额,贷记或借记本科目。

出售采用权益法核算的长期股权投资时,还应按处置长期股权投资的投资成本比例结转原记入"资本公积——其他资本公积"科目的金额,借记或贷记"资本公积——其他资本公积"科目,贷记或借记本科目。

四、期末,应将本科目余额转入"本年利润"科目,本科目结转后应无余额。

【例1】 成本法下,被投资单位宣告分派现金股利,应归本企业享有的金额1 500 000元。

　　借：应收股利　　　　　　　　　　　　　　　　1 500 000
　　　贷：投资收益　　　　　　　　　　　　　　　　1 500 000

关键词　应收股利　投资收益　被投资单位宣告现金股利（成本法核算）

【例2】 成本法下,出售对外长期股权投资股份,投资成本980 000元,售价1 100 000元。

　　借：银行存款　　　　　　　　　　　　　　　　1 100 000
　　　贷：长期股权投资——××公司　　　　　　　　 980 000
　　　　　投资收益　　　　　　　　　　　　　　　 120 000

关键词　银行存款　长期股权投资　投资收益　成本法下出售长期股权投资

【例3】 权益法下,被投资单位实现净利润1 000 000元,根据被投资单位实现的净利润计算应享有的份额为330 000元。

　　借：长期股权投资——损益调整　　　　　　　　　 330 000
　　　贷：投资收益　　　　　　　　　　　　　　　　 330 000

关键词　投资收益　长期股权投资　确认投资收益

【例4】 权益法下,被投资单位亏损1 000 000元,根据被投资单位实现的净利润计算应承担份额为330 000元。

　　借：投资收益　　　　　　　　　　　　　　　　 330 000
　　　贷：长期股权投资——损益调整　　　　　　　　 330 000

关键词　投资收益　长期股权投资　确认投资亏损

【例5】 权益法下,出售对外长期股权投资,投资成本5 000 000元,损益调整600 000元,售价5 900 000元。

　　借：银行存款　　　　　　　　　　　　　　　　5 900 000
　　　贷：长期股权投资——投资成本　　　　　　　 5 000 000
　　　　　长期股权投资——损益调整　　　　　　　　 600 000
　　　　　投资收益　　　　　　　　　　　　　　　 300 000

关键词　银行存款　长期股权投资　投资收益　权益法下出售股权

【例6】 公司在证券市场上发行6个月公司债券,按面值发行为

20 000 000元,发行支付交易手续费 200 000 元,实际收到发行收入 19 800 000 元,将其确认为交易性金融负债。

借:银行存款　　　　　　　　　　　　　　　　19 800 000
　　投资收益　　　　　　　　　　　　　　　　　　200 000
　贷:交易性金融负债　　　　　　　　　　　　　20 000 000

关键词 银行存款　投资收益　交易性金融负债　发行短期公司债券

【例7】 企业出售采用公允价值模式计量的投资性房地产。该项投资性房地产公允价值变动借方 200 000 元。

借:公允价值变动损益　　　　　　　　　　　　　200 000
　贷:投资收益　　　　　　　　　　　　　　　　　200 000

关键词 公允价值变动损益　投资收益　出售投资性房地产结转投资收益

【例8】 企业出售采用公允价值模式计量的投资性房地产。该项投资性房地产公允价值变动贷方 200 000 元。

借:投资收益　　　　　　　　　　　　　　　　　200 000
　贷:公允价值变动损益　　　　　　　　　　　　　200 000

关键词 投资收益　公允价值变动损益　出售投资性房地产结转投资收益

【例9】 将作为存货的房地产转换为采用公允价值模式计量的投资性房地产,该项房地产在转换日确认其他综合收益 1 000 000 元。处置该项投资性房地产时,一并结转损益。

借:其他综合收益　　　　　　　　　　　　　　1 000 000
　贷:投资收益　　　　　　　　　　　　　　　　1 000 000

关键词 其他综合收益　投资收益　处置投资性房地产结转其他综合收益

【例10】 企业处置长期股权投资,把原转入其他综合收益借方的所有者权益其他变动额 200 000 元,转回投资收益。

借:投资收益　　　　　　　　　　　　　　　　　200 000
　贷:其他综合收益　　　　　　　　　　　　　　　200 000

关键词 投资收益　其他综合收益　处置长期股权投资将转入其他综合收益的所有者权益其他变动转回投资收益

【例11】 金融商品转让按规定以盈亏相抵后的余额作为销售额。企业出售交易性金融资产或持有至到期投资等金融资产，假定股票成本 25 500 000 元，明细科目公允价值变动借方余额 100 000 元，收到银行存款 25 650 000 元。计算转让收益应缴纳增值税。

  借：投资收益(150 000×0.06÷1.06)   8 490.57
    贷：应交税费——转让金融商品应交增值税 8 490.57
销售收款时：
  借：银行存款   25 650 000
    贷：交易性金融资产——成本   25 500 000
      交易性金融资产——公允价值变动 100 000
      投资收益   50 000
同时，结转公允价值变动损益：
  借：公允价值变动损益   100 000
    贷：投资收益   100 000

🔑**关键词** 投资收益 应交税费 出售交易性金融资产获得投资收益计算缴纳增值税

  【例12】 金融商品转让按规定以盈亏相抵后的余额作为销售额。企业出售交易性金融资产，股票成本 25 500 000 元，明细科目公允价值变动借方余额 100 000 元，收到银行存款 25 450 000 元。投资亏损，计算后期可抵的转让金融商品应交增值税。

  借：应交税费——转让金融商品应交增值税(50 000×0.06÷1.06)
                    2 830.19
    贷：投资收益   2 830.19
销售收款时：
  借：银行存款   25 450 000
    投资收益   150 000
    贷：交易性金融资产——成本   25 500 000
      交易性金融资产——公允价值变动 100 000
同时，结转公允价值变动损益：
  借：公允价值变动损益   100 000
    贷：投资收益   100 000

🔑**关键词** 应交税费 投资收益 出售交易性金融资产投资亏损计算可抵增值税

  【例13】 年末，企业"应交税费——转让金融商品应交增值税"科目借方有余额 12 300 元，结转至投资收益。

借：投资收益 12 300
　　贷：应交税费——转让金融商品应交增值税 12 300

🌀**关键词** 投资收益　应交税费　期末结转"应交税费——转让金融商品应交增值税"科目借方余额

【例 14】 企业将本期投资收益贷方余额 600 000 元结转入本年利润。

借：投资收益 600 000
　　贷：本年利润 600 000

🌀**关键词** 投资收益　本年利润　结转本年利润

【例 15】 企业将本期投资收益借方余额 600 000 元结转入本年利润。

借：本年利润 600 000
　　贷：投资收益 600 000

🌀**关键词** 本年利润　投资收益　结转本年利润

6301 营业外收入
(operating income)

一、本科目核算企业发生的与其经营活动无直接关系的各项净收入，主要包括处置非流动资产利得、非货币性资产交换利得、债务重组利得、罚没利得、政府补助利得、确实无法支付而按规定程序经批准后转作营业外收入的应付款项等。

二、本科目应当按照营业外收入项目进行明细核算。

三、企业发生的营业外收入，借记"库存现金""银行存款""应付账款""待处理财产损溢""固定资产清理"等科目，贷记本科目。

四、期末，应将本科目余额转入"本年利润"科目，结转后本科目应无余额。

【例 1】 收到员工罚款 500 元。

借：库存现金 500
　　贷：营业外收入——罚没收入 500

🌀**关键词** 库存现金　营业外收入　员工罚没收入

【例 2】 结转出售固定资产实现的利得 140 000 元。

借：固定资产清理 140 000
　　贷：营业外收入——处置非流动资产利得 140 000

🔑 **关键词** 固定资产清理　营业外收入　出售固定资产实现利得

【例3】 出售商标使用权(无形资产),成本 150 000 元,累计摊销 120 000 元,增值税专用发票上注明价款 200 000 元,税款 12 000 元,总价款 212 000 元。

借:银行存款　　　　　　　　　　　　　　　　　　212 000
　　累计摊销　　　　　　　　　　　　　　　　　　120 000
　贷:无形资产——专利技术　　　　　　　　　　　　150 000
　　　应交税费——应交增值税(销项税额)　　　　　　12 000
　　　营业外收入——处置非流动资产利得　　　　　　170 000

🔑 **关键词** 银行存款　累计摊销　无形资产　应交税费　营业外收入　出售无形资产

【例4】 收到政府补助 840 000 元。

借:银行存款　　　　　　　　　　　　　　　　　　840 000
　贷:营业外收入——政府补助　　　　　　　　　　　840 000

🔑 **关键词** 银行存款　营业外收入　收到政府补助

【例5】 企业当期被直接减免增值税 20 000 元。

借:应交税费——应交增值税(减免税款)　　　　　　　20 000
　贷:营业外收入——政府补助　　　　　　　　　　　　20 000

🔑 **关键词** 应交税费　营业外收入　企业当期直接被减免增值税

【例6】 确定一笔无法支付的款项 4 000 元,进行账务处理。

借:应付账款——××公司　　　　　　　　　　　　　 4 000
　贷:营业外收入——其他　　　　　　　　　　　　　　4 000

🔑 **关键词** 应付账款　营业外收入　无法支付的应付账款收账

【例7】 权益法下,购入某单位股权支付买价 1 000 000 元,享有被投资单位可辨认资产公允价值 1 200 000 元。

借:长期股权投资——投资成本　　　　　　　　　　1 200 000
　贷:银行存款　　　　　　　　　　　　　　　　　　1 000 000
　　　营业外收入　　　　　　　　　　　　　　　　　　200 000

🔑 **关键词** 长期股权投资　银行存款　营业外收入　权益法下取得长期股权投资

【例8】 企业将本期营业外收入 50 000 元结转入本年利润。

借:营业外收入　　　　　　　　　　　　　　　　　　50 000
　贷:本年利润　　　　　　　　　　　　　　　　　　　50 000

关键词 营业外收入 本年利润 各项收入结转本年利润

6401 主营业务成本
(cost of principal operations)

一、本科目核算企业根据《企业会计准则第 14 号——收入》确认销售商品、提供劳务等主营业务收入时应结转的成本。

二、本科目应当按照主营业务的种类进行明细核算。

三、主营业务成本的主要账务处理。

(一)月末,企业应根据本月销售各种商品、提供的各种劳务等实际成本,计算应结转的主营业务成本,借记本科目,贷记"库存商品""劳务成本"科目。

采用计划成本或售价核算库存商品的,平时的营业成本按计划成本或售价结转,月末,还应结转本月销售商品应分摊的产品成本差异或商品进销差价。

企业以库存商品进行非货币性资产交换(在非货币性资产交换具有商业实质且公允价值能够可靠计量的情况下)或债务重组,应按照该用于交换或抵债的库存商品的账面余额,借记本科目,贷记"库存商品"科目。已计提存货跌价准备的,还应同时结转已计提的存货跌价准备。

(二)企业本期发生的销售退回,一般可以直接从本月的销售商品数量中减去,也可以单独计算本月销售退回商品成本,借记"库存商品"等科目,贷记本科目。

(三)根据《企业会计准则第 15 号——建造合同》确认合同收入时,按应确认的合同费用,借记本科目,按应确认的合同收入,贷记"主营业务收入"科目,按其差额,借记或贷记"工程施工——合同毛利"科目。

合同完工时,还应按相关建造合同已计提的预计损失准备,借记"存货跌价准备——合同预计损失准备"科目,贷记本科目。

四、期末,应将本科目的余额转入"本年利润"科目,结转后本科目应无余额。

【例1】 企业结转某产品的销售成本 4 000 000 元。

借:主营业务成本	4 000 000
贷:库存商品——Y 产品	2 500 000
库存商品——Z 产品	1 500 000

关键词 主营业务成本 库存商品 结转销售成本

【例2】 企业期末结转劳务成本 1 080 000 元。

借：主营业务成本　　　　　　　　　　　　　　　1 080 000
　　贷：劳务成本　　　　　　　　　　　　　　　　　1 080 000

关键词　主营业务成本　劳务成本　结转劳务成本

【例3】　企业发生销售退回，同步转出已结转销售成本800 000元。
借：库存商品　　　　　　　　　　　　　　　　　　800 000
　　贷：主营业务成本　　　　　　　　　　　　　　　　800 000

关键词　库存商品　主营业务成本　销售退回转出已结转销售成本

【例4】　企业将本期各项成本费用、损失结转入本年利润。其中，主营业务成本4 000 000元。
借：本年利润　　　　　　　　　　　　　　　　　4 000 000
　　贷：主营业务成本　　　　　　　　　　　　　　　4 000 000

关键词　本年利润　主营业务成本　本期成本费用损失结转本年利润

6402　其他业务成本
(other operating costs)

一、本科目核算企业除主营业务活动以外的其他经营活动所发生的支出，包括销售材料的成本、出租固定资产的累计折旧、出租无形资产的累计摊销、出租包装物的成本或摊销额、采用成本模式计量的投资性房地产的累计折旧或累计摊销等。

企业附主营业务活动以外的其他经营活动发生的相关税费，在"税金及附加"科目核算，不在本科目核算。

二、本科目应当按照其他业务成本的种类进行明细核算。

三、企业发生的其他业务成本，借记本科目，贷记"原材料""包装物及低值易耗品""累计折旧""累计摊销""应付职工薪酬""银行存款"等科目。

企业以原材料进行非货币性资产交换（在非货币性资产交换具有商业实质且公允价值能够可靠计量的情况下）或债务重组，应按照该用于交换或抵债的原材料的账面余额，借记本科目，贷记"原材料"科目。已计提存货跌价准备的，还应同时结转已计提的存货跌价准备。

四、期末，应将本科目余额转入"本年利润"科目，结转后本科目应无余额。

【例1】　企业因出租固定资产发生零星费用64 500元，以银行存款支付。
借：其他业务成本　　　　　　　　　　　　　　　　64 500
　　贷：银行存款　　　　　　　　　　　　　　　　　　64 500

🔑 **关键词** 其他业务成本　银行存款　因其他业务收入发生费用支出

【例2】 结转已销原材料成本90 000元。

　　借：其他业务成本　　　　　　　　　　　　　　　90 000
　　　贷：原材料　　　　　　　　　　　　　　　　　　　90 000

🔑 **关键词** 其他业务成本　原材料　结转已销原材料成本

【例3】 结转销售周转材料/出租包装物及低值易耗品摊销成本90 000元。

　　借：其他业务成本　　　　　　　　　　　　　　　90 000
　　　贷：周转材料　　　　　　　　　　　　　　　　　　90 000

🔑 **关键词** 其他业务成本　周转材料/包装物及低值易耗品　结转出租物品摊销成本

【例4】 计提企业出租固定资产累计折旧250 000元。

　　借：其他业务成本　　　　　　　　　　　　　　　250 000
　　　贷：累计折旧　　　　　　　　　　　　　　　　　　250 000

🔑 **关键词** 其他业务成本　累计折旧　计提出租固定资产折旧费

【例5】 甲公司向丙公司出租无形资产使用权，每月计提专利权摊销额10 000元。

　　借：其他业务成本　　　　　　　　　　　　　　　10 000
　　　贷：累计摊销　　　　　　　　　　　　　　　　　　10 000

🔑 **关键词** 其他业务成本　累计摊销　计提无形资产摊销

【例6】 企业因出租固定资产发生劳务支出48 000元。

　　借：其他业务成本　　　　　　　　　　　　　　　48 000
　　　贷：应付职工薪酬　　　　　　　　　　　　　　　　48 000

🔑 **关键词** 其他业务成本　应付职工薪酬　因其他业务收入发生劳务支出

【例7】 企业将本期各项成本费用、损失结转入本年利润。其中其他业务成本400 000元。

　　借：本年利润　　　　　　　　　　　　　　　　　400 000
　　　贷：其他业务成本　　　　　　　　　　　　　　　　400 000

🔑 **关键词** 本年利润　其他业务成本　本期成本费用损失结转本年利润

6403　税金及附加

（sales taxes and taxes）

一、本科目核算企业经营活动发生的消费税、城市维护建设税、资源税和教育费附加等相关税费。

按财会〔2016〕22号文规定，原在"管理费用"等科目核算的房产税、车船税、城镇土地使用税、印花税四个税种也在"税金及附加"科目核算。

二、企业按规定计算确定的与经营活动相关的税费，借记本科目，贷记"应交税费"等科目。

企业收到的返还的消费税等原记入本科目的各种税金，应按实际收到的金额，借记"银行存款"科目，贷记本科目。

三、期末，应将本科目余额转入"本年利润"科目，结转后本科目应无余额。

【例1】 企业本期缴纳印花税300元。

借：税金及附加　　　　　　　　　　　　　　　300
　　贷：库存现金　　　　　　　　　　　　　　　　　300

🔑 关键词　税金及附加　库存现金　缴纳印花税

【例2】 企业本月期末计算应缴纳消费税（或土地增值税、资源税和城市维护建设税等）200 000元。

借：税金及附加　　　　　　　　　　　　　　　200 000
　　贷：应交税费——消费税等　　　　　　　　　　　200 000

🔑 关键词　税金及附加　应交税费　消费税、土地增值税、资源税和城市维护建设税等　计算缴交纳税款

【例3】 房地产企业出售开发商品房，计算当期应缴纳土地增值税1 560 000元。

借：税金及附加　　　　　　　　　　　　　　　1 560 000
　　贷：应交税费——应交土地增值税　　　　　　　　1 560 000

🔑 关键词　税金及附加　应交税费　房地产企业计算当期应缴纳土地增值税

【例4】 企业按规定计算应交的房产税56 000元，城镇土地使用税2 000元，车船税3 000元。

借：税金及附加　　　　　　　　　　　　　　　61 000
　　贷：应交税费——应交房产税　　　　　　　　　　56 000
　　　　应交税费——应交城镇土地使用税　　　　　　2 000
　　　　应交税费——应交车船税　　　　　　　　　　3 000

🔑 关键词　税金及附加　应交税费　应交房产税、应交城镇土地使用税、应

交车船税　企业按规定计算应交各项税费

【例5】　房地产企业为持有的未售出商品房缴纳的城镇土地使用税120 000元和房产税580 000元。

借：税金及附加　　　　　　　　　　　　　　　7 000 000
　　贷：应交税费——应交城镇土地使用税　　　　　　120 000
　　　　应交税费——应交城镇房产税　　　　　　　　580 000

🔑 关键词　税金及附加　应交税费　房地产企业缴纳已开发商品房城镇土地使用税和房产税

【例6】　企业按规定计算当期应交的环境保护税16 220元。

借：税金及附加　　　　　　　　　　　　　　　　16 220
　　贷：应交税费——应交环境保护税　　　　　　　　16 220

🔑 关键词　税金及附加　应交税费　应交环境保护税

【例7】　企业实际收到返还已交消费税320 000元。

借：银行存款　　　　　　　　　　　　　　　　320 000
　　贷：税金及附加　　　　　　　　　　　　　　　320 000

🔑 关键词　银行存款　税金及附加　企业收到返还消费税

【例8】　企业将本期各项成本费用、损失结转入本年利润,其中税金及附加80 000元。

借：本年利润　　　　　　　　　　　　　　　　80 000
　　贷：税金及附加　　　　　　　　　　　　　　　80 000

🔑 关键词　本年利润　税金及附加　本期成本费用损失结转本年利润

6601　销售费用
(selling expenses)

一、本科目核算企业销售商品和材料、提供劳务的过程中发生的各种费用,包括保险费、包装费、展览费和广告费、商品维修费、预计产品质量保证损失、运输费、装卸费等以及为销售本企业商品而专设的销售机构(含销售网点、售后服务网点等)的职工薪酬、业务费、折旧费等经营费用。

企业(金融)应将本科目改为"6601 业务及管理费"科目,核算企业(保险)在业务经营和管理过程中所发生的各项费用,包括折旧费、业务宣传费、业务招待费、电子设备运转费、钞币运送费、安全防范费、邮电费、劳动保护费、外事费、印刷费、低值易耗品摊销、职工工资、差旅费、水电费、修理费、职工教育经费、工会经费、税金、会议费、诉讼费、公证费、咨询费、无形资产摊销、长期待摊费用摊销、取暖降温费、聘请中介机构费、技术转让费、绿化费、董事会费、财产保险费、劳动保险费、待业保险费、住房公积金、物业管理费、研究费用等。

企业(金融)不应再设置"管理费用"科目。

二、本科目应当按照费用项目进行明细核算。

三、销售费用的主要账务处理。

(一)企业在销售商品过程中发生的包装费、保险费、展览费和广告费、运输费、装卸费等费用,借记本科目,贷记"库存现金""银行存款"科目。

(二)企业发生的为销售本企业商品而专设的销售机构的职工薪酬、业务费等经营费用,借记本科目,贷记"应付职工薪酬""银行存款""累计折旧"等科目。

四、期末,应将本科目余额转入"本年利润"科目,结转后本科目应无余额。

【例1】 销售部门报销产品零星装卸费 700 元。

  借:销售费用——装卸费   700
    贷:库存现金   700

关键词 销售费用 库存现金 报销销售零星费用

【例2】 企业销售商品过程中发生包装费 9 800 元、保险费 2 650 元、展览费 31 000 元、广告费 876 000 元、运输费 5 000 元、装卸费 2 000 元(以上业务不考虑税费),以银行存款支付。

  借:销售费用——包装费   9 800
     销售费用——保险费   2 650
     销售费用——展览费   31 000
     销售费用——广告费   876 000
     销售费用——运输费   5 000
     销售费用——装卸费   2 000
    贷:银行存款   926 450

关键词 销售费用 银行存款 销售过程中发生的各项费用

【例3】 销售部门领用包装原材料 500 000 元。

  借:销售费用   500 000
    贷:原材料   500 000

关键词 销售费用 原材料 销售部门领用原材料

【例4】 销售部门领用购入库存商品 50 000 元,用于展览和样品推广(按视同销售)。

借:销售费用——样品费　　　　　　　　　　　　　　58 500
　　贷:库存商品　　　　　　　　　　　　　　　　　　50 000
　　　　应交税费——应交增值税(销项税额)　　　　　 8 000

🔑 **关键词** 销售费用　库存商品　应交税费　销售部门领用库存商品

【例5】 销售部门领用包装物及低值易耗品/周转材料 500 000 元。

借:销售费用　　　　　　　　　　　　　　　　　　500 000
　　贷:包装物及低值易耗品　　　　　　　　　　　　500 000

🔑 **关键词** 销售费用　包装物及低值易耗品/周转材料　销售部门领用包装物及低值易耗品等

【例6】 计提专属销售部门固定资产累计折旧 120 000 元。

借:销售费用　　　　　　　　　　　　　　　　　　120 000
　　贷:累计折旧　　　　　　　　　　　　　　　　　120 000

🔑 **关键词** 销售费用　累计折旧　计提销售部门固定资产折旧费

【例7】 销售部门8月份发生销售人员工资 104 600 元。

借:销售费用　　　　　　　　　　　　　　　　　　104 600
　　贷:应付职工薪酬　　　　　　　　　　　　　　　104 600

🔑 **关键词** 销售费用　应付职工薪酬　销售部门发生人员工资

【例8】 企业将本期各项成本费用、损失结转入本年利润,其中销售费用 500 000 元。

借:本年利润　　　　　　　　　　　　　　　　　　500 000
　　贷:销售费用　　　　　　　　　　　　　　　　　500 000

🔑 **关键词** 本年利润　销售费用　本期成本费用损失结转本年利润

6602 管理费用
(administrative expenses)

一、本科目核算企业为组织和管理企业生产经营所发生的管理费用,包括企业的董事会和行政管理部门在企业的经营管理中发生的或者应由企业统一负担的公司经费(包括行政管理部门职工薪酬、修理费、物料消耗、低值易耗品摊销、办公费和差旅费等)、工会经费、董事会费(包括董事会成员津贴、会议费和差旅费等)、聘请中介机构费、咨询费(含顾问费)、诉讼费、业务招待费、技术转让费、研究费用等。

商品流通企业管理费用不多的,可不设置本科目,本科目的核算内容可并入"销售费用"科目核算。

企业与固定资产有关的后续支出,包括固定资产发生的日常修理费、大修理费用、更新改造支出、房屋的装修费用等,没有满足《企业会计准则第4号——固定资产》规定的固定资产确认条件的,也在本科目核算。

二、本科目应当按照费用项目进行明细核算。

三、管理费用的主要账务处理。

（一）企业在筹建期间内发生的开办费,包括人员工资、办公费、培训费、差旅费、印刷费、注册登记费,以及不计入固定资产价值的借款费用等,借记"管理费用"科目,贷记"银行存款"科目。

（二）行政管理部门人员的职工薪酬,借记本科目,贷记"应付职工薪酬"科目。

（三）行政管理部门计提的固定资产折旧,借记本科目,贷记"累计折旧"科目。

发生的办公费、修理费、水电费、业务招待费、聘请中介机构费、咨询费、诉讼费、技术转让费、研究费用时,借记本科目,贷记"银行存款""研发支出"等科目。

四、期末,应将本科目的余额转入"本年利润"科目,结转后本科目应无余额。

【例1】 公司办公室报销零星办公用品费500元,增值税额80元。

借:管理费用——办公费　　　　　　　　　　　　　　　500
　　应交税费——应交增值税（进项税额）　　　　　　　 80
　贷:库存现金　　　　　　　　　　　　　　　　　　　580

🔑**关键词** 管理费用　应交税费　库存现金　报销办公费用

【例2】 企业在筹建期间内发生开办费（包括人员工资、办公费、培训费、差旅费、印刷费、注册登记费以及不计入固定资产成本的借款费用）653 700元,以银行存款支付,不考虑相关税费。

借:管理费用——开办费　　　　　　　　　　　　　653 700
　贷:银行存款　　　　　　　　　　　　　　　　　653 700

🔑**关键词** 管理费用　银行存款　企业开办费

【例3】 企业经营期间管理部门发生的办公费126 500元,水电费14 800元,业务招待费38 790元,聘请中介机构费467 000元,咨询费57 800元,诉讼费216 000元,以银行存款支付,不考虑相关税费。

借：管理费用——办公费　　　　　　　　　　　　　　126 500
　　管理费用——水电费　　　　　　　　　　　　　　 14 800
　　管理费用——业务招待费　　　　　　　　　　　　 38 790
　　管理费用——聘请中介机构费　　　　　　　　　　467 000
　　管理费用——咨询费　　　　　　　　　　　　　　 57 800
　　管理费用——诉讼费　　　　　　　　　　　　　　216 000
　　贷：银行存款　　　　　　　　　　　　　　　　　920 890

🔑**关键词**　管理费用　银行存款　支付管理部门各项费用

【例4】　管理部门领用原材料 500 000 元。
借：管理费用　　　　　　　　　　　　　　　　　　　500 000
　　贷：原材料　　　　　　　　　　　　　　　　　　500 000

🔑**关键词**　管理费用　原材料　管理部门领用原材料

【例5】　管理部门领用库存商品 50 000 元。
借：管理费用　　　　　　　　　　　　　　　　　　　 50 000
　　贷：库存商品　　　　　　　　　　　　　　　　　 50 000

🔑**关键词**　管理费用　库存商品　管理部门领用库存商品

【例6】　管理部门领用低值易耗品 500 000 元。
借：管理费用　　　　　　　　　　　　　　　　　　　500 000
　　贷：包装物及低值易耗品　　　　　　　　　　　　500 000

🔑**关键词**　管理费用　包装物及低值易耗品　管理部门领用低值易耗品

【例7】　行政部门9月份发生行政人员工资 150 000 元。
借：管理费用　　　　　　　　　　　　　　　　　　　150 000
　　贷：应付职工薪酬　　　　　　　　　　　　　　　150 000

🔑**关键词**　管理费用　应付职工薪酬　行政部门发生的工资费用

【例8】　计提管理部门用固定资产累计折旧 200 000 元。
借：管理费用　　　　　　　　　　　　　　　　　　　200 000
　　贷：累计折旧　　　　　　　　　　　　　　　　　200 000

🔑**关键词**　管理费用　累计折旧　计提管理部门固定资产折旧费

【例9】　企业自行研究、开发一项技术，该项研发活动完成了研究阶段，开发支出 2 000 000 元（假定开发支出不符合资本化条件）。
借：管理费用　　　　　　　　　　　　　　　　　　 2 000 000
　　贷：研发支出——费用化支出　　　　　　　　　 2 000 000

🌀 **关键词** 管理费用 研发支出 不符合资本化条件研发支出转管理费用

【例10】 企业存货盘盈 80 000 元，未查明原因冲减管理费用。

借：待处理财产损溢　　　　　　　　　　　　　　80 000
　　贷：管理费用　　　　　　　　　　　　　　　　80 000

🌀 **关键词** 待处理财产损溢 管理费用 处置未查明原因存货盘盈

【例11】 企业将本期各项成本费用、损失结转入本年利润，其中管理费用 770 000 元。

借：本年利润　　　　　　　　　　　　　　　　770 000
　　贷：管理费用　　　　　　　　　　　　　　　770 000

🌀 **关键词** 本年利润 管理费用 本期成本费用损失结转本年利润

6603 财务费用
(financial expenses)

一、本科目核算企业为筹集生产经营所需资金等而发生的筹资费用，包括利息支出（减利息收入）、汇兑差额以及相关的手续费、企业发生的现金折扣或收到的现金折扣等。

为购建或生产满足资本化条件的资产发生的应予资本化借款费用，在"在建工程""制造费用"等科目核算，不在本科目核算。

二、本科目应当按照费用项目进行明细核算。

三、企业发生的财务费用，借记本科目，贷记"预提费用""银行存款""应收账款"等科目。发生的应冲减财务费用的利息收入、汇兑差额、现金折扣，借记"银行存款""应付账款"等科目，贷记本科目。

四、期末，应将本科目余额转入"本年利润"科目，结转后本科目应无余额。

【例1】 支付银行业务手续费 380 元。

借：财务费用——手续费　　　　　　　　　　　　380
　　贷：银行存款　　　　　　　　　　　　　　　　380

🌀 **关键词** 财务费用 银行存款 支付手续费

【例2】 企业预提的短期借款利息 24 300 元。

借：财务费用　　　　　　　　　　　　　　　　24 300
　　贷：预提费用——利息费用　　　　　　　　　24 300

🌀 **关键词** 财务费用 预提费用 预提利息费用

【例3】 偿还银行短期借款本金 120 000 元,同时支付已计提利息 11 000 元,未计提利息 1 000 元。

  借:短期借款   120 000
    应付利息   11 000
    财务费用   1 000
   贷:银行存款   132 000

 关键词 短期借款 应付利息 财务费用 银行存款 偿还短期借款利息及本金

【例4】 企业对外赊销商品应收款总额 200 000 元附现金折扣条件(折扣条件为 2/10,1/20,0/30),客户享受现金折扣条件(1/20)偿付应收账款。

  借:银行存款   198 000
    财务费用   2 000
   贷:应收账款   200 000

 关键词 银行存款 财务费用 应收账款 客户享受现金折扣偿付欠款

【例5】 企业收到本期银行存款利息 6 537 元。

  借:银行存款   6 537
   贷:财务费用——利息收入   6 537

 关键词 银行存款 财务费用 收到存款利息

【例6】 企业对外赊购商品应收款总额 200 000 元附现金折扣条件(折扣条件为 2/10,1/20,0/30),企业享受现金折扣条件(1/20)偿付应付账款。

  借:应付账款   200 000
   贷:银行存款   198 000
    财务费用   2 000

 关键词 应付账款 银行存款 财务费用 享受现金折扣偿付欠款

【例7】 企业以人民币为记账本位币,外币交易采用交易日的即期汇率折算。购汇 10 000 美元,假定当日美元外汇卖出价 6.95,中间价 6.90,成本 6 950 元人民币。

  借:银行存款——美元(10 000×6.90)   69 000
    财务费用——汇兑差额   500
   贷:银行存款——人民币   69 500

 关键词 银行存款 财务费用 企业购汇

【例8】 企业以人民币为记账本位币,外币交易采用交易日的即期汇率折算。将持有的 10 000 美元兑换成人民币,假定当日美元外汇买入价 6.85,中间价 6.90,换回人民币 6 850 元。

  借:银行存款——人民币   68 500
    财务费用——汇兑差额   500
    贷:银行存款——美元(10 000×6.90)   69 000

🔑 **关键词** 银行存款 财务费用 企业结汇

【例9】 企业以人民币为记账本位币,外币期末货币性项目以当日即期汇率折算。当日与入账日或前期即期汇率差额计入财务费用。假定企业应收账款余额 10 000 美元,上期即期美元汇率 6.90,本期即期美元汇率中间价 6.80。

  借:财务费用——汇兑差额   1 000
    贷:应收账款   1 000

🔑 **关键词** 财务费用 应收账款 企业期末外币计价调整

【例10】 企业以人民币为记账本位币,外币期末货币性项目以当日即期汇率折算。当日与入账日或前期即期汇率差额计入财务费用。假定企业应付账款余额 10 000 美元,上期即期美元汇率 6.90,本期美元即期汇率中间价 6.80。

  借:应付账款   1 000
    贷:财务费用——汇兑差额   1 000

🔑 **关键词** 应付账款 财务费用 企业期末外币计价调整

【例11】 企业将本期各项成本费用、损失结转入本年利润,其中财务费用 200 000 元。

  借:本年利润   200 000
    贷:财务费用   200 000

🔑 **关键词** 本年利润 财务费用 本期成本费用损失结转本年利润

6701 资产减值损失
(asset impairment loss)

  一、本科目核算企业根据《企业会计准则第8号——资产减值》等准则计提各项资产减值准备所形成的损失。

  二、本科目应当按照资产减值损失的项目进行明细核算。

  三、企业根据《企业会计准则第8号——资产减值》等准则确定资产发生的减值的,按应减记的金额,借记本科目,贷记"坏账准备""存货跌价准备""长期股权投资减值准备""持有至到期投资减值准备""固定资产减值准备""在建工程——减值准备""工程物资——减值准备""生产性生物资产——减值准备""无形资产减值准备""商誉——减值准备""贷款损失准备""抵债资产——跌价准备""损余物资——跌价准备"等科目。

四、企业计提坏账准备、存货跌价准备、持有至到期投资减值准备、贷款损失准备等后,相关资产的价值又得恢复,应在原已计提的减值准备金额内,按恢复增加的金额,借记"坏账准备""存货跌价准备""持有至到期投资减值准备""贷款损失准备""抵债资产——跌价准备""损余物资——跌价准备"等科目,贷记本科目。

五、期末,应将本科目余额转入"本年利润"科目,结转后本科目无余额。

【例1】 资产负债表日确认应收账款发生减值(或应当追加计提坏账准备)100 000元,计提坏账准备。

　　借:资产减值损失　　　　　　　　　　　　　　　100 000
　　　　贷:坏账准备　　　　　　　　　　　　　　　　　100 000

关键词 资产减值损失　坏账准备　期末计提坏账准备

【例2】 资产负债表日确认本期应计提的坏账准备小于账面余额70 000元,冲减计提坏账准备。

　　借:坏账准备　　　　　　　　　　　　　　　　　70 000
　　　　贷:资产减值损失　　　　　　　　　　　　　　　70 000

关键词 坏账准备　资产减值损失　冲减坏账准备(综合计提法)

【例3】 资产负债表日,企业确定存货发生减值,存货可变现净值低于成本的差额20 000元。

　　借:资产减值损失——计提的存货跌价准备　　　　20 000
　　　　贷:存货跌价准备　　　　　　　　　　　　　　　20 000

关键词 资产减值损失　存货跌价准备　期末存货发生跌价损失

【例4】 存货的市价回升,转回已计提存货跌价准备15 000元。

　　借:存货跌价准备　　　　　　　　　　　　　　　15 000
　　　　贷:资产减值损失——计提的存货跌价准备　　　15 000

关键词 存货跌价准备　资产减值损失　转回已计提存货跌价准备

【例5】 资产负债表日,企业确定长期股权投资发生减值2 000 000元。

　　借:资产减值损失——长期股权投资减值损失　　　2 000 000

贷：长期股权投资减值准备　　　　　　　　　　　　　2 000 000

　🌀**关键词**　资产减值损失　长期股权投资减值准备　期末长期股权投资发生减值损失

【例6】　资产负债表日确认持有至到期投资发生减值1 000 000元，计提持有至到期投资减值准备。

　　　借：资产减值损失　　　　　　　　　　　　　　　　1 000 000
　　　　贷：持有至到期投资减值准备　　　　　　　　　　　　1 000 000

　🌀**关键词**　资产减值损失　持有至到期投资减值准备　期末持有至到期投资发生减值损失

【例7】　资产负债表日确认持有至到期投资市价回升，转回已计提持有至到期投资减值准备1 000 000元。

　　　借：持有至到期投资减值准备　　　　　　　　　　　　1 000 000
　　　　贷：资产减值损失——持有至到期投资减值准备　　　　1 000 000

　🌀**关键词**　持有至到期投资减值准备　资产减值损失　转回已计提持有至到期投资减值准备

【例8】　资产负债表日，企业根据《企业会计准则第8号——资产减值》确定固定资产发生减值2 000 000元。

　　　借：资产减值损失　　　　　　　　　　　　　　　　2 000 000
　　　　贷：固定资产减值准备　　　　　　　　　　　　　　2 000 000

　🌀**关键词**　资产减值损失　固定资产减值准备　期末固定资产发生减值损失

【例9】　在建工程期末进行减值测试，确认在建工程减值5 400 000元。

　　　借：资产减值损失　　　　　　　　　　　　　　　　5 400 000
　　　　贷：在建工程——减值准备　　　　　　　　　　　　5 400 000

　🌀**关键词**　资产减值损失　在建工程　在建工程期末发生减值损失

【例10】　工程物资期末进行减值测试，确认工程物资减值360 000元。

　　　借：资产减值损失　　　　　　　　　　　　　　　　360 000
　　　　贷：工程物资——减值准备　　　　　　　　　　　　360 000

　🌀**关键词**　资产减值损失　工程物资　工程物资期末发生减值损失

【例11】　资产负债表日确认无形资产发生减值，计提无形资产减值准备50 000元。

　　　借：资产减值损失——计提无形资产减值准备　　　　　50 000
　　　　贷：无形资产减值准备　　　　　　　　　　　　　　50 000

🔑 **关键词** 资产减值损失　无形资产减值准备　无形资产期末发生减值损失

【例12】 资产负债表日,企业根据《企业会计准则第8号——资产减值》确定商誉发生减值10 000 000元。

借:资产减值损失　　　　　　　　　　　　　　　　10 000 000
　贷:商誉——减值准备　　　　　　　　　　　　　　10 000 000

🔑 **关键词** 资产减值损失　商誉　确认商誉发生减值

【例13】 企业将本期各项成本费用、损失结转入本年利润,资产减值损失100 000元。

借:本年利润　　　　　　　　　　　　　　　　　　100 000
　贷:资产减值损失　　　　　　　　　　　　　　　　100 000

🔑 **关键词** 本年利润　资产减值损失　本期成本费用损失结转本年利润

6711 营业外支出
(non-operating expenses)

一、本科目核算企业发生的与其经营活动无直接关系的各项净支出,包括处置非流动资产损失、非货币性资产交换损失、债务重组损失、罚款支出、捐赠支出、非常损失等。

二、本科目应当按照支出项目进行明细核算。

三、企业发生的营业外支出,借记本科目,贷记"待处理财产损溢""库存现金""银行存款""固定资产清理"等科目。

四、期末,应将本科目余额转入"本年利润"科目,结转后本科目应无余额。

【例1】 企业用现金支付对外捐赠款500元。

借:营业外支出——捐赠支出　　　　　　　　　　　500
　贷:库存现金　　　　　　　　　　　　　　　　　　500

🔑 **关键词** 营业外支出　库存现金　对外捐赠支出

【例2】 用自制库存商品对外捐赠自制库存商品对外售价800 000元,库存商品入库成本700 000元,外销应缴纳增值税销项税额128 000元。

借:营业外支出　　　　　　　　　　　　　　　　　828 000
　贷:库存商品　　　　　　　　　　　　　　　　　　700 000
　　　应交税费——应交增值税(销项税额)　　　　　128 000

🔑 **关键词** 营业外支出　库存商品　应交税费　用库存商品对外捐赠

【例3】 企业发生税收罚款和滞纳金支出 74 600 元。

　　借：营业外支出——罚款支出　　　　　　　　　　74 600
　　　　贷：银行存款　　　　　　　　　　　　　　　　　74 600

🔑 关键词　营业外支出　银行存款　发生罚款、滞纳金支出

【例4】 仓库发生火灾，存货遭受毁损，扣除保险和责任人赔偿后发生非正常损失 740 000 元。

　　借：营业外支出——非常损失　　　　　　　　　　740 000
　　　　贷：待处理财产损溢　　　　　　　　　　　　　　740 000

🔑 关键词　营业外支出　待处理财产损溢　存货发生非正常损失

【例5】 企业结转报废固定资产发生净损失 140 000 元。

　　借：营业外支出——非流动资产处置损失　　　　　140 000
　　　　贷：固定资产清理　　　　　　　　　　　　　　　140 000

🔑 关键词　营业外支出　固定资产清理　结转报废固定资产净损失

【例6】 企业发生非货币交易净损失 260 000 元。

　　借：营业外支出——非货币交易损失　　　　　　　260 000
　　　　贷：原材料　　　　　　　　　　　　　　　　　　260 000

🔑 关键词　营业外支出　原材料　发生非货币交易净损失

＊非货币交易一般为复合分录，详见"非货币交易"科目，本例为简化分录。

【例7】 企业发生债务重组净损失 250 000 元。

　　借：营业外支出——债务重组损失　　　　　　　　250 000
　　　　贷：应收账款　　　　　　　　　　　　　　　　　250 000

🔑 关键词　营业外支出　应收账款　发生债务重组净损失

＊债务重组一般为复合分录，详见"债务重组"科目，本例为简化分录。

【例8】 企业将本期各项成本费用、损失结转入本年利润，其中营业外支出 250 000 元。

　　借：本年利润　　　　　　　　　　　　　　　　　　250 000
　　　　贷：营业外支出　　　　　　　　　　　　　　　　250 000

🔑 关键词　本年利润　营业外支出　本期成本费用损失结转本年利润

6801 所得税费用
（income tax expense）

一、本科目核算企业根据《企业会计准则第 18 号——所得税》确认的应

从当期利润总额中扣除的所得税费用。

二、本科目应当按照"当期所得税费用""递延所得税费用"进行明细核算。

三、所得税费用的主要账务处理。

（一）资产负债表日，企业按照税法规定计算确定的当期应交所得税，借记本科目（当期所得税费用），贷记"应交税费——应交所得税"科目。

（二）资产负债表日，根据递延所得税资产的应有余额大于"递延所得税资产"科目余额的差额，借记"递延所得税资产"科目，贷记本科目（递延所得税费用）、"资本公积——其他资本公积"等科目；递延所得税资产的应有余额小于"递延所得税资产"科目余额的差额，做相反的会计分录。

企业应予确认的递延所得税负债，应当比照上述原则调整本科目、"递延所得税负债"科目及有关科目。

四、期末，应将本科目的余额转入"本年利润"科目，结转后本科目无余额。

【例1】 确认本期所得税费用 300 000 元。

借：所得税费用　　　　　　　　　　　　　　　300 000
　　贷：应交税费——应交所得税　　　　　　　　　　300 000

🌀关键词　所得税费用　应交税费　确认所得税费用

【例2】 企业递延所得税负债年初数 400 000 元，年末数 500 000 元。期末递延所得税负债贷方增加 100 000 元，调增本期所得税费用。

借：所得税费用　　　　　　　　　　　　　　　100 000
　　贷：递延所得税负债　　　　　　　　　　　　　　100 000

🌀关键词　所得税费用　递延所得税负债　调增本期所得税费用

【例3】 企业递延所得税资产年初数 250 000 元，年末数 200 000 元。递延所得税资产借方减少 50 000 元，调增所得税费用。

借：所得税费用　　　　　　　　　　　　　　　50 000
　　贷：递延所得税资产　　　　　　　　　　　　　　50 000

🌀关键词　所得税费用　递延所得税资产　调增本期所得税费用

【例4】 企业递延所得税负债年初数 500 000 元，年末数 400 000 元，递延所得税负债贷方减少 100 000 元，调减所得税费用。

借：递延所得税负债　　　　　　　　　　　　　100 000
　　贷：所得税费用　　　　　　　　　　　　　　　　100 000

🌀关键词　递延所得税负债　所得税费用　调减本期所得税费用

【例5】 企业递延所得税资产年初数200 000元,年末数250 000元。其借方增加50 000元,调减所得税费用。

借：递延所得税资产　　　　　　　　　　　　　　　50 000
　　贷：所得税费用　　　　　　　　　　　　　　　　　50 000

关键词　递延所得税资产　所得税费用　调减本期所得税费用

【例6】 结转本期所得税费用450 000元。

借：本年利润　　　　　　　　　　　　　　　　　　450 000
　　贷：所得税费用　　　　　　　　　　　　　　　　450 000

关键词　本年利润　所得税费用　结转所得税费用

6901 以前年度损益调整
(prior year income adjustment)

一、本科目核算企业本年度发生的调整以前年度损益的事项,以及本年度发现的重要前期差错更正涉及调整以前年度损益的事项。企业在资产负债表日至财务报告批准报出日之间发生的需要调整报告年度损益的事项,也可以通过本科目核算。

二、以前年度损益调整的主要账务处理。

（一）企业调整增加以前年度利润或减少以前年度亏损,借记有关科目,贷记本科目；调整减少以前年度利润或增加以前年度亏损做相反的会计分录。

（二）由于以前年度损益调整增加的所得税费用,借记本科目,贷记"应交税费——应交所得税"等科目；由于以前年度损益调整减少的所得税费用,做相反的会计分录。

（三）经上述调整后,应将本科目的余额转入"利润分配——未分配利润"科目。本科目如为贷方余额,借记本科目,贷记"利润分配——未分配利润"科目；如为借方余额,做相反的会计分录。

三、本科目结转后应无余额。

【例1】 企业固定资产盘盈,评估固定资产现值为2 000 000元。

借：固定资产　　　　　　　　　　　　　　　　　2 000 000
　　贷：以前年度损益调整　　　　　　　　　　　　2 000 000

关键词　固定资产　以前年度损益调整　盘盈固定资产

【例2】 企业会计差错更正,"长期股权投资"科目未计以前年度亏损,调整增加以前年度利润2 000 000元。

借：长期股权投资——损益调整　　　　　　　　　　　2 000 000
　　贷：以前年度损益调整　　　　　　　　　　　　　　　2 000 000

🔑 **关键词**　长期股权投资　以前年度损益调整　会计差错更正调整以前年度长期股权投资盈利

【例3】　企业会计差错更正，"长期股权投资"科目未计以前年度亏损，调整减少以前年度利润2 000 000元。

借：以前年度损益调整　　　　　　　　　　　　　　　2 000 000
　　贷：长期股权投资——损益调整　　　　　　　　　　　2 000 000

🔑 **关键词**　以前年度损益调整　长期股权投资　会计差错更正调整以前年度长期股权投资亏损

【例4】　企业追溯调整以前年度损益，增加本期所得税费用50 000元。

借：以前年度损益调整　　　　　　　　　　　　　　　50 000
　　贷：应交税费——应交所得税　　　　　　　　　　　　50 000

🔑 **关键词**　以前年度损益调整　应交税费　调整以前年度损益补缴企业所得税

【例5】　企业追溯调整以前年度损益，假定根据税法规定减少本期所得税费用50 000元。

借：应交税费——应交所得税　　　　　　　　　　　　50 000
　　贷：以前年度损益调整　　　　　　　　　　　　　　　50 000

🔑 **关键词**　应交税费　以前年度损益调整　调整以前年度损益少缴企业所得税

【例6】　企业结转"以前年度损益调整"科目贷方余额150 000元。

借：以前年度损益调整　　　　　　　　　　　　　　　150 000
　　贷：利润分配——未分配利润　　　　　　　　　　　　150 000

🔑 **关键词**　以前年度损益调整　利润分配　结转"以前年度损益调整"科目余额

【例7】　企业结转"以前年度损益调整"科目借方余额150 000元。

借：利润分配——未分配利润　　　　　　　　　　　　150 000
　　贷：以前年度损益调整　　　　　　　　　　　　　　　150 000

🔑 **关键词**　利润分配　以前年度损益调整　结转"以前年度损益调整"科目余额

复杂会计业务核算

非货币性资产交换

一、非货币性资产交换的认定。非货币性资产交换,是指交易双方主要以存货、固定资产、无形资产和长期股权投资等非货币性资产进行的交换。该交换不涉及或只涉及少量的货币性资产(即补价)。其中,货币性资产,是指企业持有的货币资金和将以固定或可确定的金额收取的资产,包括现金、银行存款、应收账款、应收票据,以及准备持有至到期的债券投资等。非货币性资产,是指货币性资产以外的资产。

认定涉及少量货币性资产的交换为非货币性资产交换,通常以补价占整个资产交换金额的比例低于25%作为参考。若补价÷整个资产交换金额<25%,则属于非货币性资产交换;若补价÷整个资产交换金额≥25%的,视为货币性资产交换,适用其他相关准则。整个资产交换金额即在整个非货币性资产交换中最大的公允价值。

二、非货币性资产交换的会计核算。

(一)以公允价值计量的会计处理。

1. 不涉及补价的情况。

【例1】 2018年5月,甲公司以一套旧设备(2010年购买并投入使用)交换乙公司的办公设备一批,换入的办公设备作为固定资产管理。甲、乙公司均为增值税一般纳税人,适用税率为16%。甲公司生产设备的账面原价为180万元,在交换日的累计折旧为54万元,公允价值为108万元,开出增值税专用发票注明销项税额17.28万元,未计提减值准备。交易过程中甲公司发生设备清理及运杂费1.8万元。

乙公司办公设备的账面价值为132万元,在交换日的市场价格为108万元,未计提存货跌价准备,计税价格同市场价格相一致,开出增值税专用发票注明销项税额17.28万元。乙公司换入甲公司的设备用于生产办公设备,乙公司未发生其他相关费用。

甲公司账务处理如下:

借：固定资产清理	1 260 000
累计折旧	540 000
贷：固定资产——生产设备	1 800 000
借：固定资产清理	18 000
贷：银行存款	18 000
借：固定资产——办公设备	1 080 000
应交税费——应交增值税(进项税额)	172 800
营业外支出	198 000
贷：固定资产清理	1 278 000
应交税费——应交增值税(销项税额)	172 800

乙公司账务处理如下：

借：固定资产——生产设备	1 080 000
应交税费——应交增值税(进项税额)	172 800
贷：主营业务收入	1 080 000
应交税费——应交增值税(销项税额)	172 800
借：主营业务成本	1 320 000
贷：库存商品——办公设备	1 320 000

2. 涉及补价的情况。

【例2】 甲公司与乙公司协商，甲公司以其一栋以成本模式计量的投资性房地产办公楼与乙公司的交易性金融资产股票投资相交换。甲公司换出办公楼的账面原值为9 000万元，已提折旧1 500万元，未对该办公楼计提减值准备，交换日公允价值和计税价值均为8 000万元；增值税税率为5%，应交增值税400万元；乙公司持有的交易性金融资产股票账面价值6 000万元，交换日公允价值7 550万元。乙公司另行支付450万元给甲公司。乙公司将换入的办公楼继续作为投资性房地产出租，并拟采用公允模式计量，甲公司换入股票也作为交易性金融资产持有。该投资性房地产交易不考虑其他相关税费。

确定该交易为非货币性资产交换。

甲公司：收到补价450万元÷换出资产公允价值8 000万元×100%＝5.6%＜25%。属于非货币性资产交换。

乙公司：支付补价450万元÷(支付补价450万元＋换出资产公允价值7 550万元)×100%＝5.6%＜25%。属非货币性资产交换。

甲公司账务处理如下：

借：银行存款	4 500 000
交易性金融资产	75 500 000
投资性房地产累计折旧	15 000 000
贷：投资性房地产	90 000 000
应交税费——应交增值税（销项税额）	4 000 000
投资收益	1 000 000

＊此例与注册会计师统一辅导教材 2014 年版相关内容略有差异，但不影响损益结果。

乙公司账务处理如下：

借：投资性房地产	80 000 000
贷：交易性金融资产	60 000 000
银行存款	4 500 000
投资收益	15 500 000

（二）以换出资产账面价值计量的会计处理。

如果非货币性资产交换未同时满足准则规定的以公允价值为基础确认的换入资产入账价值的两个条件，则该项非货币性资产交换应当以换出资产的账面价值为基础确认换入资产的价值，而不确认损益。

【例3】　甲公司决定以账面原价为 450 万元，已计提折旧 330 万元的旧专用设备一台换入乙公司账面价值为 90 万元的一项长期股权投资，两项资产均为计提减值准备，且均无市场公允价，此资产交换不具商业性质。经双方协定乙公司支付 20 万元补价给甲公司，假定不考虑相关税费。

经计算补价不超过交易总额的 25%，确定为非货币性资产交换。

甲公司账务处理如下：

借：固定资产清理	1 200 000
累计折旧	3 300 000
贷：固定资产——专用设备	4 500 000
借：长期股权投资	1 000 000
银行存款	200 000
贷：固定资产清理	1 200 000

乙公司账务处理如下：

借：固定资产——专用设备	1 100 000
贷：长期股权投资	900 000
银行存款	200 000

（三）涉及多项非货币性资产交换的会计处理。

1. 以公允价值计量的会计处理。

【例 4】 甲公司和乙公司均为增值税一般纳税人，适用的增值税税率均为 16%。2018 年 5 月，为适应业务发展的需要，经协商，甲公司决定以生产经营过程中使用的厂房、设备以及库存商品换入乙公司生产经营过程中使用的办公楼、小汽车、客运汽车。甲公司厂房的账面价值为 1 500 万元，在交换日的累计折旧为 300 万元，公允价值为 1 000 万元；设备的账面原价为 600 万元，在交换日的累计折旧为 480 万元，公允价值为 100 万元；库存商品的账面余额为 300 万元，不含增值税的市场价格为 350 万元，市场价格等于计税价格，其包含增值税的公允价值为 406 万元。乙公司办公楼的账面原价为 2 000 万元，在交换日的累计折旧为 1 000 万元，公允价值为 1 100 万元；小汽车的账面原价为 300 万元，在交换日的累计折旧为 190 万元，公允价值为 159.5 万元；客运汽车的账面原价为 300 万元，在交换日的累计折旧为 180 万元，公允价值为 150 万元。乙公司另外向甲公司支付银行存款 96.5 万元（除题目中给定，不考虑其他税费）。

分析：本例题涉及收付货币性资产，应当计算收到的货币性资产占换出资产公允价值总额的比例（等于支付的货币性资产占换出资产公允价值与支付的补价之和的比例），即：

96.5 万元÷以公允价值（1 000＋100＋406）万元×100%＝6.41%＜25%

1）甲公司的账务处理如下：

（1）根据增值税的有关规定，企业以库存商品换入其他资产，视同销售行为发生，应计算增值税销项税额，缴纳增值税。

换出库存商品的增值税销项税额＝350×16%＝56（万元）

（2）计算换入资产、换出资产公允价值总额：

换出资产公允价值总额＝1 000＋100＋350＋56＝1 506（万元）
换入资产公允价值总额＝1 100＋159.5＋150＝1 409.5（万元）

（3）计算换入资产总成本：

换入资产总成本＝换出资产公允价值－补价
＝1 506－96.5＝1 409.5（万元）

（4）计算确定换入各项资产的公允价值占换入资产公允价值总额的

比例：

办公楼公允价值占换入资产公允价值总额的比例＝1 100÷1 409.5×100%
　　　　　　　　　　　　　　　　　　　　　　　＝78.041 8%

小汽车公允价值占换入资产公允价值总额的比例＝159.5÷1 409.5×100%
　　　　　　　　　　　　　　　　　　　　　　　＝11.316 1%

客运汽车公允价值占换入资产公允价值总额的比例＝150÷1 409.5×100%
　　　　　　　　　　　　　　　　　　　　　　　＝10.642 1%

(5) 计算确定换入各项资产的成本：

办公楼的成本＝1 409.5×78.041 8%＝1 100(万元)
小汽车的成本＝1 409.5×11.316 1%＝159.5(万元)
客运汽车的成本＝1 409.5×10.642 1%＝150(万元)

(6) 会计分录：

借：固定资产清理	13 200 000
累计折旧	7 800 000
贷：固定资产——厂房	15 000 000
固定资产——设备	6 000 000
借：固定资产——办公楼	11 000 000
固定资产——小汽车	1 595 000
固定资产——客运汽车	1 500 000
银行存款	965 000
营业外支出	2 200 000
贷：固定资产清理	13 200 000
主营业务收入	3 500 000
应交税费——应交增值税(销项税额)	560 000
借：主营业务成本	3 000 000
贷：库存商品	3 000 000

2) 乙公司的账务处理如下：

(1) 根据增值税的有关规定，企业以其他资产换入原材料，视同购买行为发生，应计算增值税进项税额，抵扣增值税。

换入资产原材料的增值税进项税额＝350×16%＝56(万元)

(2) 计算换入资产、换出资产公允价值总额：

换入资产公允价值总额＝1 000＋100＋350＋56＝1 506(万元)
换出资产公允价值总额＝1 100＋159.5＋150＝1 409.5(万元)

(3) 确定换入资产总成本：

换入资产总成本＝换出资产公允价值＋支付的补价
＝1 409.5＋96.5＝1 506(万元)

(4) 计算确定换入各项资产的公允价值占换入资产公允价值总额的比例：

厂房公允价值占换入资产公允价值总额的比例＝1 000÷1 506×100%
＝66.401 1%

设备公允价值占换入资产公允价值总额的比例＝100÷1 506×100%
＝6.640 1%

原材料公允价值占换入资产公允价值总额的比例＝406÷1 506×100%
＝26.958 8%

(5) 计算确定换入各项资产的成本：

厂房的成本＝1 506×66.401 1%＝1 000(万元)
设备的成本＝1 506×6.640 1%＝100(万元)
原材料的成本＝1 506×26.958 8%＝406(万元)

(6) 会计分录：

借：固定资产清理		12 300 000
累计折旧		13 700 000
贷：固定资产——办公楼		20 000 000
固定资产——小汽车		3 000 000
固定资产——客运汽车		3 000 000
借：固定资产——厂房		10 000 000
固定资产——设备		1 000 000
原材料		3 500 000
应交税费——应交增值税(进项税额)		560 000
贷：固定资产清理		12 300 000
银行存款		965 000
营业外收入		1 795 000

2. 以账面价值计量会计处理。

【例 5】 2015 年 5 月，甲公司因经营战略发生较大转变，产品结构发生重大调整,原生产产品的专有设备、生产该产品的专利技术等已不符合生产新产品的需要,经与乙公司协商,将其专用设备连同专利技术与乙公司正在建造过程中的一幢建筑物、对丙公司的长期股权投资进行交换。甲公司换出专有设备的账面原价为 1 200 万元,已计提折旧 750 万元;专利技术的账面原价为 450 万元,已摊销金额为 270 万元。乙公司在建工程截止到交换日的成本为 525 万元,对丙公司的长期股权投资账面余额为 150 万元。由于甲公司持有的专有设备和专利技术市场上已不多见,因此,公允价值不能可靠计量。乙公司的在建工程因完工程度难以合理确定,其公允价值不能可靠计量,由于丙公司不是上市公司,乙公司对丙公司长期股权投资的公允价值也不能可靠计量。假定甲、乙公司均未对上述资产计提减值准备(假定不考虑相关税费)。

分析:本例不涉及收付货币性资产,属于非货币性资产交换。由于换入资产、换出资产的公允价值均不能可靠计量,甲、乙公司均应当以换出资产账面价值总额作为换入资产的成本,各项换入资产的成本,应当按各项换入资产的账面价值占换入资产账面价值总额的比例分配后确定。

1) 甲公司的账务处理如下:
(1) 计算换入资产、换出资产账面价值总额:

换入资产账面价值总额=525+150=675(万元)
换出资产账面价值总额=(1 200-50)+(450-70)=630(万元)

(2) 确定换入资产总成本:

换入资产总成本=换出资产账面价值总额=630(万元)

(3) 计算各项换入资产账面价值占换入资产账面价值总额的比例:

在建工程占换入资产账面价值总额的比例=525÷675×100%=77.8%
长期股权投资占换入资产账面价值总额的比例=150÷675×100%=22.2%

(4) 确定各项换入资产成本:

在建工程成本=630×77.8%=490.14(万元)
长期股权投资成本=630×22.2%=139.86(万元)

(5) 会计分录:
借:固定资产清理   4 500 000
    累计折旧   7 500 000
    贷:固定资产——专有设备   12 000 000

借：在建工程 4 901 400
　　长期股权投资 1 398 600
　　累计摊销 2 700 000
　贷：固定资产清理 4 500 000
　　　无形资产——专利技术 4 500 000

2) 乙公司的账务处理如下：

(1) 计算换入资产、换出资产账面价值总额：

换入资产账面价值总额＝(1 200－750)＋(450－270)＝630(万元)
换出资产账面价值总额＝525＋150＝675(万元)

(2) 确定换入资产总成本：

换入资产总成本＝换出资产账面价值总额＝675(万元)

(3) 计算各项换入资产账面价值占换入资产账面价值总额的比例：

专有设备占换入资产账面价值总额的比例＝450÷630×100％＝71.4％
专利技术占换入资产账面价值总额的比例＝180÷630×100％＝28.6％

(4) 确定各项换入资产成本：

专有设备成本＝675×71.4％＝481.95(万元)
专利技术成本＝675×28.6％＝193.05(万元)

(5) 会计分录：

借：固定资产——专有设备 4 819 500
　　无形资产——专利技术 1 930 500
　贷：在建工程 5 250 000
　　　长期股权投资 1 500 000

债务重组

债务重组又称债务重整，是指债权人在债务人发生财务困难情况下，债权人按照其与债务人达成的协议或者法院的裁定作出让步的事项。也就是说，只要修改了原定债务偿还条件的，即债务重组时确定的债务偿还条件不同于原协议的，均作为债务重组。包括：以低于债务账面价值的现金清偿债务；以非现金资产清偿债务；债务转为资本；修改其他债务条件，如延长债务偿还期限、延长债务偿还期限并加收利息、延长债务偿还期限并减少债务本金或债务利息等;以上两种或两种以上方式的组合。

一、以资产清偿债务。

(一)以现金清偿债务。

【例1】 甲公司于 2013 年 1 月 6 日购买乙公司一批材料,总价款 400 000 元(包括应收取的增值税额),按购销合同约定,甲公司应于 2014 年 10 月 31 日前支付货款,但甲公司财务发生困难,至 2015 年 1 月 31 日尚未支付货款。2015 年 2 月 3 日,甲公司与乙公司协商,乙公司同意减免甲公司债务 60 000 元。乙公司对该项应收账款已提取坏账准备 40 000 元。假定款已到账并且不考虑该项债务重组相关的税费。

(1)甲公司的账务处理:

借:应付账款　　　　　　　　　　　　　　　　400 000
　　贷:银行存款　　　　　　　　　　　　　　340 000
　　　　营业外收入——债务重组利得　　　　　 60 000

(2)乙公司的账务处理:

借:银行存款　　　　　　　　　　　　　　　　340 000
　　坏账准备　　　　　　　　　　　　　　　　 40 000
　　营业外支出——债务重组损失　　　　　　　 20 000
　　贷:应收账款　　　　　　　　　　　　　　400 000

(二)以非现金资产清偿债务。

1. 以库存商品、原材料抵偿债务。

【例2】 甲企业欠乙企业购货款 350 000 元。由于甲企业财务发生困难,短期内不能支付货款。经协商,甲企业以其生产的产品偿还债务,该产品的公允价值 200 000 元,实际成本 120 000 元。甲企业为一般纳税企业,增值税税率为 16%。乙企业接受甲企业以产品偿还债务时,将该产品作为产成品入库;乙企业未对该项应收账款计提坏账准备。根据上述资料,甲企业和乙企业应作会计处理如下:

甲企业的会计处理:

(1)以产品偿还债务作销售处理:

借:应收账款　　　　　　　　　　　　　　　　232 000
　　贷:主营业务收入　　　　　　　　　　　　200 000
　　　　应交税费——应交增值税(销项税额)　　32 000
借:主营业务成本　　　　　　　　　　　　　　120 000
　　贷:库存商品　　　　　　　　　　　　　　120 000

(2) 清偿债务：

债务重组收益＝350 000－322 000＝118 000(元)

借：应付账款	350 000
贷：应收账款	232 000
营业外收入——债务重组收益	118 000

在本例中，销售产品取得的利润体现在主营业务利润中，债务重组损益作为营业外收入处理。如果债务人以库存材料清偿债务，则作其他业务收入和支出处理。

乙企业的会计处理：

借：库存商品	200 000
应交税费——应交增值税(进项税额)	32 000
营业外支出——债务重组损失	118 000
贷：应收账款	350 000

2. 以固定资产抵偿债务。

【例3】 甲公司于2016年1月6日购买乙公司一批材料，价值400 000元(包括应收取的增值税额)，按购销合同约定，甲公司应于2017年10月31日前支付货款，但由于甲公司财务发生困难至2018年1月31日尚未支付货款。2018年5月3日，与乙公司协商，乙公司同意甲公司以一台设备偿还债务。该项设备的账面原价为350 000元，已提折旧50 000元，设备的公允价值为310 000元，应交增值税49 600元。乙公司对该项应收账款已提取坏账准备40 000元。抵债设备已于2018年5月10日运抵乙公司。假定不考虑该项债务重组其他相关的税费。

(1) 甲公司的账务处理：

将固定资产净值转入固定资产清理：

借：固定资产清理	300 000
累计折旧	50 000
贷：固定资产	350 000

确认债务重组利得：

借：应付账款	400 000
贷：固定资产清理	310 000
应交税费——应交增值税(销项税额)	49 600
营业外收入——债务重组利得	40 400

确认固定资产处置利得：

借：固定资产清理 10 000
　　贷：营业外收入——处置固定资产利得 10 000
（2）乙公司的账务处理：
借：固定资产 310 000
　　应交税费——应交增值税（进项税额） 52 700
　　坏账准备 40 000
　　贷：应收账款 400 000
　　　　资产减值损失 2 700

3. 以股票债券等金融资产抵偿债务。

【例4】 甲公司于2013年7月1日销售给乙公司一批产品,总价款450 000元(包括应收取的增值税额),乙公司于2013年7月1日开出6个月承兑的商业汇票。乙公司于2013年12月31日尚未支付货款。由于乙公司财务发生困难,短期内不能支付货款。当日经与甲公司协商,甲公司同意乙公司以其所拥有并作为以公允价值计量且公允价值变动计入当期损益的某公司股票抵偿债务。乙公司该股票的账面价值为400 000元(成本390 000元,公允价值变动10 000元),当日的公允价值380 000元。

假定甲公司为该项应收账款提取了坏账准备40 000元。用于抵债的股票于当日即办理相关转让手续,甲公司将取得的股票作为以公允价值计量且公允价值变动计入当期损益的金融资产处理。债务重组前甲公司已将该项应收票据转入应收账款;乙公司已将应付票据转入应付账款。假定不考虑与商业汇票或者应付款项有关的利息及相关税费。

（1）乙公司的账务处理：
借：应付账款 450 000
　　投资收益 20 000
　　贷：交易性金融资产 400 000
　　　　营业外收入——债务重组利得 70 000
借：公允价值变动损益 10 000
　　贷：投资收益 10 000
（2）甲公司的账务处理：
借：交易性金融资产 380 000
　　营业外支出——债务重组损失 30 000
　　坏账准备 40 000
　　贷：应收账款 450 000

假如甲公司计提坏账准备 80 000 元：

借：交易性金融资产　　　　　　　　　　　　　　380 000
　　坏账准备　　　　　　　　　　　　　　　　　　80 000
　　贷：应收账款　　　　　　　　　　　　　　　　450 000
　　　　资产减值损失　　　　　　　　　　　　　　 10 000

（三）债务转为资本。

【例 5】 2013 年 7 月 1 日，甲公司应收乙公司账款的账面余额为 60 000 元，由于乙公司发生财务困难，无法偿付应付账款。经双方协商同意，采取将乙公司所欠债务转为乙公司股本的方式进行债务重组，假定乙公司普通股的面值为 1 元，乙公司以 20 000 股抵偿该项债务，股票每股市价为 2.5 元。甲公司对该项应收账款计提了坏账准备 2 000 元。股票登记手续已办理完毕，甲公司对其作为长期股权投资处理。

(1) 乙公司的账务处理：

借：应付账款　　　　　　　　　　　　　　　　　 60 000
　　贷：股本　　　　　　　　　　　　　　　　　　20 000
　　　　资本公积——股本溢价　　　　　　　　　　30 000
　　　　营业外收入——债务重组利得　　　　　　　10 000

(2) 甲公司的账务处理：

借：长期股权投资　　　　　　　　　　　　　　　　50 000
　　营业外支出——债务重组损失　　　　　　　　　 8 000
　　坏账准备　　　　　　　　　　　　　　　　　　 2 000
　　贷：应收账款　　　　　　　　　　　　　　　　60 000

假如计提坏账准备 12 000 元：

借：长期股权投资　　　　　　　　　　　　　　　　50 000
　　坏账准备　　　　　　　　　　　　　　　　　　12 000
　　贷：应收账款　　　　　　　　　　　　　　　　60 000
　　　　资产减值损失　　　　　　　　　　　　　　 2 000

（四）修改其他债务条件。

【例 6】 甲公司 2013 年 1 月 1 日与乙公司进行债务重组，A 公司应收 B 公司账款 120 万元，已提坏账准备 30 万元。协议规定，豁免 20 万元，剩余债务在 2013 年 12 月 31 日支付。但附有一条件，若 B 公司在 2013 年度获利，则需另付 10 万元。

1) B 公司（债务人）：

(1) 2013年1月1日：

借：应付账款		1 200 000
贷：应付账款——债务重组		1 000 000
预计负债		100 000
营业外收入		100 000

(2) 2013年12月31日：

若B公司2013年获利：

借：应付账款——债务重组		1 000 000
预计负债		100 000
贷：银行存款		1 100 000

若B公司2013年未获利：

借：应付账款——债务重组		1 000 000
贷：银行存款		1 000 000
借：预计负债		100 000
贷：营业外收入		100 000

2) A公司（债权人）：

(1) 2013年1月1日：

借：应收账款——债务重组		1 000 000
坏账准备		300 000
贷：应收账款		1 200 000
资产减值损失		100 000

(2) 2013年12月31日：

若B公司2013年获利：

借：银行存款		1 100 000
贷：应收账款——债务重组		1 000 000
营业外收入		100 000

若B公司2013年未获利：

借：银行存款		1 000 000
贷：应收账款——债务重组		1 000 000

会计政策变更

发生会计政策变更时，有两种会计处理方法，即追溯调整法和未来适用法。

其中追溯调整法要求对某项交易或事项变更会计政策,视同该项交易或事项初次发生时即采用变更后的会计政策,并以此对财务报表相关项目进行调整。

追溯调整法通常由以下步骤构成:

第一步,计算会计政策变更的累积影响数。

第二步,编制相关项目的调整分录。

【例1】 甲公司系上市公司,从2010年1月1日首次执行企业会计准则,该公司于2006年12月31日购买了一项能源设备投入生产车间使用,原价为3 000万元,无残值,预计使用寿命为30年,采用年限平均法计提折旧。在首次执行日,企业估计在未来27年年末该设备的废弃处置费用为400万元,假定该负债调整风险后的折现率为5%,且自2007年1月1日起没有发生变化。甲公司按净利润的10%提取法定盈余公积,不考虑所得税费用的调整。假定至2009年12月31日,用上述设备生产的产品已全部对外出售。

2010年1月1日资产负债表部分项目的调整数

项 目	金额(万元)调增(+)调减(-)
固定资产	+92.55 -926=83.29
预计负债	+107.14
盈余公积	-2.39
未分配利润	-21.46

1) 2010年1月1日。

(1) 追溯调整固定资产的入账价值。

2006年12月31日应确认的预计负债=$400 \div (1+5\%)^{30}$=92.55(万元)

借:固定资产　　　　　　　　　　　　　　925 500
　　贷:预计负债　　　　　　　　　　　　　　925 500

(2) 追溯调整2006年12月31日至2010年1月1日应补提的累计折旧。

应补提的累计折旧=$92.55 \div 30 \times 3$=9.26(万元)

借:利润分配——未分配利润　　　　　　　92 600
　　贷:累计折旧　　　　　　　　　　　　　　92 600

(3) 追溯调整2006年12月31日至2010年1月1日应确认的财务费用。

应确认的财务费用=$400 \div (1+5\%)^{27}$-92.55= 14.59(万元)差异

借:利润分配——未分配利润　　　　　　　145 900
　　贷:预计负债　　　　　　　　　　　　　　145 900

(4) 调整利润分配和盈余公积。

借：盈余公积[（9.26+14.59）×10％]　　　　　　　　　　23 850
　　贷：利润分配——未分配利润　　　　　　　　　　　　23 850
2）2010年固定资产计提折旧=（3 000+92.55）÷30=103.09（万元）
会计分录：
借：制造费用　　　　　　　　　　　　　　　　　　　1 030 900
　　贷：累计折旧　　　　　　　　　　　　　　　　　　1 030 900
2010年应确认的财务费用=107.14×5％=5.36（万元）
借：财务费用　　　　　　　　　　　　　　　　　　　　53 600
　　贷：预计负债　　　　　　　　　　　　　　　　　　　53 600

会计差错更正

会计差错更正是指对企业在会计核算中，由于计量、确认、记录等方面出现的错误进行的纠正。以前年度发生的重大会计差错应当进行追溯调整。会计差错更正一般包括以下几种情况。

一、计算及账户分类错误。

【例1】 假定2014年年末，甲公司发现了如下会计差错：2014年，甲公司发现已于2013年出售的产品错误地记录在2013年的存货中，金额是87 000元。甲公司2014年的会计记录显示营业收入为5 800 000元，营业成本为2 500 000元（包括期初存货误计的87 000元）。

假定上述事项均发生在所得税汇缴清算之前，由于会计差错导致的所得税变化应当补交和允许抵扣。甲公司适用所得税税率为25％。甲公司按10％计提盈余公积，假定在上述年度甲公司不存在股利分配事项，公司没有公开交易且不披露每股收益。并且假定2014年度利润表列示的数据为上述差错发现前的数据。

（1）结转成本。
借：以前年度损益调整　　　　　　　　　　　　　　　　87 000
　　贷：库存商品　　　　　　　　　　　　　　　　　　　87 000
（2）调整所得税。
借：应交税费——应交所得税　　　　　　　　　　　　　21 750
　　贷：以前年度损益调整　　　　　　　　　　　　　　　21 750
（3）将以前年度损益调整转入利润分配。
借：利润分配——未分配利润　　　　　　　　　　　　　65 250
　　贷：以前年度损益调整　　　　　　　　　　　　　　　65 250

(4) 调整利润分配的有关数字。

借：盈余公积 6 525
　　贷：利润分配——未分配利润 6 525

二、采用法律、行政法规或者国家统一的会计制度等不允许的会计政策。

【例2】 2014年年末，甲公司发现，于2011年年初开始建设的一建筑物直接相关借款费用被费用化。根据规定，与该建筑物建设直接相关的借款费用应当资本化。该建筑物正处于施工阶段，将交付甲公司使用。

甲公司已将2013年发生的借款费用20 000元以及2013年以前期间发生的借款费用40 000元费用化。在以前年度，就建造建筑物发生的所有借款费用均已费用化。由于建筑物尚未使用，甲公司还未对其计提任何折旧费用。

甲公司2014年的会计记录显示，该年财务费用为400 000元，包括当年应当资本化的利息费用20 000元，所得税影响为5 000元。

1. 对比较报表前期以前发生差错的更正。

对2013年以前的累积影响（调整列报前期最早留存收益）：

净利润增加30 000元（40 000－10 000）

对2014年的影响（直接调整比较报表项目前期金额）：

利息费用减少20 000

所得税费用增加5 000

净利润增加15 000

2014年留存收益增加45 000

2. 对比较报表前期以前差错的累积影响数调整列报前期最早留存收益。

借：在建工程 40 000
　　贷：应交税费——应交所得税 10 000
　　　　利润分配——未分配利润 27 000
　　　　盈余公积 3 000

即调整2014年所有者权益变动表中"上年年末余额"项目下"会计政策变更"项目所对应"上年金额"一栏中的"盈余公积"和"未分配利润"栏，调整金额分别为3 000元和27 000元。

3. 对比较报表前期差错的影响直接调整比较报表项目前期金额。

(1) 记录利息费用的调整。

借：在建工程 20 000
　　贷：以前年度损益调整 20 000

(2) 调整所得税。

借：以前年度损益调整　　　　　　　　　　　　　　5 000
　　贷：递延所得税负债　　　　　　　　　　　　　　5 000

(3) 将以前年度损益调整转入利润分配。

借：以前年度损益调整　　　　　　　　　　　　　　15 000
　　贷：利润分配——未分配利润　　　　　　　　　　15 000

(4) 调整利润分配的有关数字。

借：利润分配——未分配利润　　　　　　　　　　　1 500
　　贷：盈余公积　　　　　　　　　　　　　　　　　1 500

如果上述对借款费用的处理属于会计政策变更，其会计处理同前期差错更正完全相同。

三、对事实的疏忽或曲解，以及舞弊

【例3】 甲公司是大型企业，适用新会计准则。2012年停工半年，2012年生产产品全部完工入库，2012年12月31日库存商品全部出售完。2013年4月30日发现漏提了停工期间车间机器设备折旧35万元，该车间机器设备的会计折旧年限与税法折旧年限相同。假定追溯之前2012年实现会计利润84万元，追溯之前纳税调整后应纳税所得额为93万元，2012年按实际会计利润额预缴入库的企业所得税额为21万元，2012年企业所得税汇算清缴完成日为5月25日，2012年财务报告报出日为3月30日。2012年年底利润分配——未分配利润余额为30万元，盈余公积余额为3万元，甲公司按照净利润的5%提取盈余公积。

对于漏提的折旧，数额较大，企业作为重要前期会计差错，采用追溯重述法进行更正，通过以前年度损益调整账户进行调整。

1. 在4月30日发现当期补提折旧：

借：以前年度损益调整　　　　　　　　　　　　　350 000
　　贷：累计折旧　　　　　　　　　　　　　　　　350 000

2. 冲减2012年多缴纳的企业所得税：

借：应交税费——应交企业所得税　　　　　　　　87 500
　　贷：以前年度损益调整　　　　　　　　　　　　87 500

3. 冲减2013年期初留存收益：

借：利润分配——未分配利润　　　　　　　　　　249 375
　　盈余公积　　　　　　　　　　　　　　　　　 13 125
　　贷：以前年度损益调整　　　　　　　　　　　 262 500

资产负债表日后事项调整

一、资产负债表日后诉讼案件结案

【例1】 甲公司适用的所得税税率为25%,且预计在未来期间保持不变,2013年度所得税汇算清缴于2014年3月20日完成;2013年度财务报告批准报出日为2014年4月5日,甲公司有关资料假定如下(下同):

(1) 假定递延所得税资产、递延所得税负债、预计负债在2013年1月1日的期初余额均为零,本年末预计负债对丙公司诉讼计提80万元。

(2) 涉及递延所得税资产的,假定未来期间能够产生足够的应纳税所得额用以利用可抵扣暂时性差异。

(3) 与预计负债相关的损失在确认预计负债时不允许从应纳税所得额中扣除,只允许在实际发生时据实从应纳税所得额中扣除。

(4) 调整事项涉及所得税的,均可调整应交所得税。

(5) 按照净利润的10%计提法定盈余公积。

(6) 不考虑其他因素。

2014年1月26日,人民法院对以前年度丙公司起诉甲公司的案件作出判决,甲公司应赔偿丙公司90万元,甲公司和丙公司均表示不再上诉。当日,甲公司向丙公司支付了90万元的赔偿款。

本例属于资产负债表日后调整事项。

理由:该事项发生在资产负债表日后事项期间,并且是对资产负债表日之前存在的未决诉讼取得进一步证据,所以属于资产负债表日后调整事项。

会计分录为:

借:预计负债		800 000
以前年度损益调整		100 000
贷:其他应付款		900 000
借:以前年度损益调整		200 000
贷:递延所得税资产		200 000
借:应交税费——应交所得税		225 000
贷:以前年度损益调整		225 000
借:利润分配——未分配利润		75 000
贷:以前年度损益调整		75 000
借:盈余公积		7 500
贷:利润分配——未分配利润		7 500

2014年本期会计处理：

借：其他应付款　　　　　　　　　　　　　　　900 000
　　贷：银行存款　　　　　　　　　　　　　　　　　900 000

二、资产负债表日后取得确凿证据，表明某项资产在资产负债表日发生了减值或者需要调整该项资产原先确认的减值金额。

【例2】　甲公司于2012年12月31日编制2002年会计报表时，因某客户乙公司2012年度财务状况不好，根据当时的情况判断对应收该客户的款项1 200万元计提了30%的坏账准备，2013年2月5日，乙公司因资不抵债宣布破产，根据法院宣告的破产财产，甲公司估计其能够收回1 200万元中的20%。假定甲公司2012年度所得税汇算清缴工作于2013年2月15日完成，适用的所得税税率为25%。税法规定企业仅能按应收账款期末余额的3‰~5‰计提坏账准备并税前扣除，甲公司在其2012年12月31日的会计报表中已按应收账款期末余额的5‰扣除并计算了所得税费用和应交所得税。

(1) 会计处理。根据会计制度及相关准则规定，该事项属于资产负债表日后的调整事项，应调整会计报表相关项目。

借：以前年度损益调整(调整管理费用)　　　　　6 000 000
　　贷：坏账准备　　　　　　　　　　　　　　　　6 000 000
借：递延所得税资产(6 000 000×25%)　　　　　1 500 000
　　贷：以前年度损益调整(调整所得税费用)　　　　1 500 000

(2) 纳税调整。因为按照税法规定对于企业按会计制度及相关准则提取的准备金不能在税前扣除，本例中对应收账款计提坏账准备的情况有所区别，即税法规定对按应收账款期末余额3‰~5‰计算的部分可以在税前扣除，因为A公司在其2002年12月31日的会计报表中已按该数额进行了扣除并相应计算了所得税费用和应交所得税，因此该日后事项期间发生的因资产减值引起的调整不影响A公司报告年度的应交所得税。

【例3】　甲公司于2012年12月31日编制2012年度会计报表时，根据当时的情况判断某项已提取了减值准备的存货价值发生了恢复，恢复金额估计为100万元。2013年3月20日，根据同类存货的公开市场价格估计该存货价值在2012年12月31日恢复的金额应为150万元。甲公司2012年度所得税汇算清缴于2013年2月15日完成，该公司适用的所得税税率为25%。假定该公司在对存货提取减值准备的当期，已按税法规定相应调整了当年度的应纳税所得额并计算缴纳了所得税。

(1) 会计处理。该存货减值的恢复属于在资产负债表日后事项期间取得了关于资产负债表日有关事项的进一步证据,因此属于日后调整事项。按照会计制度及相关准则的规定,应对报告年度会计报表相关项目进行调整。

借:存货跌价准备　　　　　　　　　　　　　　500 000
　　贷:以前年度损益调整(调整 2012 年营业外支出)　500 000
借:以前年度损益调整(调整所得税费用)　　　　125 000
　　贷:递延所得税负债　　　　　　　　　　　　125 000

(2) 纳税调整。因 2012 年度所得税汇算清缴已于 2013 年 2 月 15 日完成,而该事项发生于 2013 年 3 月 20 日,即在报告年度所得税汇算清缴以后,因此,按照税法规定,不能够再调整 2002 年度的应交所得税金额。其所涉及的应调整应纳税所得额的金额,应作为 2013 年度的调整事项。

三、资产负债表日后进一步确定了资产负债表日前购入资产的成本或售出资产的收入。

【例 4】 甲公司 2018 年 5 月 3 日销售一批商品给乙公司,取得收入 120 万元(不含税,增值税税率 16%)。甲公司发出商品后,按照正常情况已确认收入,并结转成本 100 万元。2018 年 12 月 31 日,该笔货款尚未收到,甲公司未对应收账款计提坏账准备。

2019 年 1 月 12 日,由于产品质量问题,本批货物被退回。甲公司于 2019 年 2 月 28 日完成 2018 年所得税汇算清缴。公司适用的所得税税率为 25%,按净利润 10%提取盈余公积。

(1) 2019 年 1 月 12 日,调整销售收入:

借:以前年度损益调整　　　　　　　　　　　1 200 000
　　应交税费——应交增值税(销项税额)　　　　192 000
　　贷:应收账款　　　　　　　　　　　　　　1 392 000

(2) 调整销售成本:

借:库存商品　　　　　　　　　　　　　　　1 000 000
　　贷:以前年度损益调整　　　　　　　　　　1 000 000

调整应缴纳的所得税:

借:应交税费——应交所得税　　　　　　　　　50 000
　　贷:以前年度损益调整　　　　　　　　　　　50 000

将"以前年度损益调整"科目的余额转入利润分配:

借:利润分配——未分配利润　　　　　　　　　150 000
　　贷:以前年度损益调整　　　　　　　　　　　150 000

(3) 调整盈余公积：

借：盈余公积　　　　　　　　　　　　　　　　　　15 000
　　贷：利润分配——未分配利润　　　　　　　　　　　15 000

企业合并

一、同一控制下企业控股合并。

【例1】 A、B公司分别为甲公司控制下的两家子公司。A公司于2014年3月10日自母公司取得B公司100%的股权，合并后B公司仍维持其独立法人资格继续经营。为进行该项企业合并，A公司发行了1 500万股本公司普通股(每股面值1元)作为对价。假定A、B公司采用的会计政策相同。合并日，A公司及B公司的所有者权益构成如下(单位：万元)。

A公司		B公司	
项　目	金　额	项　目	金　额
股本	9 000	股本	1 500
资本公积	2 500	资本公积	500
盈余公积	2 000	盈余公积	1 000
未分配利润	5 000	未分配利润	2 000
合　计	18 500	合　计	5 000

A公司在合并日应进行的会计处理为：

借：长期股权投资　　　　　　　　　　　　　　　　50 000 000
　　贷：股本　　　　　　　　　　　　　　　　　　15 000 000
　　　　资本公积　　　　　　　　　　　　　　　　35 000 000

* 本例援引自注册会计师全国统一考试辅导教材《会计》2014版第391页。

【例2】 A、B公司分别为甲公司控制下的两家子公司。A公司于2014年9月1日自母公司取得B公司60%的股权，用银行存款支付购买价款540万元。此时B公司权益账面价值680万元。A公司账面的资本公积90万元，盈余公积50万元，未分配利润190万元。

若被合并方的投入资本(股本和资本公积之和)小于合并方支付的合并对价账面价值(发行股份面值总额)，其差额部分应先冲减合并方的资本公积，不足部分冲减被合并方留存收益(盈余公积和未分配利润)。被合并方留存收益不足冲减的，冲减合并方留存收益。

本案例因购买价款比应分享的 60%B 公司权益账面价值多 132 万元（540−80×0.6），故要冲减 A 公司的资本公积，但其资本公积不足以冲减，还需冲减其盈余公积。

借：长期股权投资——B公司（680×0.6）	4 080 000
资本公积	900 000
盈余公积	420 000
贷：银行存款	5 400 000

二、同一控制下企业吸收合并。

【例3】 假定 A 公司和 B 公司为同一集团内两家全资子公司，合并前其共同的母公司为甲公司。该项合并中参与合并的企业在合并前及合并后均为甲公司最终控制，为同一控制下企业合并。A 公司定向发行 1 000 万股普通股每股面值 1 元，市价 10.85 元作为对价对 B 公司进行吸收合并。自 6 月 30 日开始，能够对 B 公司净资产实施控制，该日即为合并日。合并日 B 公司资产项目货币资金账面价值（下同）4 500 000 元，存货 2 550 000 元，应收账款 20 000 000 元，长期股权投资 21 500 000 元，固定资产净值 30 000 000 元，无形资产 5 000 000 元。负债项目短期借款 22 500 000 元，应付账款 3 000 000 元，其他负债 3 000 000 元。

合并后 B 公司失去其法人资格，A 公司应确认合并中取得的 B 公司的各项资产和负债，假定 A 公司与 B 公司在合并前采用的会计政策相同（且不考虑其他会计因素和相关税费），则 A 公司进行会计处理时仅考虑支付的对价和被合并公司资产和负债项目的账面价值。合并支付对价公允价值与并购公司的公允价值差额相当于增加或者冲减资本公积。

A 公司对该项合并应进行的会计处理为：

借：货币资金	4 500 000
库存商品（存货）	2 550 000
应收账款	20 000 000
长期股权投资	21 500 000
固定资产	30 000 000
无形资产	5 000 000
贷：短期借款	22 500 000
应付账款	3 000 000
其他应付款（其他负债）	3 000 000
股本	10 000 000
资本公积	45 050 000

三、非同一控制下的控股合并。

该合并方式下,购买方所涉及的会计处理问题主要是两个方面:一是购买日因进行企业合并形成的对被购买方的长期股权投资初始投资成本的确定,该成本与作为合并对价支付的有关资产账面价值之间差额的处理。非同一控制下控股合并投资的账务处理与同一控制下控股合并账务处理的主要差别在于投资方与被投资方资产公允价值之间差额处理方法不同。同一控制下两者之间的差额一般增减资本公积或冲减留存收益,非同一控制下两者之间的差额计入期间损益。权益法核算条件下的投资额大于占有被投资单位公允价值份额的部分,不要求调整长期股权投资成本。

【例4】 非同一控制下,购入联营单位股权,支付买价1 000 000元,相关税费20 000元,享有被投资单位可辨认资产公允价值980 000元。

借:长期股权投资——投资成本　　　　　　　　1 020 000
　　贷:银行存款　　　　　　　　　　　　　　　　1 020 000

【例5】 权益法下,购入合营单位股权,支付买价库存商品200 000元,公允价值300 000元,增值税税率16%,固定资产账面价值800 000元,公允价值1 000 000元,享有被投资单位可辨认资产公允价值1 348 000元。

借:长期股权投资——投资成本　　　　　　　　1 348 000
　　贷:主营业务收入　　　　　　　　　　　　　　 300 000
　　　　应交税费——应交增值税(销项税额)　　　　48 000
　　　　固定资产清理　　　　　　　　　　　　　　 800 000
　　　　营业外收入　　　　　　　　　　　　　　　 200 000

同时:

借:主营业务成本　　　　　　　　　　　　　　　 200 000
　　贷:库存商品　　　　　　　　　　　　　　　　 200 000

四、非同一控制下的吸收合并。

非同一控制下的吸收合并,购买方在购买日应当将合并中取得的符合确认条件的各项资产、负债,按其公允价值确认为本企业的资产和负债;作为合并对价的有关非货币性资产在购买日的公允价值与其账面价值的差额,应作为资产的处置损益计入合并当期的利润表;确定的企业合并成本与所取得的被购买方可辨认净资产公允价值的差额,视情况分别确认为商誉或是作为企业合并当期的损益计入利润表。其具体处理原则与非同一控制下的控股合并类似,不同点在于在非同一控制下的吸收合并中,合并中取得的可辨认资产和负债是作为个别报表中的项目列示,合并中产生的商誉也是作为购买方账簿及个别财务报表中的资产列示。

【例6】 假定 A 公司和 B 公司为无关联关系公司,为非同一控制下企业合并。A 公司支付银行存款 100 000 000 元作为对价对 B 公司进行吸收合并。自 6 月 30 日开始,能够对 B 公司净资产实施控制,该日即为合并日。合并日 B 公司资产项目货币资金账面价值 4 500 000 元,存货公允价值(下同) 4 500 000 元,应收账款 20 000 000 元,长期股权投资 38 000 000 元,固定资产公允价值 55 000 000 元,无形资产 15 000 000 元。负债项目短期借款 22 500 000 元,应付账款 3 000 000 元,其他负债 3 000 000 元。

合并后 B 公司失去其法人资格,A 公司应确认合并中取得的 B 公司的各项资产和负债,假定 A 公司与 B 公司在合并前采用的会计政策相同(且不考虑其他会计因素和相关税费),则 A 公司进行会计处理时考虑支付的对价和被合并公司资产和负债项目的公允价值。合并支付对价公允价值与并购公司的公允价值差额计入营业外收入。

A 公司对该项合并应进行的会计处理为:

借:货币资金   4 500 000
　　库存商品(存货)   4 500 000
　　应收账款   20 000 000
　　长期股权投资   38 000 000
　　固定资产   55 000 000
　　无形资产   15 000 000
　贷:短期借款   22 500 000
　　　应付账款   3 000 000
　　　其他应付款(其他负债)   3 000 000
　　　银行存款   100 000 000
　　　营业外收入   8 500 000

【例7】 假定 A 公司和 B 公司为无关联关系公司,为非同一控制下企业合并。A 公司支付银行存款 110 000 000 元作为对价对 B 公司进行吸收合并。自 6 月 30 日开始,能够对 B 公司净资产实施控制,该日即为合并日。合并日 B 公司资产项目货币资金账面价值 4 500 000 元,存货公允价值(下同) 4 500 000 元,应收账款 20 000 000 元,长期股权投资 38 000 000 元,固定资产公允价值 55 000 000 元,无形资产 15 000 000 元。负债项目短期借款 22 500 000 元,应付账款 3 000 000 元,其他负债 3 000 000 元。

合并后 B 公司失去其法人资格,A 公司应确认合并中取得的 B 公司的各项资产和负债,假定 A 公司与 B 公司在合并前采用的会计政策相同(且不考虑其他会计因素和相关税费),则 A 公司进行会计处理时考虑支付的对价和被合并公司资产和负债项目的公允价值。合并支付对价公允价值大于并购公司资产的公允价值差额部分作为商誉入账。

A 公司对该项合并应进行的会计处理为：

借：货币资金　　　　　　　　　　　　　　4 500 000
　　库存商品(存货)　　　　　　　　　　　4 500 000
　　应收账款　　　　　　　　　　　　　　20 000 000
　　长期股权投资　　　　　　　　　　　　38 000 000
　　固定资产　　　　　　　　　　　　　　55 000 000
　　无形资产　　　　　　　　　　　　　　15 000 000
　　商誉　　　　　　　　　　　　　　　　1 500 000
　　贷：短期借款　　　　　　　　　　　　22 500 000
　　　　应付账款　　　　　　　　　　　　3 000 000
　　　　其他应付款(其他负债)　　　　　　3 000 000
　　　　银行存款　　　　　　　　　　　　110 000 000

破产企业业务核算

破产企业的会计档案等财务资料经法院裁定由破产管理人接管的,应当在企业被法院宣告破产后,可以比照原有资产、负债类会计科目,根据实际情况设置相关科目,并增设相关负债类、清算净值类和清算损益类等会计科目。破产企业还可以根据实际需要,在一级科目下自行设置明细科目。

(一)负债类科目设置。

1."应付破产费用"科目,本科目核算破产企业在破产清算期间发生的破产法规定的各类破产费用。

2."应付共益债务"科目,本科目核算破产企业在破产清算期间发生的破产法规定的各类共益债务。

共益债务,是指在人民法院受理破产申请后,为全体债权人的共同利益而管理、变卖和分配破产财产而负担的债务,主要包括因管理人或者债务人(破产企业,下同)请求对方当事人履行双方均未履行完毕的合同所产生的债务、债务人财产受无因管理所产生的债务、因债务人不当得利所产生的债务、为债务人继续营业而应当支付的劳动报酬和社会保险费用,以及由此产生的其他债务,管理人或者相关人员执行职务致人损害所产生的债务,债务人财产致人损害所产生的债务。

(二)清算净值类科目设置。

"清算净值"科目,本科目核算破产企业在破产报表日结转的清算净损益科目余额。破产企业资产与负债的差额,也在本科目核算。

(三)清算损益类科目设置。

1."资产处置净损益"科目,本科目核算破产企业在破产清算期间处置破产资产产生的、扣除相关处置费用后的净损益。

2."债务清偿净损益"科目,本科目核算破产企业在破产清算期间清偿债务产生的净损益。

3."破产资产和负债净值变动净损益"科目,本科目核算破产企业在破产清算期间按照破产资产清算净值调整资产账面价值,以及按照破产债务清偿价值调整负债账面价值产生的净损益。

4."其他收益"科目,本科目核算除资产处置、债务清偿以外,在破产清算期间发生的其他收益。

5."破产费用"科目,本科目核算破产企业破产清算期间发生的破产法规定的各项破产费用,主要包括破产案件的诉讼费用,管理、变价和分配债务人资产的费用,管理人执行职务的费用、报酬和聘用工作人员的费用。本科目应按发生的费用项目设置明细账。

6."共益债务支出"科目,本科目核算破产企业破产清算期间发生的破产法规定的共益债务相关的各项支出。

7."其他费用"科目,本科目核算破产企业破产清算期间发生的除破产费用和共益债务支出之外的各项其他费用。

8."所得税费用"科目,本科目核算破产企业破产清算期间发生的企业所得税费用。

9."清算净损益"科目,本科目核算破产企业破产清算期间结转的上述各类清算损益科目余额。

破产企业可根据具体情况增设、减少或合并某些会计科目。

破产宣告日余额结转

法院宣告企业破产时,应当根据破产企业移交的科目余额表,将部分会计科目的相关余额转入以下新科目,并编制新的科目余额表。

1. 原"应付账款""其他应付款"等科目中属于破产法所规定的破产费用的余额,转入"应付破产费用"科目。

2. 原"应付账款""其他应付款"等科目中属于破产法所规定的共益债务的余额,转入"应付共益债务"科目。

3. 原"商誉""长期待摊费用""递延所得税资产""递延所得税负债""递延收益""股本""资本公积""盈余公积""其他综合收益""未分配利润"等科目的余额,转入"清算净值"科目。

【例1】 将原"应付账款""其他应付款"等科目中属于破产法所规定的破产费用的余额,转入"应付破产费用"科目。

借:应付账款
　　其他应付款
　　贷:应付破产费用

【例2】 原"应付账款""其他应付款"等科目中属于破产法所规定的共益债务的余额,转入"应付共益债务"科目。

借：应付账款
　　　其他应付款
　　贷：应付共益债务

【例3】 将原"商誉""长期待摊费用""递延所得税资产"转入"清算净值"科目。

借：清算净值
　　贷：商誉
　　　　长期待摊费用
　　　　递延所得税资产

【例4】 将原"递延所得税负债""递延收益""股本""资本公积""盈余公积""其他综合收益""未分配利润"等科目的余额,转入"清算净值"科目。

借：递延所得税负债
　　　递延收益
　　　股本
　　　资本公积
　　　盈余公积
　　　其他综合收益
　　　未分配利润
　　贷：清算净值

破产宣告日余额调整

1. 关于各类资产。破产企业应当对拥有的各类资产(包括原账面价值为零的已提足折旧的固定资产、已摊销完毕的无形资产等)登记造册,估计其破产资产清算净值,按照其破产资产清算净值对各资产科目余额进行调整,并相应调整"清算净值"科目。

2. 关于各类负债。破产企业应当对各类负债进行核查,按照法律规定对各负债科目余额进行调整,并相应调整"清算净值"科目。

【例1】 破产企业对拥有的各类资产(包括原账面价值为零的已提足折旧的固定资产、已摊销完毕的无形资产等)登记造册,估计其破产资产清算净值,按照其破产资产清算净值对各资产科目余额进行调整,并相应调整"清算净值"科目。

借：清算净值
　　贷：存货
　　　　固定资产
　　　　无形资产

【例2】 破产企业对各类负债进行核查，按照法律规定对各负债科目余额进行调整，并相应调整"清算净值"科目。

借：应付票据
　　预收账款
　　应付账款
　　其他应付款
　贷：清算净值

处置破产资产

1. 破产企业收回应收票据、应收款项类债权、应收款项类投资，按照收回的款项，借记"库存现金""银行存款"等科目，按照应收款项类债权或应收款项类投资的账面价值，贷记相关资产科目，按其差额，借记或贷记"资产处置净损益"科目。

2. 破产企业出售各类投资，按照收到的款项，借记"库存现金""银行存款"等科目，按照相关投资的账面价值，贷记相关资产科目，按其差额，借记或贷记"资产处置净损益"科目。

3. 破产企业出售存货、投资性房地产、固定资产及在建工程等实物资产，按照收到的款项，借记"库存现金""银行存款"等科目，按照实物资产的账面价值，贷记相关资产科目，按应当缴纳的税费贷记"应交税费"科目，按上述各科目发生额的差额，借记或贷记"资产处置净损益"科目。

4. 破产企业出售无形资产，按照收到的款项，借记"库存现金""银行存款"等科目，按照无形资产的账面价值，贷记"无形资产"科目，按应当缴纳的税费贷记"应交税费"科目，按上述各科目发生额的差额，借记或贷记"资产处置净损益"科目。

5. 破产企业的划拨土地使用权被国家收回，国家给予一定补偿的，按照收到的补偿金额，借记"库存现金""银行存款"等科目，贷记"其他收益"科目。

6. 破产企业处置破产资产发生的各类评估、变价、拍卖等费用，按照发生的金额，借记"破产费用"科目，贷记"库存现金""银行存款""应付破产费用"等科目。

【例1】 破产企业收回应收票据、应收款项类债权，应收款项类投资。

借：银行存款
　　资产处置净损益
　贷：应收票据
　　　预付账款
　　　应收账款
　　　其他应收款

【例2】 破产企业出售各类投资，收回银行存款。

借：银行存款
　　资产处置净损益
　贷：长期股权投资

【例3】 破产企业出售存货、投资性房地产、固定资产及在建工程等实物资产，按照收到的款项，借记"库存现金""银行存款"等科目，按照实物资产的账面价值，贷记相关资产科目，按应当缴纳的税费，贷记"应交税费"科目，按上述各科目发生额的差额，借记或贷记"资产处置净损益"科目。

借：银行存款
　　资产处置净损益
　贷：存货
　　　投资性房地产
　　　固定资产
　　　在建工程
　　　应交税费

【例4】 破产企业低价出售无形资产，收回银行存款。

借：银行存款
　　资产处置净损益
　贷：无形资产
　　　应交税费

【例5】 破产企业出售无形资产，收回银行存款，获得净收益。

借：银行存款
　　　　贷：无形资产
　　　　　　应交税费
　　　　　　资产处置净损益

【例6】　破产企业出售无形资产，收回银行存款，获得净收益。
　　借：银行存款
　　　　贷：无形资产
　　　　　　应交税费
　　　　　　资产处置净损益

【例7】　破产企业被划拨的土地使用权被国家收回，获得一定补偿。
　　借：银行存款
　　　　贷：其他收益

【例8】　破产企业评估拍卖资产发生费用，已支付银行存款。
　　借：破产费用
　　　　贷：银行存款

【例9】　破产企业评估拍卖资产发生费用，款项尚未支付。
　　借：破产费用
　　　　贷：应付破产费用

清偿债务

　　1. 破产企业清偿破产费用和共益债务，按照相关已确认负债的账面价值，借记"应付破产费用""应付共益债务"等科目，按照实际支付的金额，贷记"库存现金""银行存款"等科目，按其差额，借记或贷记"破产费用""共益债务支出"科目。

　　2. 破产企业按照经批准的职工安置方案，支付的所欠职工的工资和医疗、伤残补助、抚恤费用，应当划入职工个人账户的基本养老保险、基本医疗保险费用和其他社会保险费用，以及法律、行政法规规定应当支付给职工的补偿金，按照相关账面价值借记"应付职工薪酬"等科目，按照实际支付的金额，贷记"库存现金""银行存款"等科目，按其差额，借记或贷记"债务清偿净损益"科目。

　　3. 破产企业支付所欠税款，按照相关账面价值，借记"应交税费"等科目，按照实际支付的金额，贷记"库存现金""银行存款"等科目，按其差额，借记或贷记"债务清偿净损益"科目。

4. 破产企业清偿破产债务，按照实际支付的金额，借记相关债务科目，贷记"库存现金""银行存款"等科目。

破产企业以非货币性资产清偿债务的，按照清偿的价值借记相关负债科目，按照非货币性资产的账面价值，贷记相关资产科目，按其差额，借记或贷记"债务清偿净损益"科目。债权人依法行使抵销权的，按照经法院确认的抵销金额，借记相关负债科目，贷记相关资产科目，按其差额，借记或贷记"债务清偿净损益"科目。

【例1】 破产企业清偿破产费用。

借：应付破产费用
　　贷：银行存款

【例2】 破产企业清偿共益债务。

借：应付共益债务
　　贷：银行存款

【例3】 破产企业按照经批准的职工安置方案，支付的所欠职工的工资和医疗、伤残补助、抚恤费用、补偿金及社会保险费用，费用总额超出账面应付职工薪酬总额的，计入债务清偿损益。

借：应付职工薪酬
　　　债务清偿净损益
　　贷：银行存款

【例4】 破产企业支付所欠税款。

借：应交税费
　　贷：银行存款

【例5】 破产企业清偿破产债务。

借：应付账款
　　　其他应付款
　　贷：银行存款

【例6】 破产企业以非货币性资产清偿债务，按照账面价值获得清偿净收益。

借：应付账款
　　　其他应付款
　　贷：存货
　　　　债务清偿净损益

【例7】 破产企业以非货币性资产清偿债务，按照账面价值获得清偿净损失。

借：应付账款
　　其他应付款
　　债务清偿净损益
贷：存货

【例8】 债权人依法行使抵销权，按照经法院确认的抵销金额确认发生清偿净损失。

借：应付账款
　　其他应付款
　　债务清偿净损益
贷：应收账款

其他账务处理

1. 在破产清算期间通过清查、盘点等方式取得的未入账资产，应当按照取得日的破产资产清算净值，借记相关资产科目，贷记"其他收益"科目。

2. 在破产清算期间通过债权人申报发现的未入账债务，应当按照破产债务清偿价值确定计量金额，借记"其他费用"科目，贷记相关负债科目。

3. 在编制破产清算期间的财务报表时，应当对所有资产项目按其于破产报表日的破产资产清算净值重新计量，借记或贷记相关资产科目，贷记或借记"破产资产和负债净值变动净损益"科目；应当对所有负债项目按照破产债务清偿价值重新计量，借记或贷记相关负债科目，贷记或借记"破产资产和负债净值变动净损益"科目。

4. 破产企业在破产清算期间，作为买入方继续履行尚未履行完毕的合同的，按照收到的资产的破产资产清算净值，借记相关资产科目，按照相应的增值税进项税额，借记"应交税费"科目，按照应支付或已支付的款项，贷记"库存现金""银行存款""应付共益债务"或"预付款项"等科目，按照上述各科目的差额，借记"其他费用"或贷记"其他收益"科目；企业作为卖出方继续履行尚未履行完毕的合同的，按照应收或已收的金额，借记"库存现金""银行存款""应收账款"等科目，按照转让的资产账面价值，贷记相关资产科目，按照应缴纳相关税费，贷记"应交税费"科目，按照上述各科目的差额，借记"其他费用"科目或贷记"其他收益"科目。

5. 破产企业发生《企业破产法》第四章相关事实,破产管理人依法追回相关破产资产的,按照追回资产的破产资产清算净值,借记相关资产科目,贷记"其他收益"科目。

6. 破产企业收到的利息、股利、租金等孳息,借记"库存现金""银行存款"等科目,贷记"其他收益"科目。

7. 破产企业在破产清算终结日,剩余破产债务不再清偿的,按照其账面价值,借记相关负债科目,贷记"其他收益"科目。

8. 在编制破产清算期间的财务报表时,有已实现的应纳税所得额的,考虑可以抵扣的金额后,应当据此提存应交所得税,借记"所得税费用"科目,贷记"应交税费"科目。

9. 在编制破产清算期间的财务报表时,应当将"资产处置净损益""债务清偿净损益""破产资产和负债净值变动净损益""其他收益""破产费用""共益债务支出""其他费用""所得税费用"科目结转至"清算净损益"科目,并将"清算净损益"科目余额转入"清算净值"科目。

【例1】 在破产清算期间通过清查、盘点等方式取得的未入账资产,按照取得日的破产资产清算净值入账。

借:存货
　　固定资产
　　贷:其他收益

【例2】 在破产清算期间通过债权人申报发现的未入账债务,按照破产债务清偿价值确定计量金额入账。

借:其他费用
　　贷:应收账款
　　　　其他应收款

【例3】 在破产清算期间通过债权人申报发现的未入账债务,按照破产债务清偿价值确定计量金额入账,借记"其他费用"科目,贷记相关负债科目。

借:其他费用
　　贷:应收账款
　　　　其他应收款

【例4】 企业在破产清算期间作为买入方继续履行尚未履行完毕的合同,存货按照清算价值入账。

借：存货
　　应交税费——应交增值税（进项税额）
　　其他费用
　　贷：预付账款
　　　　应付共益债务
　　　　银行存款等

【例5】 企业在破产清算期间作为卖出方继续履行尚未履行完毕的合同,按照转让的资产账面价值入账（未发生损失或收益）。
借：预收账款
　　银行存款
　　贷：存货
　　　　应交税费——应交增值税（销项税额）

【例6】 破产企业发生《企业破产法》第四章相关事实,破产管理人依法追回相关破产资产。
借：存货
　　银行存款等
　　贷：其他收益

【例7】 破产企业收到的利息、股利、租金等孳息。
借：银行存款
　　贷：其他收益

【例8】 破产企业在破产清算终结日,剩余破产债务不再清偿,结转账面价值。
借：应付账款等
　　贷：其他收益

【例9】 破产企业在编制破产清算期间的财务报表时,有已实现的应纳税所得额,提存应交所得税。
借：所得税费用
　　贷：应交税费

【例10】 破产企业在编制破产清算期间的财务报表时,有已实现的应纳税所得额,提存应交所得税。
借：所得税费用
　　贷：应交税费

【例11】 破产企业在编制破产清算期间的财务报表时,对所有资产项目按其于破产报表日的破产资产清算净值重新计量,结转评估值与账面价值的差额。

借：破产资产和负债净值变动净损益
　　贷：存货
　　　　固定资产
　　　　无形资产等

【例12】 破产企业在编制破产清算期间的财务报表时,对所有资产项目按其于破产报表日的破产资产清算净值重新计量,结转坏账准备的差额。

借：坏账准备
　　贷：破产资产和负债净值变动净损益

【例13】 破产企业在编制破产清算期间的财务报表时,对所有负债项目按其于破产报表日的破产资产清算净值重新计量,结转评估值与账面价值的差额。

借：预计负债等
　　贷：破产资产和负债净值变动净损益

【例14】 清算期末将"资产处置净损益""债务清偿净损益""破产资产和负债净值变动净损益""其他收益"科目结转至"清算净损益"科目。

借：资产处置净损益
　　债务清偿净损益
　　破产资产和负债净值变动净损益
　　贷：清算净损益
　　　　其他收益

【例15】 清算期末将"破产费用""共益债务支出""其他费用""所得税费用"科目结转至"清算净损益"科目。

借：其他收益
　　贷：破产费用
　　　　共益债务支出
　　　　其他费用
　　　　所得税费用

【例16】 将"清算净损益"科目余额转入"清算净值"科目。

借：清算净损益
　　贷：清算净值

会计业务关键词索引

资产类

1001 库存现金(cash holding, cash in treasury)

1. 关键词:库存现金　银行存款　提取现金 …………………………………… 001
2. 关键词:库存现金　其他应收款　收回备用金 ……………………………… 001
3. 关键词:库存现金　管理费用　其他应收款　报销费用返还现金 ………… 001
4. 关键词:库存现金　待处理财产损溢　现金盘盈 …………………………… 002
5. 关键词:库存现金　主营业务收入　应交税费　销售商品零星收入 ……… 002
6. 关键词:库存现金　营业外收入　员工罚没收入 …………………………… 002
7. 关键词:银行存款　库存现金　现金存入银行 ……………………………… 002
8. 关键词:其他应收款　库存现金　预借差旅费现金 ………………………… 002
9. 关键词:应付职工薪酬　库存现金　支付员工工资津贴 …………………… 002
10. 关键词:应付职工薪酬　库存现金　支付劳务报酬 ………………………… 002
11. 关键词:其他应付款　库存现金　转发国家规定各种奖金 ………………… 003
12. 关键词:应付职工薪酬　库存现金　支付对个人其他支出 ………………… 003
13. 关键词:原材料　应交税费　库存现金　现金收购农产品 ………………… 003
14. 关键词:管理费用　库存现金　报销结算起点以下零星支出 ……………… 003
15. 关键词:营业外支出　库存现金　现金对外捐赠 …………………………… 003
16. 关键词:待处理财产损溢　库存现金　现金盘亏 …………………………… 003

1002 银行存款(bank deposit)

1. 关键词:银行存款　库存现金　现金存入银行 ……………………………… 004
2. 关键词:银行存款　其他货币资金　转回外埠存款 ………………………… 004
3. 关键词:银行存款　交易性金融资产　投资收益　出售交易性金融资产 … 004
4. 关键词:银行存款　应收票据　收到商业汇票款 …………………………… 005
5. 关键词:银行存款　应收账款　收回前欠货款 ……………………………… 005
6. 关键词:银行存款　财务费用　应收账款　收回欠款发生现金折扣 ……… 005
7. 关键词:银行存款　应收账款　坏账准备　收回已冲销坏账 ……………… 005
8. 关键词:银行存款　预付账款　收回预付账款 ……………………………… 005
9. 关键词:银行存款　应收股利　收到现金股利 ……………………………… 005

10. 关键词:银行存款　应收利息　收到债券利息⋯⋯⋯⋯⋯⋯⋯⋯⋯⋯⋯ 005
11. 关键词:银行存款　其他应收款　收回押金⋯⋯⋯⋯⋯⋯⋯⋯⋯⋯⋯⋯ 006
12. 关键词:银行存款　持有至到期投资　收回到期投资⋯⋯⋯⋯⋯⋯⋯⋯ 006
13. 关键词:银行存款　可供出售金融资产　投资收益　出售可供出售金融资产⋯⋯ 006
14. 关键词:银行存款　长期股权投资　投资收益　出售长期股权投资(成本法)⋯⋯ 006
15. 关键词:银行存款　长期股权投资　投资收益　出售长期股权投资(权益法)⋯⋯ 006
16. 关键词:银行存款　其他业务收入　应交税费　处置投资性房地产⋯⋯⋯ 007
17. 关键词:银行存款　长期应收款　收到融资租赁固定资产租金⋯⋯⋯⋯⋯ 007
18. 关键词:银行存款　固定资产清理　应交税费　出售旧固定资产应交增值税⋯⋯ 007
19. 关键词:银行存款　累计摊销　无形资产减值准备　营业外支出　无形资产
　　　转让专利技术⋯⋯⋯⋯⋯⋯⋯⋯⋯⋯⋯⋯⋯⋯⋯⋯⋯⋯⋯⋯ 007
20. 关键词:银行存款　短期借款　借入短期借款⋯⋯⋯⋯⋯⋯⋯⋯⋯⋯⋯ 007
21. 关键词:银行存款　交易性金融负债　投资收益　发行短期公司债券⋯⋯ 008
22. 关键词:银行存款　预收账款　收到客户预付货款⋯⋯⋯⋯⋯⋯⋯⋯⋯ 008
23. 关键词:银行存款　其他应付款　收到客户交来押金⋯⋯⋯⋯⋯⋯⋯⋯ 008
24. 关键词:银行存款　长期借款　取得长期借款⋯⋯⋯⋯⋯⋯⋯⋯⋯⋯⋯ 008
25. 关键词:银行存款　应付债券　发行长期债券⋯⋯⋯⋯⋯⋯⋯⋯⋯⋯⋯ 008
26. 关键词:银行存款　专项应付款　政府拨付专项建设资金⋯⋯⋯⋯⋯⋯ 008
27. 关键词:银行存款　实收资本　股东投入资本金⋯⋯⋯⋯⋯⋯⋯⋯⋯⋯ 008
28. 关键词:银行存款　股本　资本公积　发行普通股　股本溢价⋯⋯⋯⋯ 009
29. 关键词:银行存款　库存股　转让库存股⋯⋯⋯⋯⋯⋯⋯⋯⋯⋯⋯⋯⋯ 009
30. 关键词:银行存款　主营业务收入　应交税费　销售商品收到货款⋯⋯ 009
31. 关键词:银行存款　其他业务收入　应交税费　出售原材料⋯⋯⋯⋯⋯ 009
32. 关键词:银行存款　投资收益　交易性金融资产　出售债券⋯⋯⋯⋯⋯ 009
33. 关键词:银行存款　营业外收入　收到罚款⋯⋯⋯⋯⋯⋯⋯⋯⋯⋯⋯⋯ 009
34. 关键词:银行存款　财务费用　收到银行账户结存利息⋯⋯⋯⋯⋯⋯⋯ 009
35. 关键词:库存现金　银行存款　提取现金⋯⋯⋯⋯⋯⋯⋯⋯⋯⋯⋯⋯⋯ 010
36. 关键词:其他货币资金　银行存款　外埠开立临时户存款⋯⋯⋯⋯⋯⋯ 010
37. 关键词:交易性金融资产　应收利息　投资收益　银行存款　购入短期
　　　持有债券⋯⋯⋯⋯⋯⋯⋯⋯⋯⋯⋯⋯⋯⋯⋯⋯⋯⋯⋯⋯⋯⋯ 010
38. 关键词:应收账款　主营业务收入　应交税费　银行存款　赊销产品
　　　代垫运杂费⋯⋯⋯⋯⋯⋯⋯⋯⋯⋯⋯⋯⋯⋯⋯⋯⋯⋯⋯⋯⋯ 010
39. 关键词:预付账款　银行存款　预付材料采购款⋯⋯⋯⋯⋯⋯⋯⋯⋯⋯ 010
40. 关键词:其他应收款　银行存款　代垫员工款项⋯⋯⋯⋯⋯⋯⋯⋯⋯⋯ 010
41. 关键词:材料采购　应交税费　银行存款　购买原材料尚未入库
　　　(计划成本法)⋯⋯⋯⋯⋯⋯⋯⋯⋯⋯⋯⋯⋯⋯⋯⋯⋯⋯⋯⋯ 011

42. 关键词:在途物资　应交税费　银行存款　购买原材料尚未入库
　　（实际成本法）·· 011
43. 关键词:原材料　应交税费　银行存款　购买原材料直接入库············· 011
44. 关键词:库存商品　应交税费　银行存款　购买库存商品··················· 011
45. 关键词:委托加工物资　应交税费　银行存款　支付委托加工费············· 011
46. 关键词:包装物及低值易耗品　应交税费　银行存款　购买包装物及
　　低值易耗品·· 012
47. 关键词:周转材料　应交税费　银行存款　购买周转材料················· 012
48. 关键词:待摊费用　"应交税费"　银行存款　企业购买财产保险········· 012
49. 关键词:持有至到期投资　银行存款　取得持有至到期投资··············· 012
50. 关键词:可供出售金融资产　银行存款　取得可供出售金融资产··········· 012
51. 关键词:长期股权投资　银行存款　应收股利　取得长期股权投资········· 013
52. 关键词:投资性房地产　银行存款　外购投资性房地产··················· 013
53. 关键词:固定资产　银行存款　应交税费　购入不需安装固定资产········· 013
54. 关键词:在建工程　银行存款　支付工程进度款······················· 013
55. 关键词:工程物资　应交税费　银行存款　购进工程物资··············· 013
56. 关键词:固定资产清理　银行存款　发生清理固定资产费用··············· 013
57. 关键词:无形资产　银行存款　外购无形资产··························· 013
58. 关键词:长期待摊费用　银行存款　预付长期租用固定资产租赁费········· 014
59. 关键词:短期借款　银行存款　偿还短期借款··························· 014
60. 关键词:交易性金融负债　银行存款　投资收益　处置交易性金融负债····· 014
61. 关键词:应付票据　银行存款　支付到期商业汇票款····················· 014
62. 关键词:应付账款　银行存款　还欠款······························· 014
63. 关键词:预收账款　银行存款　退回预收账款余款······················· 014
64. 关键词:应付职工薪酬　银行存款　发放员工工资······················· 014
65. 关键词:应交税费　银行存款　缴纳增值税····························· 015
66. 关键词:应付利息　银行存款　支付利息费用··························· 015
67. 关键词:应付股利　银行存款　发放现金股利··························· 015
68. 关键词:其他应付款　银行存款　归还员工代垫款项····················· 015
69. 关键词:预提费用　应交税费　银行存款　支付预提固定资产租赁费······· 015
70. 关键词:预计负债　银行存款　发生对外担保损失······················· 015
71. 关键词:递延收益　银行存款　返还未分配政府补助····················· 015
72. 关键词:长期借款　银行存款　财务费用　偿还长期借款本息············· 016
73. 关键词:应付债券　银行存款　发行债券　发生交易费用················· 016
74. 关键词:应付债券　银行存款　偿付债券本息··························· 016
75. 关键词:专项应付款　银行存款　专项资金结余返还····················· 016

76. 关键词:实收资本　银行存款　有限责任公司法定减资……………………016
77. 关键词:股本　银行存款　资本公积　股份公司回购股票减资……………016
78. 关键词:实收资本　资本公积　盈余公积　利润分配　银行存款　中外合作
　　　经营企业清算归还享有的所有者权益……………………………………017
79. 关键词:生产成本　银行存款　车间发生直接生产费用……………………017
80. 关键词:制造费用　银行存款　生产车间支付办公费　非固定资产日常修理费、
　　　水电费等………………………………………………………………………017
81. 关键词:劳务成本　银行存款　发生劳务支出………………………………017
82. 关键词:研发支出　银行存款　研发支出费用化支出………………………017
83. 关键词:主营业务收入　应交税费　银行存款　发生销售退回………………018
84. 关键词:交易性金融资产　应收利息　投资收益　银行存款　购入短期
　　　持有债券………………………………………………………………………018
85. 关键词:其他业务成本　银行存款　发生其他业务支出……………………018
86. 关键词:销售费用　银行存款　发生专属销售机构业务费…………………018
87. 关键词:管理费用　银行存款　支付管理部门各项费用……………………018
88. 关键词:财务费用　银行存款　支付手续费及汇兑损失……………………019
89. 关键词:营业外支出　银行存款　发生罚款滞纳金支出和捐赠支出………019
90. 关键词:营业外支出　银行存款　核销无法收回银行存款坏账损失………019

1015 其他货币资金(other monetary funds)

1. 关键词:其他货币资金　银行存款　外埠存款…………………………………019
2. 关键词:其他货币资金　银行存款　申请银行汇票……………………………020
3. 关键词:其他货币资金　银行存款　申请银行本票……………………………020
4. 关键词:其他货币资金　银行存款　向单位信用卡存款………………………020
5. 关键词:其他货币资金　银行存款　交存信用证保证金………………………020
6. 关键词:其他货币资金　银行存款　存出投资款………………………………020
7. 关键词:其他货币资金　交易性金融资产　投资收益　出售交易性金融资产…020
8. 关键词:银行存款　其他货币资金　转回外埠存款……………………………020
9. 关键词:银行存款　其他货币资金　退回未用银行本票………………………021
10. 关键词:银行存款　其他货币资金　银行退回银行汇票结算余款……………021
11. 关键词:银行存款　其他货币资金　转回信用卡存款…………………………021
12. 关键词:银行存款　其他货币资金　转回信用证保证金………………………021
13. 关键词:银行存款　其他货币资金　存出投资款转回…………………………021
14. 关键词:交易性金融资产　投资收益　其他货币资金　购入股票……………021
15. 关键词:在途物资　应交税费　其他货币资金　购买原材料…………………021
16. 关键词:材料采购　应交税费　其他货币资金　银行汇票采购材料…………022

17. 关键词：原材料　应交税费　其他货币资金　银行本票购买原材料 …………… 022

18. 关键词：库存商品　应交税费　其他货币资金　开立信用证购买商品 …………… 022

19. 关键词：管理费用　其他货币资金　信用卡支付招待费 …………………………… 022

1101 交易性金融资产（trading financial assets）

1. 关键词：交易性金融资产　投资收益　银行存款　购买股票 …………………… 023
2. 关键词：银行存款　交易性金融资产　收到宣告的现金股利 …………………… 023
3. 关键词：银行存款　交易性金融资产　收到买价中包含的已宣告未发放
　　　　　现金股利 …………………………………………………………………… 024
4. 关键词：交易性金融资产　公允价值变动损益　确认股票公允价值增加 ……… 024
5. 关键词：公允价值变动损益　交易性金融资产　确认股票公允价值减少 ……… 024
6. 关键词：银行存款　交易性金融资产　投资收益　出售股票盈利 ……………… 024
7. 关键词：银行存款　交易性金融资产　投资收益　出售股票盈利 ……………… 025
8. 关键词：银行存款　投资收益　交易性金融资产　出售交易性金融资产亏损 … 025
9. 关键词：交易性金融资产　投资收益　持有至到期投资　持有至到期投资
　　　　　重分类为交易性金融资产 …………………………………………………… 025
10. 关键词：交易性金融资产　可供出售金融资产　可供出售金融资产重分类
　　　　　　结转其他综合收益 ………………………………………………………… 026
11. 关键词：持有至到期投资　交易性金融资产　交易性金融资产重分类为
　　　　　　持有至到期投资 …………………………………………………………… 026
12. 关键词：可供出售金融资产　交易性金融资产　交易性金融资产重分类为
　　　　　　可供出售金融资产 ………………………………………………………… 026

1121 应收票据（bill receivable；notes receivable）

1. 关键词：应收票据　应收账款　收到商业汇票抵付前欠货款 …………………… 027
2. 关键词：应收票据　主营业务收入　应交税费　销售商品收到商业汇票 ……… 028
3. 关键词：应收票据　其他业务收入　对外提供技术服务收到商业汇票 ………… 028
4. 关键词：银行存款　财务费用　应收票据　商业汇票贴现 ……………………… 028
5. 关键词：银行存款　应收票据　汇票到期收到款项 ……………………………… 028
6. 关键词：银行存款　应收票据　商业汇票到期付款人未付票款 ………………… 028
7. 关键词：原材料　应交税费　应收票据　票据背书转让购买原材料 …………… 028

1122 应收账款（accounts receivable；open-book credit；debt receivable）

1. 关键词：应收账款　银行存款　代垫运杂费 ……………………………………… 030
2. 关键词：应收账款　坏账准备　确认坏账损失又收回 …………………………… 030
3. 关键词：应收账款　主营业务收入　应交税费　销售商品　未收到货款 ……… 030

4. 关键词:应收账款　主营业务收入　取得劳务收入　款未收到 …………… 030
5. 关键词:应收账款　主营业务收入　应交税费　银行存款　托收承付销售
   代垫运杂费 ……………………………………………………………… 031
6. 关键词:应收账款　主营业务收入　应交税费　收到委托代销商品代销清单 …… 031
7. 关键词:应收账款　其他业务收入　应交税费　销售原材料　款未收到 ………… 031
8. 关键词:银行存款　应收账款　收回前欠货款 ……………………………… 031
9. 关键词:银行存款　财务费用　应收账款　收回欠款发生现金折扣 ………… 031
10. 关键词:银行存款　应收账款　收到预付货款记入"应收账款"科目贷方 …… 031
11. 关键词:应收票据　应收账款　收到商业汇票抵付前欠货款 ……………… 032
12. 关键词:坏账准备　应收账款　发生坏账损失 ……………………………… 032
13. 关键词:销售费用　应收账款　支付代销商品手续费 ……………………… 032

1123 预付账款(prepayments)

1. 关键词:预付账款　银行存款　预付材料采购款 …………………………… 032
2. 关键词:预付账款　银行存款　补付预付款欠款 …………………………… 033
3. 关键词:银行存款　预付账款　收回预付账款 ……………………………… 033
4. 关键词:材料采购　应交税费　预付账款　购买原材料入库 ………………… 033
5. 关键词:在途物资　应交税费　预付账款　购买原材料入库 ………………… 033
6. 关键词:原材料　应交税费　预付账款　购买原材料入库 …………………… 033
7. 关键词:库存商品　应交税费　预付账款　购买原材料入库 ………………… 033

1131 应收股利(dividends receivable)

1. 关键词:应收股利　投资收益　被投资单位宣告分派现金股利(成本法核算) …… 034
2. 关键词:应收股利　长期股权投资　被投资单位宣告分派现金股利
   (权益法核算) …………………………………………………………… 034
3. 关键词:应收股利　长期股权投资　取得长期股权投资包含投资前净利润
   分配额 …………………………………………………………………… 034
4. 关键词:银行存款　应收股利　收到现金股利 ……………………………… 035

1132 应收利息(interest in black; interest receivable)

1. 关键词:应收利息　投资收益　持有至到期投资　确认利息收入 …………… 036
2. 关键词:应收利息　可供出售金融资产　确认利息收入 ……………………… 036
3. 关键词:银行存款　应收利息　收到债券利息 ………………………………… 036

1231 其他应收款(accounts receivable-other; receivable other; sundry accounts receivable)

1. 关键词:其他应收款　银行存款　代垫款项 …………………………………… 037

2. 关键词:其他应收款　银行存款　支付押金 …………………………… 037
3. 关键词:其他应收款　材料采购　保险公司赔款 …………………………… 037
4. 关键词:其他应收款　固定资产清理　应收保险公司赔款 …………………………… 037
5. 关键词:其他应收款　管理费用　待处理财产损溢　存货盘亏个人赔款 …… 037
6. 关键词:其他应收款　递延收益　确认政府补助 …………………………… 037
7. 关键词:库存现金　其他应收款　收回备用金 …………………………… 037
8. 关键词:银行存款　其他应收款　收到退回押金 …………………………… 038
9. 关键词:银行存款　其他应收款　收到保险公司赔偿 …………………………… 038
10. 关键词:银行存款　其他应收款　收到政府补助 …………………………… 038
11. 关键词:应付职工薪酬　其他应收款　扣回垫付医疗费 …………………………… 038

1241 坏账准备(bad debt provision)

1. 关键词:银行存款　坏账准备　确认坏账损失又收回(核算方法一) …… 039
2. 关键词:应收账款　坏账准备　确认坏账损失又收回(核算方法二) …… 039
3. 关键词:资产减值损失　坏账准备　计提坏账准备 …………………………… 039
4. 关键词:资产减值损失　坏账准备　补提坏账准备 …………………………… 039
5. 关键词:坏账准备　应收账款　报批坏账损失 …………………………… 040
6. 关键词:坏账准备　其他应收款　报批坏账损失 …………………………… 040
7. 关键词:坏账准备　预付账款　报批坏账损失 …………………………… 040
8. 关键词:坏账准备　应收分保保险责任准备金　报批坏账损失 …… 040
9. 关键词:坏账准备　应收利息　报批坏账损失 …………………………… 040
10. 关键词:坏账准备　长期应收款　报批坏账损失 …………………………… 040
11. 关键词:坏账准备　资产减值损失　冲减坏账准备 …………………………… 040

1401 材料采购(material procurement)

1. 关键词:材料采购　应交税费　银行存款　计划成本法下购买原材料
　　尚未入库 ………………………………………………………………… 042
2. 关键词:材料采购　银行存款　计划成本法下购买原材料未入库　支付
　　保险运杂费等 …………………………………………………………… 042
3. 关键词:材料采购　银行存款　小规模纳税人计划成本法下购买原材料
　　未入库 …………………………………………………………………… 042
4. 关键词:材料采购　应交税费　其他货币资金　计划成本法下购买原材料
　　未入库 …………………………………………………………………… 042
5. 关键词:材料采购　应交税费　预付账款　计划成本法下购买原材料未入库 …… 043
6. 关键词:材料采购　应交税费　应付票据　计划成本法下购买原材料未入库 …… 043
7. 关键词:材料采购　应交税费　应付账款　计划成本法下购买原材料未入库 …… 043

8. 关键词:材料采购　应交税费　未确认融资费用　长期应付款　融资性质
　　　　　购买原材料未入库 …………………………………………………… 043
9. 关键词:其他应收款　材料采购　保险公司赔偿采购损失 ………………… 043
10. 关键词:原材料　材料采购　材料成本差异　计划成本法下采购材料入库
　　　　　计划价高于采购价 …………………………………………………… 044
11. 关键词:原材料　材料成本差异　材料采购　计划成本法下采购材料入库
　　　　　计划价低于采购价 …………………………………………………… 044

1402 在途物资(goods in transit)

1. 关键词:在途物资　应交税费　银行存款　实际成本法下购买原材料未入库 …… 045
2. 关键词:在途物资　银行存款　实际成本法下购买原材料未入库　支付保险
　　　　　运杂费等 ………………………………………………………………… 045
3. 关键词:在途物资　银行存款　小规模纳税人实际成本法下购买原材料
　　　　　未入库 …………………………………………………………………… 045
4. 关键词:在途物资　应交税费　其他货币资金　实际成本法下购买原材料
　　　　　未入库 …………………………………………………………………… 045
5. 关键词:在途物资　应交税费　预付账款　实际成本法下购买原材料未入库 …… 045
6. 关键词:在途物资　应交税费　应付票据　实际成本法下购买原材料未入库 …… 046
7. 关键词:在途物资　应交税费　应付账款　实际成本法下购买原材料未入库 …… 046
8. 关键词:在途物资　应交税费　未确认融资费用　长期应付款　实际成本法
　　　　　下融资性质购买原材料未入库 ………………………………………… 046
9. 关键词:其他应收款　在途物资　保险公司赔偿采购损失 ………………… 046
10. 关键词:原材料　在途物资　实际成本法下采购材料入库 ………………… 046
11. 关键词:库存商品　在途物资　实际成本法下采购商品入库 ……………… 047

1403 原材料(raw material; raw materials)

1. 关键词:原材料　银行存款　小规模纳税人购买原材料直接入库 ………… 048
2. 关键词:原材料　应交税费　银行存款　购买原材料直接入库 …………… 048
3. 关键词:原材料　应交税费　预付账款　购买原材料直接入库 …………… 048
4. 关键词:原材料　应交税费　应付票据　购买原材料直接入库 …………… 048
5. 关键词:原材料　应交税费　应付账款　购买原材料直接入库 …………… 049
6. 关键词:原材料　应交税费　材料成本差异　银行存款　购买原材料
　　　　　直接入库 ………………………………………………………………… 049
7. 关键词:原材料　应交税费　银行存款　材料成本差异　购买原材料
　　　　　直接入库 ………………………………………………………………… 049
8. 关键词:原材料　应交税费　应收票据　票据背书购买原材料直接入库 …… 049

9. 关键词：原材料　材料采购　材料成本差异　计划成本法下采购材料入库
　　　计划价高于采购价……………………………………………………………… 050
10. 关键词：原材料　材料采购　材料成本差异　计划成本法下采购材料入库
　　　计划价低于采购价……………………………………………………………… 050
11. 关键词：原材料　在途物资　实际成本法下采购材料入库……………………… 050
12. 关键词：原材料　委托加工物资　委托加工物资验收入库……………………… 050
13. 关键词：原材料　生产成本　实际成本法下自制原材料入库…………………… 050
14. 关键词：原材料　生产成本　材料成本差异　计划成本法下自制原材料入库
　　　产生节约差异…………………………………………………………………… 050
15. 关键词：原材料　材料成本差异　生产成本　计划成本法下自制原材料入库
　　　产生超支差异…………………………………………………………………… 051
16. 关键词：原材料　固定资产清理　清理残料入库………………………………… 051
17. 关键词：原材料　应交税费　实收资本　接受原材料投资……………………… 051
18. 关键词：原材料　待处理财产损溢　存货盘盈…………………………………… 051
19. 关键词：原材料　营业外收入　接受原材料捐赠………………………………… 051
20. 关键词：原材料　以前年度损益调整　会计差错更正　调增库存……………… 051
21. 关键词：以前年度损益调整　原材料　会计差错更正　调减库存……………… 052
22. 关键词：待处理财产损溢　原材料　管理费用　其他应收款　营业外支出
　　　存货盘亏………………………………………………………………………… 052
23. 关键词：委托加工物资　原材料　材料成本差异　发出委托加工材料………… 052
24. 关键词：待处理财产损溢　原材料　应交税费　意外原因毁损原材料………… 052
25. 关键词：应付职工薪酬　原材料　应交税费　福利设施维修领用原材料……… 052
26. 关键词：其他业务成本　原材料　结转已销原材料成本………………………… 053
27. 关键词：生产成本　原材料　生产部门领用原材料……………………………… 053
28. 关键词：销售费用　原材料　销售部门领用原材料……………………………… 053
29. 关键词：管理费用　原材料　管理部门领用原材料……………………………… 053
30. 关键词：制造费用　原材料　车间领用一般消耗材料…………………………… 053
31. 关键词：劳务成本　原材料　劳务项目领用原材料……………………………… 053
32. 关键词：研发支出　原材料　研发部门领用原材料……………………………… 053
33. 关键词：长期股权投资　原材料　应交税费　用原材料对外投资……………… 054
34. 关键词：营业外支出　原材料　应交税费　用原材料对外捐赠………………… 054
35. 关键词：长期待摊费用　原材料　装修长期租赁办公室领用原材料…………… 054

1404 材料成本差异(material cost difference)

1. 关键词：原材料　材料采购　材料成本差异　计划成本法下采购材料入库
　　　计划价高于采购价……………………………………………………………… 055

2. 关键词:原材料　材料采购　材料成本差异　计划成本法下采购材料入库
　　计划价低于采购价 ……………………………………………………… 055
3. 关键词:材料成本差异　委托加工物资　结转发出材料成本差异贷方差异 …… 055
4. 关键词:材料成本差异　生产成本　结转材料成本差异贷方差异 …………… 056
5. 关键词:材料成本差异　制造费用　结转材料成本差异贷方差异 …………… 056
6. 关键词:材料成本差异　销售费用　结转材料成本差异贷方差异 …………… 056
7. 关键词:材料成本差异　管理费用　结转材料成本差异贷方差异 …………… 056
8. 关键词:材料成本差异　其他业务成本　结转材料成本差异贷方差异 ……… 056
9. 关键词:其他业务成本　材料成本差异　结转材料成本差异借方差异 ……… 056
10. 关键词:管理费用　材料成本差异　结转材料成本差异借方差异 …………… 056
11. 关键词:销售费用　材料成本差异　结转材料成本差异借方差异 …………… 056
12. 关键词:生产成本　材料成本差异　结转材料成本差异借方差异 …………… 057
13. 关键词:制造费用　材料成本差异　结转材料成本差异借方差异 …………… 057
14. 关键词:委托加工物资　材料成本差异　结转成本差异借方差异 …………… 057
15. 关键词:原材料　委托加工物资　材料成本差异　计划成本法下委托加工
　　物资验收入库实际成本低于计划成本 ………………………………… 057
16. 关键词:原材料　材料成本差异　委托加工物资　计划成本法下委托加工
　　物资验收入库实际成本高于计划成本 ………………………………… 057
17. 关键词:库存商品　生产成本　产品成本差异　实际生产成本低于计划成本
　　计划成本法下产品验收入库 …………………………………………… 058
18. 关键词:库存商品　产品成本差异　生产成本　实际生产成本高于计划成本
　　计划成本法下产品验收入库 …………………………………………… 058
19. 关键词:主营业务成本　库存商品　产品成本差异　计划成本法下结转销售成本
　　实际生产成本高于计划成本 …………………………………………… 058
20. 关键词:主营业务成本　产品成本差异　库存商品　计划成本法下结转销售成本
　　实际生产成本低于计划成本 …………………………………………… 058

1406 库存商品(stock merchandise)

1. 关键词:库存商品　银行存款　非增值税一般纳税人购买库存商品直接入库 …… 060
2. 关键词:库存商品　应交税费　银行存款　购买库存商品直接入库 ………… 060
3. 关键词:库存商品　应交税费　预付账款　购买库存商品直接入库 ………… 060
4. 关键词:库存商品　应交税费　应付票据　购买库存商品直接入库 ………… 061
5. 关键词:库存商品　应交税费　应付账款　购买库存商品直接入库 ………… 061
6. 关键词:库存商品　发出商品　发出商品退库 ………………………………… 061
7. 关键词:库存商品　生产成本　完工产品验收入库 …………………………… 061
8. 关键词:库存商品　委托加工物资　外委加工产成品验收入库 ……………… 061

9. 关键词:库存商品　应收票据　应交税费　购买库存商品直接入库 …………… 061
10. 关键词:库存商品　应交税费　实收资本　库存商品投资 …………………… 062
11. 关键词:库存商品　待处理财产损溢　库存商品盘盈、盘亏 ………………… 062
12. 关键词:库存商品　应交税费　营业外收入　接受捐赠 ……………………… 062
13. 关键词:发出商品　库存商品　发出委托代销商品 …………………………… 062
14. 关键词:待处理财产损溢　库存商品　应交税费　库存商品意外损失 ……… 062
15. 关键词:应付职工薪酬　库存商品　应交税费　福利设施维修领用库存商品 …… 062
16. 关键词:应付职工薪酬　库存商品　应交税费　用外购商品发放非货币福利 …… 062
17. 关键词:应付职工薪酬　库存商品　应交税费　用自制商品发放非货币福利 …… 063
18. 关键词:主营业务成本　库存商品　结转已销库存商品成本 ………………… 063
19. 关键词:销售费用　库存商品　销售部门领用库存商品用于展览 …………… 063
20. 关键词:管理费用　库存商品　管理部门领用库存商品 ……………………… 063
21. 关键词:劳务成本　库存商品　劳务项目领用库存商品 ……………………… 063
22. 关键词:研发支出　库存商品　研发部门领用库存商品 ……………………… 063
23. 关键词:长期股权投资　库存商品　应交税费　用库存商品对外投资 ……… 064
24. 关键词:营业外支出　库存商品　应交税费　用库存商品对外捐赠 ………… 064

1407 发出商品(delivered goods)

1. 关键词:发出商品　库存商品　发出委托代销商品 …………………………… 064
2. 关键词:库存商品　发出商品　发出商品退库 ………………………………… 065
3. 关键词:主营业务成本　发出商品　满足收入确认条件结转成本 …………… 065
4. 关键词:主营业务成本　产品成本差异　发出商品　计划成本法下满足收入
　　　　　确认条件结转成本和产品差异贷差 ……………………………………… 065
5. 关键词:主营业务成本　发出商品　产品成本差异　计划成本法下满足收入
　　　　　确认条件结转成本和产品差异借差 ……………………………………… 065

1411 委托加工物资(consigned processing materials)

1. 关键词:委托加工物资　应交税费　银行存款　支付加工费 ………………… 066
2. 关键词:委托加工物资　应交税费　应付票据　支付加工费 ………………… 066
3. 关键词:委托加工物资　应交税费　预付账款　支付加工费 ………………… 066
4. 关键词:委托加工物资　应交税费　应付账款　尚未支付加工费 …………… 067
5. 关键词:委托加工物资　应交税费　银行存款　支付加工费　委托方代收
　　　　　消费税(收回后用于继续加工) …………………………………………… 067
6. 关键词:委托加工物资　应交税费　银行存款　支付加工费　委托方代收
　　　　　消费税(收回后用于直接销售) …………………………………………… 067
7. 关键词:委托加工物资　原材料　发出材料 …………………………………… 067

8. 关键词:委托加工物资　包装物及低值易耗品　发出包装物 …………… 067
9. 关键词:委托加工物资　库存商品　发出库存商品 …………………… 067
10. 关键词:原材料　委托加工物资　委托加工材料验收入库 …………… 068
11. 关键词:库存商品　委托加工物资　委托加工库存商品验收入库 …… 068
12. 关键词:包装物及低值易耗品　委托加工物资　委托加工包装物及低值易耗品
　　　　验收入库 ………………………………………………………… 068
13. 关键词:周转材料　委托加工物资　委托加工周转材料验收入库 …… 068

1412 包装物及低值易耗品(wrappage and low value and easily wornout articles)

1. 关键词:包装物及低值易耗品　银行存款　应交税费　购买包装物及低值易耗品
　　　直接入库 ……………………………………………………………… 069
2. 关键词:包装物及低值易耗品　预付账款　应交税费　购买包装物及低值易耗品
　　　直接入库 ……………………………………………………………… 069
3. 关键词:包装物及低值易耗品　应付票据　应交税费　购买包装物及低值易耗品
　　　直接入库 ……………………………………………………………… 069
4. 关键词:包装物及低值易耗品　应付账款　应交税费　购买包装物及低值易耗品
　　　直接入库 ……………………………………………………………… 070
5. 关键词:包装物及低值易耗品　应交税费　应收票据　购买包装物及低值易耗品
　　　直接入库 ……………………………………………………………… 070
6. 关键词:包装物及低值易耗品　材料采购　材料成本差异　计划成本法下采购
　　　材料入库　计划价高于采购价 ……………………………………… 070
7. 关键词:包装物及低值易耗品　材料采购　材料成本差异　计划成本法下采购
　　　材料入库　计划价低于采购价 ……………………………………… 070
8. 关键词:包装物及低值易耗品　在途物资　实际成本法下采购材料入库 ………… 070
9. 关键词:包装物及低值易耗品　委托加工物资　委托加工包装物及低值易耗品
　　　验收入库 ……………………………………………………………… 070
10. 关键词:包装物及低值易耗品　生产成本　自制包装物及低值易耗品
　　　结转入库 ……………………………………………………………… 071
11. 关键词:包装物及低值易耗品　生产成本　材料成本差异　计划成本法下自制
　　　包装物及低值易耗品入库　节约差异 ……………………………… 071
12. 关键词:包装物及低值易耗品　材料成本差异　生产成本　计划成本法下自制
　　　包装物及低值易耗品入库　超支差异 ……………………………… 071
13. 关键词:主营业务成本　包装物及低值易耗品　结转销售成本 ……… 071
14. 关键词:其他业务成本　包装物及低值易耗品　结转销售成本 ……… 071
15. 关键词:生产成本　包装物及低值易耗品　生产部门领用包装物及
　　　低值易耗品 …………………………………………………………… 071

16. 关键词:销售费用　包装物及低值易耗品　销售部门领用包装物及
    低值易耗品……………………………………………………………072
17. 关键词:管理费用　包装物及低值易耗品　管理部门领用包装物
    及低值易耗品……………………………………………………………072
18. 关键词:制造费用　包装物及低值易耗品　车间领用一般消耗材料……072
19. 关键词:待处理财产损溢　包装物及低值易耗品　应交税费　意外财产损失……072

1431 周转材料(reusable materials)

1. 关键词:周转材料　应交税费　银行存款　购买周转材料直接入库……073
2. 关键词:周转材料　应交税费　预付账款　购买周转材料直接入库……073
3. 关键词:周转材料　应交税费　应付票据　购买周转材料直接入库……074
4. 关键词:周转材料　应交税费　应付账款　购买周转材料直接入库……074
5. 关键词:周转材料　应交税费　材料成本差异　超支差异　银行存款　购买
   周转材料直接入库……………………………………………………………074
6. 关键词:周转材料　应交税费　银行存款　材料成本差异　节约差异　购买
   周转材料直接入库……………………………………………………………074
7. 关键词:周转材料　应交税费　应收票据　购买周转材料直接入库……075
8. 关键词:周转材料　材料采购　材料成本差异　计划成本法下采购周转材料入库
   计划价高于采购价……………………………………………………………075
9. 关键词:周转材料　材料成本差异　材料采购　计划成本法下采购周转材料入库
   计划价低于采购价……………………………………………………………075
10. 关键词:周转材料　在途物资　实际成本法下采购周转材料入库……075
11. 关键词:周转材料　委托加工物资　委托加工周转材料验收入库……075
12. 关键词:周转材料　生产成本　自制周转材料结转入库……075
13. 关键词:工程施工　周转材料　建筑企业领用周转材料成本(五五摊销法)……076
14. 关键词:工程施工　周转材料　建筑企业结转已领用周转材料摊销成本……076
15. 关键词:在建工程　周转材料　非建筑企业摊销周转材料成本……076
16. 关键词:其他业务成本　周转材料　结转对外出租周转材料摊销成本……076
17. 关键词:销售费用　周转材料　销售部门领用周转材料……076
18. 关键词:长期待摊费用　周转材料　装修长期租赁办公室领用周转材料……076

1461 存货跌价准备(provision for inventory)

1. 关键词:资产减值损失　存货跌价准备　计提存货跌价准备……077
2. 关键词:存货跌价准备　资产减值损失　转回已计提存货跌价准备……077
3. 关键词:主营业务成本　存货跌价准备　库存商品　结转销售库存商品和已
   计提存货跌价准备……………………………………………………………077

4. 关键词:其他业务成本　存货跌价准备　原材料　结转销售原材料成本和已
   　　　　计提存货跌价准备 ··· 077

1501 待摊费用(fees to be apportioned)

1. 关键词:待摊费用应交税费　银行存款　企业购买财产保险 ··············· 078
2. 关键词:待摊费用应交税费　银行存款　企业支付经营性租赁设备租金 ··· 078
3. 关键词:管理费用　待摊费用　摊销财产保险费 ································ 078
4. 关键词:制造费用　待摊费用　摊销租入固定资产租金 ······················· 079
5. 关键词:管理费用　待摊费用　摊销租入固定资产租金 ······················· 079
6. 关键词:销售费用　待摊费用　摊销租入固定资产租金 ······················· 079
7. 关键词:研发支出　待摊费用　摊销租入固定资产租金 ······················· 079

1521 持有至到期投资(hold investment due)

1. 关键词:持有至到期投资　银行存款　取得持有至到期投资 ················· 080
2. 关键词:应收利息　持有至到期投资　投资收益　确认应计分期利息收入 ··· 080
3. 关键词:持有至到期投资　投资收益　确认到期还本付息债券收入 ········· 081
4. 关键词:银行存款　持有至到期投资　收到持有至到期投资买价中包含的
   　　　　未发放债券利息 ··· 081
5. 关键词:持有至到期投资　投资收益　债券折价摊销 ························· 081
6. 关键词:投资收益　持有至到期投资　债券溢价摊销 ························· 081
7. 关键词:持有至到期投资　交易性金融资产　交易性金融资产重分类为持有
   　　　　至到期投资 ·· 081
8. 关键词:持有至到期投资　可供出售金融资产　可供出售金融资产重分类为
   　　　　持有至到期投资 ·· 082
9. 关键词:交易性金融资产　投资收益　持有至到期投资　持有至到期投资重
   　　　　分类为交易性金融资产 ·· 082
10. 关键词:可供出售金融资产　其他综合收益　持有至到期投资　持有至到期
    　　　　投资重分类为可供出售金融资产 ··· 082
11. 关键词:银行存款　投资收益　持有至到期投资　收回持有至到期投资 ··· 083
12. 关键词:银行存款　持有至到期投资　投资收益　收回持有至到期投资 ··· 083

1522 持有至到期投资减值准备(hold investment due reduction reserve)

1. 关键词:资产减值损失　持有至到期投资减值准备　持有至到期投资发生
   　　　　减值 ··· 084
2. 关键词:持有至到期投资减值准备　资产减值损失　持有至到期投资发生
   　　　　减值后又恢复 ··· 084

3. 关键词:银行存款　持有至到期投资减值准备　投资收益　收回持有至
到期投资 ··· 084

1523 可供出售金融资产(financial assets available for sale)

1. 关键词:可供出售金融资产　银行存款　取得可供出售金融资产 ··········· 086
2. 关键词:可供出售金融资产　银行存款　收到可供出售金融资产买价中包含的
债券利息 ··· 086
3. 关键词:可供出售金融资产　其他综合收益　可供出售金融资产的公允价值
高于其账面余额 ··· 086
4. 关键词:其他综合收益　可供出售金融资产　可供出售金融资产的公允价值
低于其账面余额 ··· 086
5. 关键词:资产减值损失　可供出售金融资产　可供出售金融资产发生减值 ········ 086
6. 关键词:可供出售金融资产　资产减值损失　可供出售债务工具在随后的会计
期间公允价值上升　冲回已计提减值损失 ··························· 087
7. 关键词:资产减值损失　可供出售金融资产　其他综合收益　可供出售权益
工具在随后的会计期间公允价值上升　转回其他综合收益 ········· 087
8. 关键词:可供出售金融资产　交易性金融资产　交易性金融资产重分类为可
供出售金融资产 ··· 087
9. 关键词:可供出售金融资产　其他综合收益　持有至到期投资　持有至到期
投资重分类为可供出售金融资产 ······································· 087
10. 关键词:交易性金融资产　可供出售金融资产　可供出售金融资产重分类为
交易性金融资产　结转其他综合收益 ································· 088
11. 关键词:持有至到期投资　可供出售金融资产　可供出售金融资产重分类为
持有至到期投资 ··· 088
12. 关键词:银行存款　可供出售金融资产　投资收益　处置可供出售金融资产
投资盈利 ··· 088
13. 关键词:银行存款　可供出售金融资产　投资收益　处置可供出售金融资产
投资亏损 ··· 089

1524 长期股权投资(long-term equity investments)

1. 关键词:长期股权投资　银行存款　成本法下取得长期股权投资 ··········· 091
2. 关键词:长期股权投资　库存商品　应交税费　成本法下用库存商品
对外投资 ··· 091
3. 关键词:银行存款　长期股权投资　收到买价中已包含股利　成本法下冲减
长期股权投资成本 ··· 091
4. 关键词:银行存款　长期股权投资　投资收益　成本法下出售长期股权投资 ······ 092

5. 关键词:长期股权投资　银行存款　取得长期股权投资　初始投资成本大于
投资时应享有被投资单位可辨认净资产公允价值份额 ············· 092
6. 关键词:长期股权投资　银行存款　营业外收入　取得长期股权投资　初始
投资成本小于投资时应享有被投资单位可辨认净资产公允价值份额 ······ 092
7. 关键词:长期股权投资　股本　资本公积　银行存款　通过发行股票取得
其他公司股权 ··· 092
8. 关键词:长期股权投资　投资收益　期末确认投资收益 ················ 092
9. 关键词:长期股权投资　投资收益　确认投资亏损 ···················· 093
10. 关键词:应收股利　长期股权投资　被投资单位宣布分派现金股利 ······ 093
11. 关键词:长期股权投资　投资收益　发生亏损的被投资单位后又实现净利润
弥补未确认的投资损失后确认投资收益 ····························· 093
12. 关键词:长期股权投资　其他综合收益　被投资单位发生净损益以外所有者
权益的其他变动增加 ·· 093
13. 关键词:其他综合收益　长期股权投资　被投资单位发生净损益以外所有者
权益的其他变动减少 ·· 093
14. 关键词:长期股权投资　营业外收入　长期股权投资成本法转权益法 ···· 093
15. 关键词:长期股权投资　长期股权投资权益法转成本法 ················ 094
16. 关键词:银行存款　长期股权投资　投资收益　出售长期股权投资获得
收益 ··· 094
17. 关键词:银行存款　长期股权投资减值准备　投资收益　长期股权投资
出售长期股权投资亏损 ·· 094
18. 关键词:银行存款　长期股权投资减值准备　长期股权投资　应收股利
投资收益　出售长期股权投资收益 ··································· 095
19. 关键词:银行存款　长期股权投资　投资收益　出售长期股权投资　结转
所有者权益其他变动 ·· 095

1525 长期股权投资减值准备(long-term stock ownership investment reduction reserve)

1. 关键词:资产减值损失　长期股权投资减值准备　长期股权投资发生减值 ····· 095
2. 关键词:银行存款　长期股权投资减值准备　长期股权投资　投资收益
应收股利　出售长期股权投资 ·· 096

1526 投资性房地产(investment property)

1. 关键词:投资性房地产　银行存款　购入投资性房地产(成本模式) ········ 097
2. 关键词:投资性房地产　在建工程　对外发包(或者自建)投资性房地产
(成本模式) ··· 097
3. 关键词:投资性房地产　银行存款　购入土地使用权(成本模式) ········· 098

4. 关键词:其他业务成本　投资性房地产　累计折旧　结转处置成本
   （成本模式）·· 098
5. 关键词:投资性房地产　银行存款　购入投资性房地产(公允模式,下同)······ 098
6. 关键词:投资性房地产　在建工程　对外发包(或者自建)投资性房地产········· 098
7. 关键词:投资性房地产　开发产品(库存商品)　其他综合收益　作为存货的
   房地产转换为投资性房地产　公允价值大于账面价值···························· 098
8. 关键词:投资性房地产　开发产品(库存商品)　存货跌价准备　公允价值
   变动损益　作为存货房地产转换为投资性房地产　公允价值小于
   账面价值·· 099
9. 关键词:投资性房地产　累计摊销　无形资产减值准备　公允价值变动损益
   无形资产　自用土地使用权转为投资性房地产····································· 099
10. 关键词:投资性房地产　累计折旧　固定资产　其他综合收益　自用建筑物
    转换为投资性房地产··· 099
11. 关键词:在建工程　投资性房地产　对投资性房地产进行改良装修················ 100
12. 关键词:投资性房地产　公允价值变动损益　投资性房地产公允价值上升······ 100
13. 关键词:公允价值变动损益　投资性房地产　投资性房地产公允价值降低······ 100
14. 关键词:固定资产/无形资产　投资性房地产　公允价值变动损益　将采用
    公允价值模式计量的投资性房地产转为自用·· 100
15. 关键词:无形资产　公允价值变动损益　投资性房地产　将采用公允价值
    模式计量的土地使用权转为自用··· 100
16. 关键词:银行存款　投资性房地产　投资收益　出售投资性房地产获利·········· 101
17. 关键词:银行存款　投资性房地产　投资收益　出售投资性房地产亏损·········· 101

1531 长期应收款(long-term account receivable)

1. 关键词:长期应收款　未担保余值　固定资产清理　银行存款　未实现融资
   收益　出租融资租赁固定资产·· 102
18. 关键词:长期应收款　主营业务收入　应交税费　未实现融资收益
    采用递延方式分期收款　实质上具有融资性质的销售商品····················· 103
19. 关键词:银行存款　长期应收款　收到融资租赁固定资产租金······················ 103
20. 关键词:银行存款　长期应收款　收到融资性质分期收款销售货款················ 103

1541 未实现融资收益(unrealized financing income)

1. 关键词:长期应收款　未担保余值　固定资产清理　银行存款　未实现融资收益
   出租融资租赁固定资产·· 104
2. 关键词:长期应收款　主营业务收入　应交税费　未实现融资收益　采用递延
   方式分期收款　实质上具有融资性质的销售商品··································· 104

3. 关键词：未实现融资收益　租赁收入　结转融资租赁固定资产收入　实现
　　未实现融资收益 ·· 104
4. 关键词：未实现融资收益　财务费用　确定已实现分期收款未实现融资收益 ······ 104

1601 固定资产（fixed assets）

1. 关键词：固定资产　应交税费　银行存款　购入不需安装固定资产 ············ 106
2. 关键词：固定资产　应交税费　应付票据　购入不需安装固定资产 ············ 106
3. 关键词：固定资产　应交税费　预付账款　购入不需安装固定资产 ············ 107
4. 关键词：固定资产　应交税费　应付账款　购入不需安装固定资产 ············ 107
5. 关键词：固定资产　应交税费　银行存款　购入不动产 ······························ 107
6. 关键词：固定资产　在建工程　对外发包（或者自建）不动产完工转入
　　固定资产 ··· 107
7. 关键词：固定资产　银行存款　未确认融资费用　长期应付款　购入融资
　　租入固定资产 ·· 107
8. 关键词：固定资产　在建工程　固定资产安装完毕交付使用 ························ 108
9. 关键词：固定资产　预计负债　暂估固定资产存在弃置义务现值 ················ 108
10. 关键词：固定资产　投资性房地产　公允价值变动损益　将采用公允价值
　　模式计量的投资性房地产转为自用 ·· 108
11. 关键词：固定资产　应交税费　实收资本　收到作为资本投入的机器设备 ······ 108
12. 关键词：固定资产　以前年度损益调整　固定资产盘盈 ······························ 108
13. 关键词：投资性房地产　固定资产　累计折旧　自用固定资产转入投资性
　　房地产（公允价值计量模式） ·· 109
14. 关键词：待处理财产损溢　累计折旧　固定资产　盘亏固定资产 ················ 109
15. 关键词：固定资产清理　累计折旧　固定资产　处置固定资产 ···················· 109
16. 关键词：固定资产清理　累计折旧　固定资产减值准备　固定资产
　　处置固定资产 ··· 109

1602 累计折旧（accumulated depreciation）

1. 关键词：固定资产清理　累计折旧　固定资产　出售或报废固定资产转入
　　固定资产清理 ·· 110
2. 关键词：待处理财产损溢　累计折旧　固定资产　固定资产盘亏 ················ 110
3. 关键词：投资性房地产　累计折旧　固定资产　自用固定资产转入投资性
　　房地产 ··· 110
4. 关键词：应付职工薪酬　累计折旧　计提集体职工福利设施折旧费 ············ 110
5. 关键词：制造费用　累计折旧　计提车间固定资产折旧费 ···························· 110
6. 关键词：研发支出　累计折旧　计提研发部门固定资产折旧费 ···················· 111

7. 关键词:销售费用　累计折旧　计提销售部门固定资产折旧费 …………… 111
8. 关键词:管理费用　累计折旧　计提管理部门固定资产折旧费 …………… 111
9. 关键词:其他业务成本　累计折旧　计提出租固定资产折旧费 …………… 111

1603 固定资产减值准备(fixed asset impairment provision)

1. 关键词:资产减值损失　固定资产减值准备　期末固定资产发生减值 …… 111
2. 关键词:固定资产清理　累计折旧　固定资产减值准备　固定资产
　　　　处置固定资产 …………………………………………………………… 112
3. 关键词:投资性房地产　累计折旧　固定资产减值准备　固定资产
　　　　自用固定资产转为公允价值计量模式投资性房地产 ………………… 112

1604 在建工程(construction in progress)

1. 关键词:在建工程　银行存款　预付发包工程款 ………………………………… 114
2. 关键词:在建工程　银行存款　补付发包工程款 ………………………………… 114
3. 关键词:在建工程　工程物资　领用工程物资 …………………………………… 114
4. 关键词:在建工程　应付账款　与承包工程企业结算价款 ……………………… 114
5. 关键词:在建工程　应交税费　银行存款　购入需安装生产设备 ……………… 114
6. 关键词:在建工程　应交税费　应付票据　购入需安装生产设备 ……………… 114
7. 关键词:在建工程　应交税费　预付账款　购入需安装生产设备 ……………… 115
8. 关键词:在建工程　应交税费　应付账款　购入需安装生产设备 ……………… 115
9. 关键词:在建工程　银行存款　支付安装费 ……………………………………… 115
10. 关键词:在建工程　原材料　安装工程领用原材料 …………………………… 115
11. 关键词:在建工程　库存商品　安装工程领用库存商品 ……………………… 115
12. 关键词:在建工程　应付职工薪酬　安装工程发生人工费用 ………………… 115
13. 关键词:在建工程　生产成本　辅助生产部门为安装工程提供水电及
　　　　其他劳务 …………………………………………………………………… 115
14. 关键词:在建工程　累计折旧　固定资产　固定资产转入在建工程 ………… 116
15. 关键词:在建工程　工程物资　银行存款　领用安装新设备 ………………… 116
16. 关键词:在建工程　待摊支出　终止确认老机器设备的账面价值 …………… 116
17. 关键词:在建工程　银行存款　发生各项与工程项目相关的管理费用等 …… 116
18. 关键词:在建工程　长期借款　在建工程发生的借款费用满足资本化条件 … 116
19. 关键词:在建工程　待摊支出　在建工程发生毁损和报废损失 ……………… 116
20. 关键词:固定资产　在建工程　对外发包(或者自建)不动产转入固定资产 … 116
21. 关键词:固定资产　在建工程　生产设备安装完毕交付使用 ………………… 117
22. 关键词:营业外损失　在建工程　应交税费　在建工程发生全部毁损和
　　　　报废损失 …………………………………………………………………… 117

23. 关键词:在建工程　银行存款　处置在建工程盘盈物资……………………117
24. 关键词:工程物资　在建工程　在建工程剩余物资退库…………………117
25. 关键词:在建工程　在建工程结转待摊支出…………………………………117
26. 关键词:资产减值损失　在建工程　在建工程期末发生减值损失…………117

1605 工程物资(construction materials)

1. 关键词:工程物资　应交税费　银行存款　购入工程物资……………………118
2. 关键词:工程物资　应交税费　应付票据　购入工程物资……………………118
3. 关键词:工程物资　应交税费　预付账款　购入工程物资……………………119
4. 关键词:工程物资　应交税费　应付账款　购入工程物资……………………119
5. 关键词:工程物资　银行存款　购入工程物资(假定不可抵扣增值税进项税额)……119
6. 关键词:工程物资　在建工程　在建工程剩余物资退库………………………119
7. 关键词:在建工程　工程物资　对外发包(或者自建)建设部门领用工程物资……119
8. 关键词:资产减值损失　工程物资　工程物资期末发生减值损失………………119
9. 关键词:在建工程　工程物资　领用工程物资　结转已计提减值准备…………120
10. 关键词:包装物及低值易耗品　工程物资　为生产准备的工具和器具交付
    生产部门使用……………………………………………………………………120
11. 关键词:原材料　工程物资　工程完工后剩余的工程物资转作本企业原材料……120
12. 关键词:长期待摊费用　工程物资　经营性租入办公室装修领用工程物资……120
13. 关键词:其他业务成本　工程物资　工程剩余物资对外出售结转成本…………120

1606 固定资产清理(disposal of fixed assets)

1. 关键词:固定资产清理　累计折旧　固定资产　处置固定资产……………………121
2. 关键词:固定资产清理　累计折旧　固定资产减值准备　固定资产
   处置固定资产……………………………………………………………………122
3. 关键词:固定资产清理　银行存款　支付固定资产清理费用…………………122
4. 关键词:固定资产清理　应交税费　出售固定资产缴纳增值税…………………122
5. 关键词:银行存款　固定资产清理　收回固定资产处置价款……………………122
6. 关键词:银行存款　固定资产清理　应交税费　出售旧固定资产应交增值税……122
7. 关键词:固定资产清理　营业外收入　结转出售固定资产实现的利得……………123
8. 关键词:营业外支出　固定资产清理　结转报废固定资产实现的净损失…………123
9. 关键词:原材料　固定资产清理　固定资产残料入库……………………………123
10. 关键词:其他应收款　固定资产清理　应收保险公司赔偿款……………………123
11. 关键词:营业外支出　固定资产清理　结转意外灾害毁损固定资产损失…………123

1701 无形资产(intangible assets)

1. 关键词:无形资产　应交税费　银行存款　购入无形资产……………………124

2. 关键词:无形资产　应交税费　应付票据　购入无形资产 ………… 124

3. 关键词:无形资产　应交税费　预付账款　购入无形资产 ………… 124

4. 关键词:无形资产　应交税费　应付账款　购入无形资产 ………… 125

5. 关键词:无形资产　银行存款　购入政府部门出让土地使用权 …… 125

6. 关键词:无形资产　未确认融资费用　长期应付款　银行存款　融资条件
　　购入无形资产 …………………………………………………… 125

7. 关键词:无形资产　研发支出　自行开发无形资产 ………………… 125

8. 关键词:无形资产　实收资本　收到作为资本投入的无形资产 …… 125

9. 关键词:投资性房地产　累计摊销　无形资产减值准备　无形资产　自用土地
　　使用权转入投资性房地产 ……………………………………… 126

10. 关键词:银行存款　累计摊销　无形资产　应交税费　处置无形资产 …… 126

11. 关键词:银行存款　累计摊销　营业外支出　无形资产　应交税费
　　出售无形资产 …………………………………………………… 126

12. 关键词:银行存款　累计摊销　无形资产减值准备　无形资产　营业外收入
　　转让无形资产 …………………………………………………… 126

1702 累计摊销(accumulated amortization)

1. 关键词:银行存款　累计摊销　无形资产　应交税费　处置无形资产 …… 127

2. 关键词:投资性房地产　无形资产　累计摊销　自用土地使用权转入投资性
　　房地产 …………………………………………………………… 127

3. 关键词:其他业务成本　累计摊销　计提出租专利权摊销额 ………… 127

4. 关键词:管理费用　累计摊销　无形资产摊销 ………………………… 128

1703 无形资产减值准备(intangible assets depreciation reserve)

1. 关键词:资产减值损失　无形资产减值准备　计提无形资产减值准备 …… 128

2. 关键词:银行存款　累计摊销　无形资产减值准备　无形资产　应交税费
　　营业外收入　转让无形资产 …………………………………… 128

3. 关键词:投资性房地产　累计摊销　无形资产减值准备　无形资产　自用
　　土地使用权转入投资性房地产 ………………………………… 129

1711 商誉(business reputation)

1. 关键词:商誉　实收资本　非同一控制下企业合并取得商誉 ………… 129

2. 关键词:资产减值损失　商誉　确定商誉发生减值 …………………… 129

1801 长期待摊费用(long-term prepaid expenses)

1. 关键词:长期待摊费用　应交税费　银行存款　外包装修租赁办公楼完工付款 …… 130

2. 关键词:长期待摊费用　原材料　装修长期租赁办公楼领用原材料 ……………… 130
3. 关键词:长期待摊费用　工程物资　经营性租入办公楼装修领用工程物资 ……… 130
4. 关键词:长期待摊费用　生产成本　辅助生产车间为装修工程提供劳务 ………… 130
5. 关键词:长期待摊费用　应付职工薪酬　分配工程人员工资费用 …………………… 130
6. 关键词:银行存款　长期待摊费用　固定资产/固定资产清理　以优惠价向员工
　　有条件出售公寓 ………………………………………………………………………… 131
7. 关键词:管理费用　长期待摊费用　摊销装修支出 ……………………………………… 131
8. 关键词:销售费用　长期待摊费用　摊销销售部门租赁房屋装修支出 ……………… 131
9. 关键词:应付职工薪酬　长期待摊费用　摊销员工有条件购房补贴 ………………… 131

1811 递延所得税资产 (deferred income tax assets)

1. 关键词:递延所得税资产　所得税费用　调减本期所得税费用 ……………………… 132
2. 关键词:所得税费用　递延所得税资产　调增本期所得税费用 ……………………… 132
3. 关键词:所得税费用　递延所得税资产　未来可抵扣所得税额减少调整
　　所得税费用 ……………………………………………………………………………… 132

1901 待处理财产损溢 (unacknowledged)

1. 关键词:原材料　待处理财产损溢　存货盘盈 …………………………………………… 133
2. 关键词:待处理财产损溢　管理费用　处理存货盘盈 …………………………………… 133
3. 关键词:待处理财产损溢　原材料　处理存货盘亏 ……………………………………… 133
4. 关键词:待处理财产损溢　原材料　管理费用　其他应收款　处理存货盘亏 ……… 134
5. 关键词:待处理财产损溢　原材料　应交税费　意外原因毁损库存材料等 ………… 134
6. 关键词:营业外支出　其他应收款　待处理财产损溢　意外原因毁损原材料
　　查明原因进行账务处理 ………………………………………………………………… 134
7. 关键词:待处理财产损溢　累计折旧　固定资产　盘亏固定资产 …………………… 134
8. 关键词:待处理财产损溢　营业外支出　盘亏固定资产报批处理 …………………… 134

负债类

2001 短期借款 (short-term borrowings)

1. 关键词:银行存款　短期借款　借入短期借款 …………………………………………… 135
2. 关键词:应付票据　短期借款　无法支付银行承兑汇票票据款转短期借款 ………… 135
3. 关键词:短期借款　银行存款　偿还短期借款 …………………………………………… 136
4. 关键词:短期借款　应付利息　银行存款　短期借款到期偿付本金和利息 ………… 136

2201 应付票据 (notes payable)

1. 关键词:材料采购　应交税费　应付票据　计划成本下法购买原材料未入库 …… 136

2. 关键词:在途物资　应交税费　应付票据　实际成本法下购买原材料未入库 …… 137
3. 关键词:原材料　应付票据　购买原材料直接入库 …… 137
4. 关键词:库存商品　应交税费　应付票据　购买库存商品直接入库 …… 137
5. 关键词:应付账款　应付票据　以商业汇票抵付应付账款 …… 137
6. 关键词:财务费用　应付票据　计提带息商业承兑汇票利息 …… 137
7. 关键词:应付票据　银行存款　支付到期商业汇票款 …… 137
8. 关键词:应付票据　短期借款　无法支付银行承兑汇票票据款转短期借款 …… 138
9. 关键词:应付票据　应付账款　无力支付应付票据款转入应付账款 …… 138

2202 应付账款(accounts payable)

1. 关键词:应付票据　应付账款　无力偿付应付票据转应付账款 …… 139
2. 关键词:材料采购　应交税费　应付账款　计划成本法下购买原材料未入库未付款 …… 139
3. 关键词:材料采购　应交税费　应付账款　实际成本法下购买原材料未入库未付款 …… 140
4. 关键词:原材料　应交税费　应付账款　库存现金　采购材料未付款 …… 140
5. 关键词:库存商品　应付账款　购买库存商品未付款 …… 140
6. 关键词:制造费用　管理费用　应付账款　分配电费 …… 140
7. 关键词:应付账款　银行存款　偿付应付账款 …… 140
8. 关键词:应付账款　银行存款　财务费用　偿付欠款获得现金折扣 …… 140
9. 关键词:原材料　应付账款　材料暂估入库 …… 141
10. 关键词:应付账款　原材料　月初冲回暂估料款 …… 141
11. 关键词:应付账款　应付票据　以商业汇票抵付应付账款 …… 141
12. 关键词:应付账款　营业外收入　无法支付的应付账款收账 …… 141

2205 预收账款(receipts in advance)

1. 关键词:银行存款　预收账款　收到客户预付账款 …… 142
2. 关键词:银行存款　预收账款　收到客户补付尾款 …… 142
3. 关键词:银行存款　预收账款　收客户预付商品款 …… 142
4. 关键词:预收账款　主营业务收入　应交税费　结转销售收入 …… 142
5. 关键词:银行存款　预收账款　客户补付货款 …… 142
6. 关键词:预收账款　主营业务收入　应交税费　确认劳务收入 …… 142

2211 应付职工薪酬(employee benefits payable)

1. 关键词:生产成本　制造费用　管理费用　销售费用　应付职工薪酬分配工资费用 …… 144

2. 关键词:生产成本　制造费用　管理费用　销售费用　应付职工薪酬
　　　分配五险一金费用 ··· 144
3. 关键词:长期待摊费用　应付职工薪酬　发生工程人员薪酬 ················ 144
4. 关键词:研发支出　应付职工薪酬　发生工程人员薪酬 ······················· 144
5. 关键词:在建工程　应付职工薪酬　发生工程人员薪酬 ······················· 144
6. 关键词:劳务成本　应付职工薪酬　发生工程人员薪酬 ······················· 144
7. 关键词:销售费用　应付职工薪酬　销售部门发生人员工资 ················ 145
8. 关键词:管理费用　应付职工薪酬　行政部门发生的工资费用 ············· 145
9. 关键词:管理费用　应付职工薪酬　确认有条件购房补贴费用 ············· 145
10. 关键词:管理费用　应付职工薪酬　发生员工有偿解除劳动合同费用 ··· 145
11. 关键词:利润分配　应付职工薪酬　提取职工奖励及福利基金 ············ 145
12. 关键词:管理费用　应付职工薪酬　预计员工累积带薪缺勤 ··············· 145
13. 关键词:管理费用　生产成本　应付职工薪酬　计提员工利润分享计划金额 ····· 146
14. 关键词:应付职工薪酬　银行存款/库存现金　发放员工工资 ·············· 146
15. 关键词:应付职工薪酬　库存现金　上缴个人所得税 ························· 146
16. 关键词:应付职工薪酬　其他应收款　扣除垫付医疗费 ······················ 146
17. 关键词:应付职工薪酬　库存现金　补贴食堂经费 ···························· 146
18. 关键词:应付职工薪酬　银行存款　缴纳职工五险一金 ······················ 146
19. 关键词:应付职工薪酬　银行存款　支付管理人员住房租金 ··············· 146
20. 关键词:应付职工薪酬　银行存款　支付工会经费和职工教育费 ········· 147
21. 关键词:应付职工薪酬　累计折旧　职工福利设施计提折旧 ··············· 147
22. 关键词:应付职工薪酬　库存商品　应交税费　以自产产品发放
　　　非货币性福利 ·· 147
23. 关键词:应付职工薪酬　银行存款　员工有偿解除劳动合同 ··············· 147
24. 关键词:应付职工薪酬　管理费用　冲回上年度预计员工累积带薪缺勤 ···· 147
25. 关键词:应付职工薪酬　银行存款　员工享受上年度累积带薪缺勤 ······ 147
26. 关键词:应付职工薪酬　银行存款　发放员工利润分享计划金额 ········· 147
27. 关键词:应付职工薪酬　长期待摊费用　摊销员工有条件购房补贴 ······ 148

2221 应交税费(taxes payable)

1. 关键词:材料采购　应交税费　应付账款　计划成本法下购买原材料未入库
　　　未付款 ·· 156
2. 关键词:在途物资　应交税费　应付账款　实际成本法下购买原材料未入库
　　　未付款　进项税额可抵扣未认证 ····································· 157
3. 关键词:库存商品　应交税费　应付票据　开商业汇票　购买库存商品用于
　　　增值税简易计税项目、免税项目等　进项税额未认证 ·········· 157

4. 关键词：库存商品　应交税费　购买库存商品用于增值税简易计税项目、
    免税项目等　进项税额已认证 …………………………………………… 157
5. 关键词：固定资产　应交税费　银行存款　购买不动产　增值税额分期抵扣 …… 157
6. 关键词：固定资产　应交税费　银行存款　代扣代交增值税额 ………………… 158
7. 关键词：委托加工物资　银行存款　小规模纳税人支付委托加工费 …………… 158
8. 关键词：材料采购　应交税费　应付账款　购买原材料未入库发生退货
    取得红字增值税专用发票 ………………………………………………… 158
9. 关键词：在途物资　应交税费　应付账款　购买原材料未入库退货
    进项税额未认证 …………………………………………………………… 158
10. 关键词：银行存款　主营业务收入　应交税费　销售商品收到货款 ………… 159
11. 关键词：银行存款　主营业务收入　应交税费　销售商品退货 ……………… 159
12. 关键词：应收票据　其他业务收入　应交税费　销售原材料收到商业
    承兑汇票 …………………………………………………………………… 159
13. 关键词：应收账款　其他业务收入　应交税费　销售单独计价包装物款
    未收到 ……………………………………………………………………… 159
14. 关键词：银行存款　其他业务收入　应交税费　收到房屋租金　采用简易
    计税方式缴纳增值税 ……………………………………………………… 159
15. 关键词：持有至到期投资　投资收益　应交税费　年底确认债券投资收益
    未产生增值税纳税义务 …………………………………………………… 160
16. 关键词：银行存款　预收账款　应交税费　收到预付房屋租金 ……………… 160
17. 关键词：应付职工薪酬　库存商品　应交税费　自产产品发放非货币性福利 …… 160
18. 关键词：应交税费　主营业务成本　旅游企业取得抵扣销售额凭证
    抵减增值税 ………………………………………………………………… 161
19. 关键词：投资收益　应交税费　出售交易性金融资产获得投资收益计算
    缴纳增值税 ………………………………………………………………… 161
20. 关键词：应交税费　投资收益　出售交易性金融资产投资亏损计算
    缴纳增值税 ………………………………………………………………… 162
21. 关键词：投资收益　应交税费　期末结转应交税费——转让金融商品应交
    增值税借方余额 …………………………………………………………… 162
22. 关键词：应收出口退税款　应交税费　未实行免抵退企业应收出口退税款 …… 162
23. 关键词：主营业务成本　应交税费　退税额低于购进时增值税额 …………… 162
24. 关键词：应交税费　免抵退企业计算当期出口货物进项税抵减内销产品
    应纳税额 …………………………………………………………………… 162
25. 关键词：银行存款　应交税费　免抵退企业收到出口退税 …………………… 163
26. 关键词：待处理财产损溢　原材料　应交税费　存货发生非正常损失进项
    税额转出 …………………………………………………………………… 163

27. 关键词:固定资产　应交税费　固定资产改变用途用于非应税项目 ················ 163
28. 关键词:应交税费　固定资产　固定资产因改变用途允许抵扣进项税额 ·············· 163
29. 关键词:应交税费　无形资产　无形资产因改变用途允许抵扣进项税额 ·············· 163
30. 关键词:应交税费　月末结转未交增值税 ·· 163
31. 关键词:应交税费　月末结转多交增值税 ·· 164
32. 关键词:应交税费　银行存款　企业缴纳当月应交增值税 ································· 164
33. 关键词:应交税费　银行存款　企业缴纳增值税 ··· 164
34. 关键词:银行存款　应交税费　企业缴纳前期未交增值税 ································· 164
35. 关键词:应交税费　银行存款　企业预交增值税 ··· 164
36. 关键词:应交税费　银行存款　月末企业结转预交增值税 ································· 164
37. 关键词:应交税费　房地产企业发生纳税义务结转预交增值税 ·························· 164
38. 关键词:应交税费　营业外收入　企业当期直接被减免增值税 ·························· 165
39. 关键词:应交税费　结转企业留抵税额 ··· 165
40. 关键词:应交税费　管理费用　购买增值税税控系统专用设备税款减免 ············ 165
41. 关键词:税金及附加　应交税费　消费税(或土地增值税、资源税和城市维护
    　　　　建设税)　计算应缴纳税款 ··· 165
42. 关键词:固定资产清理　应交税费(增值税、城市维护建设税、教育费附加)
    　　　　计算销售旧不动产应缴纳税款 ·· 165
43. 关键词:所得税费用　应交税费　确认当期应交企业所得税 ····························· 166
44. 关键词:固定资产清理　应交税费　计算应交土地增值税 ································· 166
45. 关键词:税金及附加　应交税费　房地产企业计算当期应缴纳土地增值税 ·········· 166
46. 关键词:税金及附加　应交税费　房地产企业缴纳已开发商品房土地增值税和
    　　　　房产税 ··· 166
47. 关键词:税金及附加　应交税费(房产税、城镇土地使用税、车船税)　企业按
    　　　　规定计算应交各项税费 ·· 166
48. 关键词:应付职工薪酬　应交税费　应交个人所得税 ······································· 167
49. 关键词:管理费用　应交税费　应交保险保障基金 ·· 167
50. 关键词:税金及附加　应交税费　应交环境保护税 ·· 167
51. 关键词:应交税费(增值税　简易计税　转让金融商品应交增值税　代扣代交
    　　　　增值税　消费税　城市维护建设税　教育费附加　房产税　城镇土地
    　　　　使用税　车船税　资源税　土地增值税　环境保护税　保险保障基金
    　　　　企业所得税　个人所得税)　银行存款　企业缴纳各项税费 ···················· 168

2231 应付利息(interest payable)

1. 关键词:财务费用　应付利息　计提短期借款利息 ··· 168
2. 关键词:在建工程　应付利息　计提建造固定资产借款利息 ································ 168

3. 关键词:研发支出　应付利息　计提研发支出借款利息 …………………………… 169
4. 关键词:应付利息　银行存款　支付借款利息 …………………………………… 169

2232 应付股利(dividends payable)

1. 关键词:利润分配　应付股利　股东大会通过现金股利分配方案 ……………… 169
2. 关键词:应付股利　银行存款　支付股东现金股利 ……………………………… 169

2241 其他应付款(other payable)

1. 关键词:银行存款　其他应付款　收到押金 ……………………………………… 170
2. 关键词:银行存款　其他应付款　收到个人垫付资金 …………………………… 170
3. 关键词:银行存款　其他应付款　收到政府补助 ………………………………… 170
4. 关键词:其他应付款　银行存款　归还员工代垫款项 …………………………… 170
5. 关键词:其他应付款　银行存款　返还押金 ……………………………………… 170
6. 关键词:其他应付款　银行存款　返还政府补助 ………………………………… 171

2401 预提费用(withholding expenses)

1. 关键词:制造费用　预提费用　预提固定资产租赁费 …………………………… 171
2. 关键词:销售费用　预提费用　预提固定资产租赁费 …………………………… 171
3. 关键词:管理费用　预提费用　预提固定资产租赁费 …………………………… 171
4. 关键词:财务费用　预提费用　预提利息费用 …………………………………… 171
5. 关键词:预提费用　银行存款　支付预提固定资产租赁费 ……………………… 172
6. 关键词:预提费用　银行存款　支付预提的利息费用 …………………………… 172

2411 预计负债(estimated liabilities)

1. 关键词:营业外支出　预计负债　预提对外担保损失 …………………………… 173
2. 关键词:营业外支出　预计负债　预提预计未决诉讼损失 ……………………… 173
3. 关键词:销售费用　预计负债　预提产品质量保证损失 ………………………… 173
4. 关键词:油气资产　预计负债　预提矿区弃置费 ………………………………… 173
5. 关键词:投资收益　预计负债　预提对外投资损失 ……………………………… 173
6. 关键词:预计负债　银行存款　支付对外担保损失 ……………………………… 173
7. 关键词:预计负债　银行存款　支付预计未决诉讼损失 ………………………… 174
8. 关键词:预计负债　银行存款　支付产品质量保证损失 ………………………… 174
9. 关键词:预计负债　银行存款　支付矿区弃置费 ………………………………… 174
10. 关键词:预计负债　银行存款　支付对外投资损失赔偿金 ……………………… 174

2501 递延收益(deferred income)

1. 关键词:银行存款　递延收益　收到政府专项补助款 …………………………… 175

2. 关键词:其他应收款　递延收益　确认应收政府专项补助款 ……………… 175
3. 关键词:递延收益　营业外支出　银行存款　返还政府补助款 ……………… 175
4. 关键词:递延收益　银行存款　返还未使用政府补助 ……………………… 175
5. 关键词:递延收益　营业外收入　分配递延收益 …………………………… 175

2601 长期借款(long-term borrowings)

1. 关键词:银行存款　长期借款　取得长期借款　无交易费用 ……………… 176
2. 关键词:银行存款　长期借款　取得长期借款发生交易费用 ……………… 176
3. 关键词:银行存款　长期借款　发生交易费用未足额给付 ………………… 177
4. 关键词:在建工程　长期借款　摊销利息调整 ……………………………… 177
5. 关键词:制造费用　长期借款　摊销利息调整 ……………………………… 177
6. 关键词:财务费用　长期借款　摊销利息调整 ……………………………… 177
7. 关键词:研发支出　长期借款　摊销利息调整 ……………………………… 177
8. 关键词:长期借款　银行存款　偿还长期借款本金 ………………………… 177

2602 应付债券(bonds payable)

1. 关键词:银行存款　应付债券　溢价发行债券　发生交易费用 …………… 179
2. 关键词:银行存款　应付债券　折价发行债券　发生交易费用 …………… 179
3. 关键词:在建工程　应付债券　摊销债券利息调整 ………………………… 180
4. 关键词:应付债券　银行存款　偿还债券本金 ……………………………… 180

2801 长期应付款(long-term account payable)

1. 关键词:在建工程　未确认融资费用　长期应付款　融资性质购入延期付款
　　　　需安装固定资产 …………………………………………………… 180
2. 关键词:无形资产　未确认融资费用　长期应付款　融资性质购入延期付款
　　　　无形资产 …………………………………………………………… 181
3. 关键词:研发支出　未确认融资费用　长期应付款　融资性质购入专有技术
　　　　使用权 ……………………………………………………………… 181
4. 关键词:固定资产　未确认融资费用　长期应付款　银行存款　支付融资租入
　　　　不需安装固定资产 ………………………………………………… 181
5. 关键词:长期应付款　银行存款　支付具有融资性质固定资产租赁款 …… 181
6. 关键词:长期应付款　银行存款　支付融资租入固定资产租金 …………… 181

2802 未确认融资费用(unacknowledged financial charges)

1. 关键词:在建工程　未确认融资费用　长期应付款　融资性质购入延期付款
　　　　需安装固定资产 …………………………………………………… 182

3. 关键词:固定资产　未确认融资费用　长期应付款　银行存款　支付融资租入
   不需安装固定资产 ·· 182
4. 关键词:研发支出　未确认融资费用　研发固定资产摊销未确认融资费用 ··· 183
5. 关键词:财务费用　未确认融资费用　经营固定资产摊销未确认融资费用 ··· 183

2811 专项应付款(special accounts payable)

1. 关键词:银行存款　专项应付款　政府拨付专项建设资金 ······················· 183
2. 关键词:专项应付款　资本公积　专项建设资金建造固定资产 ··················· 184
3. 关键词:专项应付款　在建工程　专项建设资金未形成固定资产核销 ········· 184
4. 关键词:专项应付款　银行存款　专项建设资金结余返还 ························· 184

2901 递延所得税负债(deferred income tax liabilities)

1. 关键词:所得税费用　递延所得税负债　期末确认递延所得税负债 ············ 185
2. 关键词:递延所得税负债　所得税费用　期末确认调整递延所得税负债 ······ 185

所有者权益类

4001 实收资本(股本)[paid-in capital(equity)]

1. 关键词:银行存款　实收资本　股东投入资本金 ····································· 187
2. 关键词:银行存款　实收资本　资本公积　资本溢价 ································ 187
3. 关键词:银行存款　股本　资本公积　发行普通股　股本溢价 ··················· 188
4. 关键词:固定资产　无形资产　其他应收款　实收资本　股东投入资本金 ··· 188
5. 关键词:应付债券　股本　资本公积　银行存款　可转换债券到期转股 ······ 188
6. 关键词:应付账款　实收资本　资本公积　营业外收入　债务重组债转股 ··· 189
7. 关键词:盈余公积　实收资本　盈余公积转增资本 ·································· 189
8. 关键词:盈余公积　股本　资本公积　盈余公积发放股票股利 ··················· 189
9. 关键词:实收资本　银行存款　法定减资 ·· 189
10. 关键词:股本　资本公积　盈余公积　银行存款　股份回购 ···················· 189
11. 关键词:股本　资本公积　银行存款　(低于面值)股份回购 ···················· 190
12. 关键词:实收资本　银行存款　中外合作企业归还投资 ··························· 190

4201 库存股(treasury shares)

1. 关键词:库存股　银行存款　回购股份用于职工奖励 ······························· 191
2. 关键词:资本公积　库存股　用回购股份奖励职工 ·································· 191
3. 关键词:银行存款　资本公积　库存股　溢价出售库存股 ························· 191
4. 关键词:银行存款　资本公积　库存股　出售库存股亏损 ························· 191

5. 关键词:股本　资本公积　盈余公积　库存股　注销库存股 ……………… 192

4002 资本公积(capital reserve)

1. 关键词:银行存款　实收资本　资本公积　资本溢价 ………………………… 194
2. 关键词:银行存款　股本　资本公积　发行普通股　股本溢价 ……………… 195
3. 关键词:应付债券　股本　资本公积　银行存款　可转换债券到期转股 …… 195
4. 关键词:应付账款　实收资本　资本公积　营业外收入　债转股债务重组 … 195
5. 关键词:实收资本　资本公积　银行存款　企业投资者退股减资 …………… 195
6. 关键词:股本　资本公积　银行存款　（低于面值）股份回购 ………………… 196
7. 关键词:股本　资本公积　盈余公积　银行存款　股份回购 ………………… 196
8. 关键词:盈余公积　股本　资本公积　盈余公积发放股票股利 ……………… 196
9. 关键词:库存股　银行存款　回购股份用于职工奖励 ………………………… 196

4101 盈余公积(surplus reserve)

1. 关键词:利润分配　盈余公积　提取盈余公积 ………………………………… 197
2. 关键词:盈余公积　利润分配　盈余公积补亏 ………………………………… 197
3. 关键词:盈余公积　实收资本/股本　盈余公积转增资本 ……………………… 197
4. 关键词:股本　资本公积　盈余公积　银行存款　股份回购 ………………… 198
5. 关键词:利润分配　盈余公积　应付股利　盈余公积发放现金股利 ………… 198
6. 关键词:盈余公积　股本　资本公积　盈余公积发放股票股利 ……………… 198
7. 关键词:实收资本　银行存款　利润分配　盈余公积　中外合作企业归还投资 …… 198

4103 本年利润(profit for the year)

1. 关键词:主营业务收入　其他业务收入　公允价值变动损益　投资收益
   营业外收入　本年利润　各项收入结转本年利润 ……………………… 199
2. 关键词:本年利润　主营业务成本　其他业务成本　税金及附加　销售费用
   管理费用　财务费用　资产减值损失　营业外支出　本期成本费用
   损失结转本年利润 ………………………………………………………… 200
3. 关键词:本年利润　所得税费用　结转所得税费用 …………………………… 200
4. 关键词:本年利润　利润分配　本年利润转入未分配利润 …………………… 200
5. 关键词:利润分配　本年利润　本年利润亏损额转入未分配利润 …………… 200

4104 利润分配(profit distribution)

1. 关键词:本年利润　利润分配　本年利润转入未分配利润 …………………… 202
2. 关键词:利润分配　盈余公积　盈余公积补亏 ………………………………… 202
3. 关键词:利润分配　盈余公积　提取盈余公积 ………………………………… 202

4. 关键词：利润分配　应付股利　拟发放现金红利 ……………………………… 202
5. 关键词：利润分配　本年利润　本年利润亏损额转入未分配利润 …………… 202
6. 关键词：利润分配　盈余公积　应付股利　盈余公积发放现金股利 ………… 203
7. 关键词：利润分配　股本　资本公积　发放股票股利 ………………………… 203
8. 关键词：利润分配　盈余公积　应付职工薪酬　外商投资企业提取各项基金 …… 203
9. 关键词：利润分配　盈余公积　中外合作企业归还投资 ……………………… 203
10. 关键词：利润分配　利润分配各明细科目余额转入"利润分配——未分配利润"
    明细科目 ………………………………………………………………………… 203

4301 其他综合收益 (other comprehensive income)

1. 关键词：可供出售金融资产　其他综合收益　可供出售金融资产的公允价值
   高于其账面价值 ………………………………………………………………… 205
2. 关键词：其他综合收益　可供出售金融资产　可供出售金融资产的公允价值
   低于其账面价值 ………………………………………………………………… 206
3. 关键词：可供出售金融资产　其他综合收益　持有至到期投资　持有至到期
   投资重分类为可供出售金融资产 ……………………………………………… 206
4. 关键词：其他综合收益　投资收益　处置可供出售金融资产结转其他
   综合收益 ………………………………………………………………………… 206
5. 关键词：投资收益　其他综合收益　处置可供出售金融资产结转其他
   综合收益 ………………………………………………………………………… 207
6. 关键词：长期股权投资　其他综合收益　被投资单位发生净损益以外所有者
   权益的其他变动增加 …………………………………………………………… 207
7. 关键词：长期股权投资　其他综合收益　被投资单位发生净损益以外所有者
   权益的其他变动减少 …………………………………………………………… 207
8. 关键词：其他综合收益　投资收益　处置长期股权投资将转入其他综合收益的
   所有者权益其他变动转回投资收益 …………………………………………… 207
9. 关键词：投资收益　其他综合收益　处置长期股权投资将转入其他综合收益的
   所有者权益其他变动转回投资收益 …………………………………………… 208
10. 关键词：投资性房地产　库存商品　其他综合收益　作为存货房地产转换为
    投资性房地产　公允价值大于账面价值 ……………………………………… 208
11. 关键词：其他综合收益　投资收益　处置投资性房地产结转其他综合收益 …… 208

成本类

5001 生产成本 (cost of production)

1. 关键词：生产成本　银行存款　车间发生直接生产费用 ………………………… 210

2. 关键词:生产成本　原材料　生产部门领用原材料 …………………… 210
3. 关键词:生产成本　材料成本差异　原材料　生产领用原材料分担材料成本
　　差异贷差 …………………………………………………………… 210
4. 关键词:生产成本　原材料　材料成本差异　生产领用原材料分担材料成
　　本差异借差 ………………………………………………………… 211
5. 关键词:生产成本　制造费用　管理费用　销售费用　应付职工薪酬
　　分配工资费用 ……………………………………………………… 211
6. 关键词:生产成本　制造费用　管理费用　应付职工薪酬　分配五险一金费用 …… 211
7. 关键词:生产成本　管理费用　应付职工薪酬　发放非货币性福利 ……… 212
8. 关键词:生产成本　应交税费　生产领用应交资源税原材料 …………… 212
9. 关键词:生产成本　制造费用　结转制造费用 ………………………… 212
10. 关键词:原材料　生产成本　实际成本法下自制原材料入库 ………… 212
11. 关键词:原材料　生产成本　材料成本差异　计划成本法下自制原材料入库
　　节约差异 …………………………………………………………… 212
12. 关键词:原材料　材料成本差异　生产成本　计划成本法下自制原材料入库
　　超支差异 …………………………………………………………… 212
13. 关键词:长期待摊费用　生产成本　辅助生产车间为装修工程提供劳务 …… 213
14. 关键词:在建工程　生产成本　辅助生产车间为固定资产安装工程提供劳务 …… 213
15. 关键词:库存商品　生产成本　产品验收入库 ………………………… 213

5101 制造费用(manufacturing costs)

1. 关键词:制造费用　银行存款　生产车间支付办公费　非固定资产日常修理费
　　水电费 ……………………………………………………………… 214
16. 关键词:制造费用　原材料　车间领用一般消耗材料 ………………… 214
17. 关键词:生产成本　制造费用　管理费用　销售费用　应付职工薪酬
　　分配工资费用 ……………………………………………………… 214
18. 关键词:制造费用　生产成本　车间分摊辅助车间费用 ……………… 214
19. 关键词:制造费用　累计折旧　计提车间固定资产折旧费 …………… 214
20. 关键词:制造费用　长期待摊费用　摊销生产租入固定资产改良支出 …… 215
21. 关键词:制造费用　原材料　应付职工薪酬　银行存款　车间发生季节性
　　停工损失 …………………………………………………………… 215
22. 关键词:生产成本　制造费用　结转制造费用 ………………………… 215

5201 劳务成本(research and development expenditure)

1. 关键词:劳务成本　原材料　劳务项目领用原材料 …………………… 216
2. 关键词:劳务成本　应付职工薪酬　发生工程人员薪酬 ……………… 216

3. 关键词:劳务成本　机械作业　对外提供机械作业服务 ………… 216
4. 关键词:其他业务成本　劳务成本　结转非主营业务劳务成本 …… 216
5. 关键词:主营业务成本　劳务成本　结转劳务成本 ………………… 216

5301 研发支出(research and development expenditure)

1. 关键词:研发支出　银行存款　不符合资本化条件 ………………… 217
2. 关键词:研发支出　银行存款　研发部门领用原材料　符合资本化条件 …… 217
3. 关键词:研发支出　原材料　研发部门领用原材料　符合资本化条件 …… 217
4. 关键词:研发支出　应付职工薪酬　研究部门人员工资费用 ……… 217
5. 关键词:研发支出　累计折旧　计提研发部门固定资产折旧费 …… 217
6. 关键词:管理费用　研发支出　结转研发费用　不符合资本化条件 …… 218
7. 关键词:无形资产　研发支出　技术研发完成形成无形资产 ……… 218

损益类

6001 主营业务收入(main business income)

1. 关键词:库存现金/银行存款　主营业务收入　应交税费　销售商品零星收入 …… 220
2. 关键词:银行存款　主营业务收入　应交税费　销售商品收到货款 …… 220
3. 关键词:预收账款　主营业务收入　应交税费　销售商品预收货款 …… 220
4. 关键词:应收票据　主营业务收入　应交税费　取得劳务收入 ……… 220
5. 关键词:应收账款　主营业务收入　应交税费　取得劳务收入 ……… 220
6. 关键词:主营业务收入　应交税费　银行存款　销售退回 …………… 221
7. 关键词:主营业务收入　应交税费　银行存款　发生销售折让 ……… 221
8. 关键词:主营业务收入　应交税费　银行存款　财务费用　已发生现金折扣的销售退回 ……………………………………………………………… 221
9. 关键词:主营业务收入　本年利润　各项收入结转本年利润 ………… 221

6051 其他业务收入(other operating income)

1. 关键词:银行存款　其他业务收入　应交税费　销售原材料 ………… 222
2. 关键词:银行存款　其他业务收入　应交税费　销售单独计价包装物 …… 222
3. 关键词:银行存款　其他业务收入　应交税费　出租固定资产 ……… 222
4. 关键词:银行存款　其他业务收入　出租无形资产 …………………… 223
5. 关键词:应收票据　其他业务收入　应交税费　出租包装物 ………… 223
6. 关键词:其他应收款　其他业务收入　应交税费　出租投资性房地产 …… 223
7. 关键词:其他业务收入　本年利润　结转本年利润 …………………… 223

6101 公允价值变动损益(changes in fair value)

1. 关键词:交易性金融资产 公允价值变动损益 确认债券公允价值上升 ………… 224
2. 关键词:公允价值变动损益 交易性金融资产 确认公允价值下降 ……………… 224
3. 关键词:公允价值变动损益 投资收益 出售交易性金融资产结转公允价值变动损益 …………………………………………………………………………… 224
4. 关键词:投资性房地产 公允价值变动损益 投资性房地产公允价值上升 ……… 225
5. 关键词:公允价值变动损益 投资性房地产 投资性房地产公允价值低于账面金额 …………………………………………………………………………… 225
6. 关键词:固定资产 投资性房地产 公允价值变动损益 将采用公允价值模式计量的投资性房地产转为自用 ……………………………………………… 225
7. 关键词:无形资产 公允价值变动损益 投资性房地产 将采用公允价值模式计量的土地使用权转为自用 ……………………………………………… 225
8. 关键词:公允价值变动损益 投资收益 出售投资性房地产结转投资收益 ……… 226
9. 关键词:投资收益 公允价值变动损益 出售投资性房地产结转投资收益 ……… 226
10. 关键词:公允价值变动损益 本年利润 结转本年利润 …………………………… 226
11. 关键词:本年利润 公允价值变动损益 结转本年利润 …………………………… 226

6111 投资收益(investment income)

1. 关键词:应收股利 投资收益 被投资单位宣告现金股利(成本法核算) ……… 228
2. 关键词:银行存款 长期股权投资 投资收益 成本法下出售长期股权投资 …… 228
3. 关键词:投资收益 长期股权投资 确认投资收益 ………………………………… 228
4. 关键词:投资收益 长期股权投资 确认投资亏损 ………………………………… 228
5. 关键词:银行存款 长期股权投资 投资收益 权益法下出售股权 ……………… 228
6. 关键词:银行存款 投资收益 交易性金融负债 发行短期公司债券 …………… 229
7. 关键词:公允价值变动损益 投资收益 出售投资性房地产结转投资收益 ……… 229
8. 关键词:投资收益 公允价值变动损益 出售投资性房地产结转投资收益 ……… 229
9. 关键词:其他综合收益 投资收益 处置投资性房地产结转其他综合收益 ……… 229
10. 关键词:投资收益 其他综合收益 处置长期股权投资将转入其他综合收益的所有者权益其他变动转回投资收益 ………………………………………… 229
11. 关键词:投资收益 应交税费 出售交易性金融资产获得投资收益计算缴纳增值税 …………………………………………………………………………… 230
12. 关键词:应交税费 投资收益 出售交易性金融资产投资亏损计算可抵增值税 …………………………………………………………………………… 230
13. 关键词:投资收益 应交税费 期末结转"应交税费——转让金融商品应交增值税"科目借方余额 …………………………………………………… 231

14. 关键词:投资收益　本年利润　结转本年利润 …………………… 231
15. 关键词:本年利润　投资收益　结转本年利润 …………………… 231

6301 营业外收入(operating income)

1. 关键词:库存现金　营业外收入　员工罚没收入 ………………… 231
2. 关键词:固定资产清理　营业外收入　出售固定资产实现利得 …… 232
3. 关键词:银行存款　累计摊销　无形资产　应交税费　营业外收入
   　　　　出售无形资产 …………………………………………… 232
4. 关键词:银行存款　营业外收入　收到政府补助 ………………… 232
5. 关键词:应交税费　营业外收入　企业当期直接被减免增值税 …… 232
6. 关键词:应付账款　营业外收入　无法支付的应付账款收账 ……… 232
7. 关键词:长期股权投资　银行存款　营业外收入　权益法下取得长期
   　　　　股权投资 ………………………………………………… 232
8. 关键词:营业外收入　本年利润　各项收入结转本年利润 ………… 233

6401 主营业务成本(cost of principal operations)

1. 关键词:主营业务成本　库存商品　结转销售成本 ……………… 233
2. 关键词:主营业务成本　劳务成本　结转劳务成本 ……………… 234
3. 关键词:库存商品　主营业务成本　销售退回转出已结转销售成本 … 234
4. 关键词:本年利润　主营业务成本　本期成本费用损失结转本年利润 … 234

6402 其他业务成本(other operating costs)

1. 关键词:其他业务成本　银行存款　因其他业务收入发生费用支出 … 235
2. 关键词:其他业务成本　原材料　结转已销原材料成本 …………… 235
3. 关键词:其他业务成本　周转材料/包装物及低值易耗品　结转出租物品
   　　　　摊销成本 ………………………………………………… 235
4. 关键词:其他业务成本　累计折旧　计提出租固定资产折旧费 …… 235
5. 关键词:其他业务成本　累计摊销　计提无形资产摊销 …………… 235
6. 关键词:其他业务成本　应付职工薪酬　因其他业务收入发生劳务支出 … 235
7. 关键词:本年利润　其他业务成本　本期成本费用损失结转本年利润 … 235

6403 税金及附加(sales taxes and taxes)

1. 关键词:税金及附加　库存现金　缴纳印花税 …………………… 236
2. 关键词:税金及附加　应交税费　消费税、土地增值税、资源税和城市维护
   　　　　建设税等　计算缴交纳税款 ………………………… 236
3. 关键词:税金及附加　应交税费　房地产企业计算当期应缴纳土地增值税 … 236

4. 关键词:税金及附加　应交税费　应交房产税、应交城镇土地使用税、应交车船税　企业按规定计算应交各项税费 ………………………… 236

5. 关键词:税金及附加　应交税费　房地产企业缴纳已开发商品房城镇土地使用税和房产税 ………………………… 237

6. 关键词:税金及附加　应交税费　应交环境保护税 ………………………… 237

7. 关键词:银行存款　税金及附加　企业收到返还消费税 ………………………… 237

8. 关键词:本年利润　税金及附加　本期成本费用损失结转本年利润 ………………………… 237

6601 销售费用(selling expenses)

1. 关键词:销售费用　库存现金　报销销售零星费用 ………………………… 238
2. 关键词:销售费用　银行存款　销售过程中发生的各项费用 ………………………… 238
3. 关键词:销售费用　原材料　销售部门领用原材料 ………………………… 238
4. 关键词:销售费用　库存商品　应交税费　销售部门领用库存商品 ………………………… 239
5. 关键词:销售费用　包装物及低值易耗品/周转材料　销售部门领用包装物及低值易耗品等 ………………………… 239
6. 关键词:销售费用　累计折旧　计提销售部门固定资产折旧费 ………………………… 239
7. 关键词:销售费用　应付职工薪酬　销售部门发生人员工资 ………………………… 239
8. 关键词:本年利润　销售费用　本期成本费用损失结转本年利润 ………………………… 239

6602 管理费用(administrative expenses)

1. 关键词:管理费用　应交税费　库存现金　报销办公费用 ………………………… 240
2. 关键词:管理费用　银行存款　企业开办费 ………………………… 240
3. 关键词:管理费用　银行存款　支付管理部门各项费用 ………………………… 241
4. 关键词:管理费用　原材料　管理部门领用原材料 ………………………… 241
5. 关键词:管理费用　库存商品　管理部门领用库存商品 ………………………… 241
6. 关键词:管理费用　包装物及低值易耗品　管理部门领用低值易耗品 ………………………… 241
7. 关键词:管理费用　应付职工薪酬　行政部门发生的工资费用 ………………………… 241
8. 关键词:管理费用　累计折旧　计提管理部门固定资产折旧费 ………………………… 241
9. 关键词:管理费用　研发支出　不符合资本化条件研发支出转管理费用 ………………………… 242
10. 关键词:待处理财产损溢　管理费用　处置未查明原因存货盘盈 ………………………… 242
11. 关键词:本年利润　管理费用　本期成本费用损失结转本年利润 ………………………… 242

6603 财务费用(financial expenses)

1. 关键词:财务费用　银行存款　支付手续费 ………………………… 242
2. 关键词:财务费用　预提费用　预提利息费用 ………………………… 242
3. 关键词:短期借款　应付利息　财务费用　银行存款　偿还短期借款

利息及本金 ··· 243
　4. 关键词:银行存款　财务费用　应收账款　客户享受现金折扣偿付欠款 ······ 243
　5. 关键词:银行存款　财务费用　收到存款利息 ·· 243
　6. 关键词:应付账款　银行存款　财务费用　享受现金折扣偿付欠款 ············· 243
　7. 关键词:银行存款　财务费用　企业购汇 ·· 243
　8. 关键词:银行存款　财务费用　企业结汇 ·· 244
　9. 关键词:财务费用　应收账款　企业期末外币计价调整 ·································· 244
　10. 关键词:应付账款　财务费用　企业期末外币计价调整 ································ 244
　11. 关键词:本年利润　财务费用　本期成本费用损失结转本年利润 ················· 244

6701 资产减值损失(asset impairment loss)

　1. 关键词:资产减值损失　坏账准备　期末计提坏账准备 ································· 245
　2. 关键词:坏账准备　资产减值损失　冲减坏账准备(综合计提法) ················· 245
　3. 关键词:资产减值损失　存货跌价准备　期末存货发生跌价损失 ················· 245
　4. 关键词:存货跌价准备　资产减值损失　转回已计提存货跌价准备 ············· 245
　5. 关键词:资产减值损失　长期股权投资减值准备　期末长期股权投资发生
　　　减值损失 ·· 246
　6. 关键词:资产减值损失　持有至到期投资减值准备　期末持有至到期投资
　　　发生减值损失 ··· 246
　7. 关键词:持有至到期投资减值准备　资产减值损失　转回已计提持有至到期
　　　投资减值准备 ··· 246
　8. 关键词:资产减值损失　固定资产减值准备　期末固定资产发生减值损失 ···· 246
　9. 关键词:资产减值损失　在建工程　在建工程期末发生减值损失 ·················· 246
　10. 关键词:资产减值损失　工程物资　工程物资期末发生减值损失 ················ 246
　11. 关键词:资产减值损失　无形资产减值准备　无形资产期末发生减值损失 ··· 247
　12. 关键词:资产减值损失　商誉　确认商誉发生减值 ····································· 247
　13. 关键词:本年利润　资产减值损失　本期成本费用损失结转本年利润 ········· 247

6711 营业外支出(non-operating expenses)

　1. 关键词:营业外支出　库存现金　对外捐赠支出 ·· 247
　2. 关键词:营业外支出　库存商品　应交税费　用库存商品对外捐赠 ············· 247
　3. 关键词:营业外支出　银行存款　发生罚款、滞纳金支出 ··························· 248
　4. 关键词:营业外支出　待处理财产损溢　存货发生非正常损失 ···················· 248
　5. 关键词:营业外支出　固定资产清理　结转报废固定资产净损失 ················ 248
　6. 关键词:营业外支出　原材料　发生非货币交易净损失 ······························ 248
　7. 关键词:营业外支出　应收账款　发生债务重组净损失 ······························ 248

8. 关键词:本年利润　营业外支出　本期成本费用损失结转本年利润 …………… 248

6801 所得税费用(income tax expense)

1. 关键词:所得税费用　应交税费　确认所得税费用 ………………………… 249
2. 关键词:所得税费用　递延所得税负债　调增本期所得税费用 ……………… 249
3. 关键词:所得税费用　递延所得税资产　调增本期所得税费用 ……………… 249
4. 关键词:递延所得税负债　所得税费用　调减本期所得税费用 ……………… 249
5. 关键词:递延所得税资产　所得税费用　调减本期所得税费用 ……………… 250
6. 关键词:本年利润　所得税费用　结转所得税费用 …………………………… 250

6901 以前年度损益调整(prior year income adjustment)

1. 关键词:固定资产　以前年度损益调整　盘盈固定资产 ……………………… 250
2. 关键词:长期股权投资　以前年度损益调整　会计差错更正调整以前年度
   长期股权投资盈利 …………………………………………………… 251
3. 关键词:以前年度损益调整　长期股权投资　会计差错更正调整以前年度
   长期股权投资亏损 …………………………………………………… 251
4. 关键词:以前年度损益调整　应交税费　调整以前年度损益补缴企业所得税 …… 251
5. 关键词:应交税费　以前年度损益调整　调整以前年度损益少缴企业所得税 …… 251
6. 关键词:以前年度损益调整　利润分配　结转"以前年度损益调整"科目余额 …… 251
7. 关键词:利润分配　以前年度损益调整　结转"以前年度损益调整"科目余额 …… 251

会计科目汉语拼音顺序索引

B
1412	包装物及低值易耗品	068
4103	本年利润	198

C
1401	材料采购	041
1404	材料成本差异	054
1461	存货跌价准备	076
1521	持有至到期投资	079
1522	持有至到期投资减值准备	083
1524	长期股权投资	089
1525	长期股权投资减值准备	095
1531	长期应收款	101
1801	长期待摊费用	129
2601	长期借款	175
2801	长期应付款	180
6603	财务费用	242

D
1501	待摊费用	078
1811	递延所得税资产	131
1901	待处理财产损溢	132
2001	短期借款	135
2501	递延收益	174
2901	递延所得税负债	184

F
1407	发出商品	064

G
1601	固定资产	105
1603	固定资产减值准备	111
1605	工程物资	117
1606	固定资产清理	120
6101	公允价值变动损益	223
6602	管理费用	239

H

1241	坏账准备	038

J

1101	交易性金融资产	022

K

1001	库存现金	001
1406	库存商品	058
1523	可供出售金融资产	084
4201	库存股	190

L

1602	累计折旧	109
1702	累计摊销	127
4104	利润分配	200
5201	劳务成本	215

Q

1015	其他货币资金	019
1231	其他应收款	036
2241	其他应付款	170
4301	其他综合收益	204
6051	其他业务收入	221
6402	其他业务成本	234

S

1711	商誉	129
4001	实收资本（股本）	186
6403	税金及附加	235
5001	生产成本	209
6801	所得税费用	248

T

1526	投资性房地产	096
6111	投资收益	227

W

1411	委托加工物资	065
1541	未实现融资收益	103
1701	无形资产	123
1703	无形资产减值准备	128
2802	未确认融资费用	182
6601	销售费用	237

Y

1002	银行存款	003
1121	应收票据	026
1122	应收账款	028
1123	预付账款	032
1131	应收股利	034
1132	应收利息	035
1403	原材料	047
2201	应付票据	136
2202	应付账款	138
2205	预收账款	141
2211	应付职工薪酬	142
2221	应交税费	148
2231	应付利息	168
2232	应付股利	169
2401	预提费用	171
2411	预计负债	172
2602	应付债券	177
4101	盈余公积	196
5301	研发支出	216
6301	营业外收入	231
6711	营业外支出	247
6901	以前年度损益调整	250

Z

1402	在途物资	044
1431	周转材料	072
1604	在建工程	112
2811	专项应付款	183
4002	资本公积	192
5101	制造费用	213
6001	主营业务收入	219
6401	主营业务成本	233
6701	资产减值损失	244